EURASISCHE MISSION

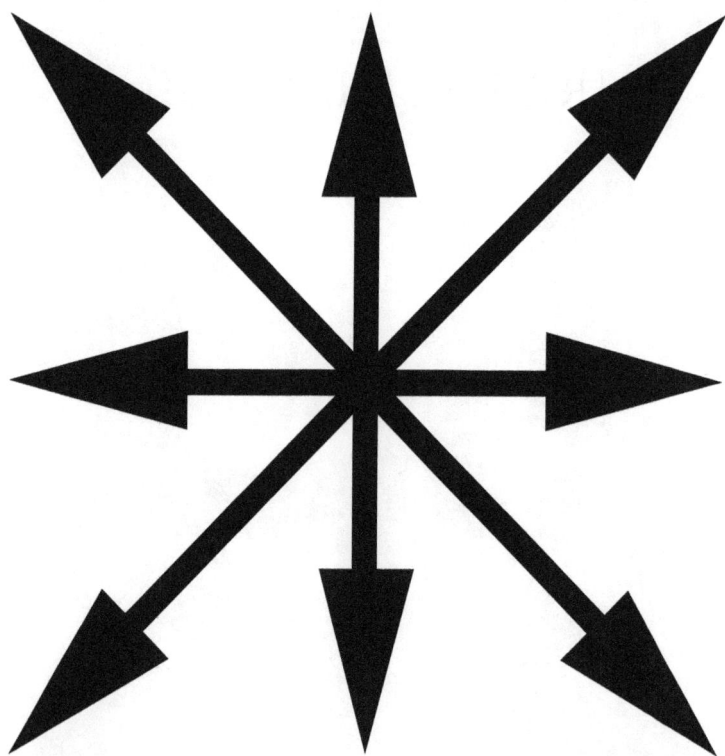

ALEXANDER DUGIN

EURASISCHE MISSION

EINE EINFÜHRUNG IN DEN NEO-EURASIANISMUS

ARKTOS
LONDON 2022

ΛRKTOS

⊕ Arktos.com ❶ fb.com/Arktos ◑ ⓘ arktosmedia ☒ arktosjournal

ISBN
978-1-917646-40-6 (Taschenbuch)
978-1-914208-90-4 (Gebundene Ausgabe)
978-1-914208-91-1 (Ebook)

Übersetzung
Constantin von Hoffmeister

Lektorat
Constantin von Hoffmeister
Peter Töpfer

Einband & Layout
Tor Westman

INHALTSVERZEICHNIS

„Im Grunde ist die unipolare Welt einfach ein Mittel, um die Diktatur über Menschen und Länder zu rechtfertigen. [...] Ich denke, dass wir eine neue Version der Interdependenz brauchen. [...] Dies ist besonders relevant angesichts der Stärkung und des Wachstums bestimmter Regionen auf dem Planeten, ein Prozess, der objektiv eine Institutionalisierung solcher neuen Pole, die Schaffung mächtiger regionaler Organisationen und die Entwicklung von Regeln für ihre Interaktion erfordert. Die Zusammenarbeit zwischen diesen Zentren würde ernsthaft zur Stabilität der globalen Sicherheit, Politik und Wirtschaft beitragen."

— WLADIMIR PUTIN, Waldai-Club, 24. Oktober 2014

VORWORT: DAS RADIKALE SUBJEKT ALS KATECHON

ANGESICHTS DES permanenten Krieges mit seinen Millionen von Toten, der Zerstörung aller Kulturen durch die „Pax" Americana und jetzt ihrer Selbstzerstörung samt Ausplünderung, sind Entwürfe für eine neue Ordnung dringend geboten. *Der moderne Westen, in dem die Rothschilds, Soros, Schwabs, Bill Gates und Zuckerbergs triumphieren, ist das ekelhafteste Phänomen der Weltgeschichte.*[1] Eine global organisierte Bewegung gegen den unipolaren Imperialismus, gegen die Eroberung der Welt durch die Dekadenten, ist notwendig.

Alexander Dugin breitet seinen Entwurf der revolutionären Veränderung seit vielen Jahren in vielen Büchern aus. Sein Entwurf ist schön. Sein Eurasianismus — der eigentlich Multipolarismus heißen müsste, weil er sich auf die ganze Welt bezieht — ist eine schöne, harmonische Vision von der Welt, mit der man nur einverstanden sein und deren Verwirklichung man sich nur wünschen kann. *Vielfalt und Verschiedenheit sollten als Reichtum und als Schatz verstanden werden und nicht als Grund für unvermeidliche Konflikte.* Die Grundlage des Duginschen Entwurfs ist die Schönheit, in ihrem Namen spricht er: *Gegen die bestehende Ordnung, die wir als ein unerträgliches Übel*

---

[1] Alexander Dugin, „What does Russia's break with the West mean?" https://vk.com/club198683294?w=wall-198683294_1091.

wahrnehmen, ist es notwendig, ein alternatives Schönheitsideal vorzu-schlagen. Die Schönheit aber entsteht in den Völkern, die für Dugin *primärer Wert und Subjekt der Geschichte gegen die Homogenisierung* sind. *Sie werden in künstlichen sozialen Konstruktionen gefangen ge-halten,* aus denen sie befreit werden müssen.

Eine absurde und dekadente Welt, wo Nazi ist, für den der Strom nicht nur aus der Steckdose kommt, gehört abgeschafft: *Wir brau-chen eine andere Welt. Sie wird besser sein, und sie wird der Weg zur Erlösung sein.*

Was ist der Weg im globalen Rahmen, worin besteht die Erlösung auf der Makroebene? Darüber gibt u.a. das *Programm der Internationalen Eurasianistischen Bewegung* Auskunft, das Sie in diesem Buch lesen können und von dessen Schönheit Sie mitgeris-sen werden. Für den dort erwähnten *Dialog der Kulturen* soll dieses Vorwort ein Element sein, *denn heute, im Zeitalter der Globalisierung, ist ein eurasischer Dialog zwischen Ost und West wichtiger als je zuvor.*[2]

Neben den russischen Ur-Eurasiern sind die meisten Denker, die Dugin verehrt und auf die er sich beruft, Westler. Er liebt Europa, liebt den Westen. *Je schneller und vollständiger Russland von der Anti-Zivilisation abgeschnitten wird, desto eher wird es zu seinen Wurzeln zurückkehren. Zu welchen? Zu den europäischen. Das heißt, zu den gemeinsamen Wurzeln mit dem wirklichen Westen.*

Wenn er mit dem Westen als dem globalistischen Hegemon *bricht,* dann *nicht mit Europa,* sondern *mit Tod, Degeneration und Selbstmord.* Er ruft uns Europäer auf, *die globalistische Junta zu stürzen und ein echtes europäisches Haus zu bauen, eine europäische Kathedrale.*[3] *Am tiefsten Punkt seines Niedergangs angelangt, ist Europa,* so Dugin, *eine*

---

2 Siehe dazu auch: Peter Töpfer, „Alexander Dugin, Das Große Erwachen und das Radikale Subjekt — die libertäre Linke meldet sich: bereit!" Zeitgeschichtliche Ergänzung und zweite Hälfte des Doppel-Essays „Kierkegaard/Dugin", http://blog.peter-toepfer.de/allgemein/alexander-dugin-das-grosse-erwachen-und-das-radikale-subjekt-die-radikale-libertaere-linke-meldet-sich-bereit/.

3 Alexander Dugin, „What does Russia's breakup with the West mean?" https://vk.com/wall-198683294_1091?w=wall-198683294_1091 27.02.2022.

Art tragische Gemeinschaft, eine Kultur, die im Herzen der Hölle auf der Suche nach sich selbst ist.

Dieser Suche nach sich selbst widmet sich — vom großen ins kleine kommend — ansatzweise dieses Vorwort ganz im Sinne Dugins, wenn er schreibt: *Und in dem Maße, in dem sich neue Schichten unserem Projekt anschließen werden, wird diese globale Bedeutung des Eurasianismus erweitert, bereichert und in ihren Merkmalen verändert werden.*

Dugins Entwurf ist weltweit einzigartig. Wer sonst spannt ein so breites Dach für den Dialog und für die Verwirklichung der Vielfalt aus? Wessen Gedankenwelt ist so weit angelegt und reicht vom Äußersten, dem Globalen, bis ins Innerste, dem Individuellen, vom Geopolitischen bis zu den *tiefsten Fragen der menschlichen Existenz?*

Dugins *Vierte Politische Theorie* deckt all das ab und bringt es in einen großen Zusammenhang. Und sie verdichtet sich dann zu einer Ideologie und politischen Programmatik, die einer weltweiten Bewegung zu Grunde liegt. Das prädestiniert ihn für eine gewisse geistige Führerschaft zur Errichtung einer post-unipolar-globalistischen Welt und deckt sich mit dem Umstand, dass dem Land, dem er entstammt und das er repräsentiert, ebenfalls die Führung zur Rettung der Welt zukommt.

Dugins Theorie ist eine konstruktive Kritik der globalistischen Ideologie — dem Liberalismus mit seinem individualistischen Kern —; sie führt das Individuum in seinem *authentischen Dasein* zur Gemeinschaft und übergeht es nicht wie in den Zwangsgemeinschaften von Kommunismus und Faschismus, den vergangenen und gescheiterten Alternativen zum Liberalismus. Im Sinne des Aufrufs an *souveräne Subjekte zu einem offenen und konsequenten Dialog, um die Anstrengungen zu bündeln,* den Dugin im o.g. Programm erlassen hat, entwickle ich die folgenden Gedanken:

Wir müssen den Anspruch einer *Erlösung* haben und aufrechterhalten. Die Frage ist, wo wir sie suchen: im Politischen, Sozialen, Religiösen oder Psychologischen. *Die Eurasianisten akzeptieren die Treue zu religiösen Traditionen ebenso wie die freie, kreative*

Forschung. — So von Dugin eingeladen, möchte ich hier die zweitgenannte Haltung einnehmen und sprechen lassen.

Der Gegenpol zur Geopolitik (und damit Gegengewicht zum Hauptinhalt dieses Buches) ist der einzelne Mensch. Um diesen geht es — um dich und mich. Nur in uns liegt die Motivation von Handlung, die immer aus einer Unzufriedenheit (Nichtbefriedigtheit) heraus geschieht. Und nur für uns soll alles geschehen. Dugins *Manifest der Globalen Revolutionären Allianz* wird mit dem Motto *Unzufriedene auf der ganzen Welt, vereinigt euch!* eingeleitet. Dugin setzt an der Basis von allem an: an uns. Er setzt nicht bei den Großräumen an, wie das seelenlose Politologen tun. Von Anfang geht es um die Subjekte: *Ich glaube, dass das Subjekt der Politik das Dasein oder der existentiell verstandene Mensch sein sollte, unabhängig von Staatsbürgerschaft oder Ethnizität.*[4]

Es ist die Verfaßtheit des Individuums, die an der Basis aller sozialen und politischen Geschehnisse durch die Geschichte hindurch liegt. Der Zusammenhang von Makro- und Mikrostrukturellem wird von den deutschen Duginisten Alexander Markovics und Michael Kumpmann in ihrem Video „Sinnsuche im Wahnsinn des Liberalismus 2.0"[5] vorexerziert. Kumpmann geht dort ins Subjektivste und Intimste und bringt das dann sowohl mit seiner Stellung in der Gesellschaft als auch mit der Vierten Politischen Theorie in Verbindung, die ihn zu einer Verbesserung seiner Lage (größere Zufriedenheit) verholfen hat.

Geopolitik wird von Dugin nie isoliert betrachtet, sondern immer in Bezug auf den Einzelnen. *Die Frage nach den Wurzeln bei der Suche nach einer tiefen Identität erinnert an die Begriffe Boden, Raum und Landschaft.* Die Seele des Einzelnen wird aber nicht nur von diesen geprägt, gar konstituiert, sondern im biologischen Urgrund seiner einmaligen Existenz — in seinem Eigenleben. Dort baut sich neben der kollektiven seine individuelle Identität auf. Es gibt Konstanten am

---

4   https://www.geopolitica.ru/de/article/die-voelker-europas-werden-sich-gegen-die-globalistischen-eliten-erheben.

5   https://youtu.be/DTyzGdg_8OI.

Boden der Seelen, unabhängig davon, in welche Landschaft sie geraten sind. Einfach in der Welt auftauchen — das ist schon das Wunder.

Ein Video zur Rekonstitution des nihilisierten Subjekts und dessen authentische Rückverbindung auf der *grundlegendsten, vegetativen Ebene der Seele mit dem für eine tiefe Identität heiligen Boden* erscheint in Kürze auf dem YouTube-Kanal des Instituts für Tiefenwahrheit.

Geopolitik bezieht sich auf die Erde, aber *ein einziger Mensch,* so Dugin, *ist ein Universum.*

Ich halte von dem Begriff „spirituell" nicht viel, aber wenn wir darunter die konzentrierte, bis ins Metaphysische gehende Selbstreflektion verstehen, können wir Dugin nur zustimmen: *Für die Eurasianisten ist die spirituelle Entwicklung die wichtigste Priorität des Lebens, die nicht durch irgendwelche wirtschaftlichen oder sozialen Vorteile ersetzt werden kann.*

Es geht um das Subjekt — unabhängig vom Kollektiv und diesseits des landschaftlichen und gemeinschaftlichen Eingebettetseins — als Träger von Zufriedenheit oder Leid, in seinem letztlichen Alleinsein und in seiner Verantwortung für und vor sich selbst (oder vor Gott). *Das Dasein ist keine formale Kategorie — nicht die Staatsbürgerschaft, nicht die Ethnie, nicht die Sprache. Es ist Tiefe einer metaphysischen und existentiellen Kultur.*[6]

Nach Marc Jongen ist „der spirituelle Standpunkt der einzige, von dem aus sich ein Ausweg aus der gegenwärtigen Krise der Menschheitsentwicklung zeigen kann", und für Dugin *ist das Ausmaß der Katastrophe so groß, dass wir die Möglichkeit nicht ausschließen können, dass der qualvolle Todeskampf der globalistischen, westlich orientierten Welt uns alle mit in den Abgrund reißt. Die Katastrophe, in der wir uns alle befinden und die sich zuspitzt, ist vollständig menschengemacht. Es gibt Kräfte, die alles tun werden, um den Status quo zu erhalten. Sie sind die Architekten und Manager der globalen, egozentrischen, hyperkapitalistischen Welt. Sie sind für alles verantwortlich. Die*

---

6   https://www.geopolitica.ru/de/article/die-voelker-europas-werden-sich-gegen-die-globalistischen-eliten-erheben.

globale Oligarchie und ihr Netzwerk von Agenten ist die Wurzel allen Übels.

Wir müssen aber auch hier — bei der Katastrophe — auf das Subjektive zurückkommen, denn sie ist nicht nur politisch-historisch zu fassen, sondern auch und sogar eher individual-existentiell: Sie ist ebenso in dem Sinne *menschengemacht,* als dass die Menschenschafe den *globalen Managern* Erlaubnis erteilen, die Gegenelite zu schwach ist und beide mindestens im gleichen Maße *Wurzel allen Übels* sind.

Was ist nun am Individual-Existentiellen zu kritisieren, wo genau in diesem lägen die Ursachen für die Katastrophen? Und vor allem: Welche Remedur wäre hier angebracht?

Was steht im Zentrum des Duginschen Denkens? Nach dem atomisierten *Individuum* im Liberalismus (Erste Politische Theorie), *Klasse und Rasse* in Kommunismus und Faschismus (Zweite Politische Theorie), *Nation und Rasse* im Dritten Weg bzw. im Nationalbolschewismus (Dritte Politische Theorie) und die *Gemeinschaft der Gläubigen* im Falle der Religionen ist in Dugins Vierter Politischer Theorie das *Subjekt bzw. das Heideggersche Dasein zentraler Inhalt und Begriff.*

Damit ist der Weg nicht nur zur Erlösung im Makrobereich (das kollektive Subjekt) geöffnet, sondern auch im Mikrobereich (das individuelle Subjekt), denn das vollständige Dasein beendet die Entfremdung und bedeutet das hergestellte Selbstsein der Subjekte und die Aneignung bzw. die Ausfüllung der Person — und damit die Stärkung und Souveränisierung der Einzelnen und ihrer Kollektive gegen die *globale Oligarchie.* Dugins *Radikales Subjekt* wird dann zum Katechon.

Das Dasein, dieser *äußerst tiefgründige Begriff, könnte der gemeinsame Nenner für die weitere ontologische Entwicklung der Vierten Politischen Theorie sein.* Im Folgenden will ich zu dieser Entwicklung beitragen, die letztlich zur Beendigung der Ontologie und zum *ón* führen wird.

Entscheidend ist hier die Frage nach der Authentizität oder Nicht-Authentizität des Daseins. Wenn das Subjekt ganz in seiner Wahrheit lebt und authentisch ist, hört es mit der Ontologie auf, d.h. es redet nicht mehr vom Sein, sondern *ist* und beendet die *Verwirrung der komplizierten Beziehung zwischen Seyn und Denken*.[7] Wenn das Subjekt sich endlich nicht mehr als Objekt sieht und von sich nur noch in der ersten Person Einzahl spricht anstatt von einem Ich, gehen wir völlig neue Wege und zur Postphilosophie über. *Postphilosophie ist etwas, das in der Postmoderne ähnliche Funktionen erfüllt wie die Philosophie in der Moderne und die Religion in der Vormoderne.*[8]

Horst Mahler „würde das für einen Fehlschlag des Denkens halten". Aber mir geht es nicht ums Denken, sondern ums Sein. Mahler sagt: „Das Absolute ist die konkrete Einsheit von Subjekt und Objekt" und wirft mir einen „Rücksturz in die abstrakte Dieselbigkeit" vor, „die gerade nicht Wissen der Wahrheit ist". Mir aber geht es gar nicht um das Wissen der Wahrheit, sondern um die Wahrheit — die zur Echtheit des Seins führt. Horst Mahler möchte im Bereich der Philosophie bleiben, in der folgerichtig die Subjekt-Objekt-Dichotomie aufrechterhalten bleibt. Damit verhindert er die vollständige Aneignung seiner selbst und die Beseitigung der Entfremdung — die nicht durch intellektuelle Tricks „aufgehoben" werden kann.

Die Vierte Politische Theorie beharrt auf der Authentizität der Existenz. Daher ist sie die Antithese zu jeder Art von Entfremdung.

In den 90er Jahren hat es eine relevante Zahl von intelligenten, idealistischen und aufopferungswilligen jungen Männern gegeben, die sich von den politischen (nicht aber philosophischen) Schriften des Nationalmarxisten Reinhold Oberlercher begeistern und sich — im Rahmen einer angeblich notwendigen Intellektualisierung des Widerstands — zu philosophischen Schulungen hinreißen ließen (anstatt solchen in Strategie, Taktik, psychologischer Kriegsführung und Kommunikationsguerilla). Auch Horst Mahler macht noch bis heute das Wohl und Wehe Deutschlands von der Annahme der

---

7   Alexander Dugin, „Heidegger and the 'Event' (Ereignis)", 17. März 2022, https://vk.com/club198683294?w=wall-198683294_1219.

8   A. G. Dugin, „Postphilosophy. Three Paradigms in the History of Thought", 2009, Telegram-Kanal: Alexander Dugin | Z 8.5.2022.

Hegelei abhängig. Diese Begeisterung ist schnell zum Erliegen ge-
kommen und hat einer großen Enttäuschung Platz gemacht — eine
große Chance ist vertan worden. Die Tatkraft dieser jungen Männer
ist in wüstischer Denkerei erstickt und verschwendet worden. Das
darf nicht noch einmal passieren.

Heidegger ist da schon eine bessere Wahl, weil dieser sich eher
auf das Sein und damit auf die Handlung in der Welt direkt bezieht
und weniger aufs Denken. *Die Philosophie Martin Heideggers ist für
die Vierte Politische Theorie zentral, er ist ihr wichtigster Denker. Sein
Begriff des Daseins ist ihr Hauptthema. Die Aufgabe besteht darin, die
implizite politische Philosophie Heideggers zu einer expliziten weiterzuentwickeln und so eine Doktrin der existenziellen Politik zu schaffen.*

Heideggers Philosophie, also die Phänomenologie, d.h. die
Erfassung der Dinge, wie sie sich uns tatsächlich sinnlich präsentie-
ren, wird bei Dugin zur Grundlage des politischen Handelns, das sich
am konkreten Dasein der individuellen und kollektiven Identitäten
orientiert.

Dugin unterscheidet zwischen drei Arten von Identität: *Die
Diffuse ist irgendwie verworren, unsicher, unbewusst und schwach. Die
Extreme ist die künstliche Schöpfung einer rationalen Formel, die vorgibt, die diffuse Identität im intellektuellen Bereich auszudrücken und
zu manifestieren. Hier wird die Identität zu einer Ideologie, einem konzeptionellen Rahmen oder einer Theorie. Sie versucht, die Träger einer
diffusen Identität davon zu überzeugen, dass diese ihr Wesen ausmacht.
Die tiefe Identität ist die privilegierte in der Vierten Politischen Theorie,
sie ist eine organische, existentielle, grundlegende Identität.*

Was macht die Tiefe aus? Wie können wir sie erreichen? Können
wir den Grund unseres Seins denkend und sprechend erfassen?
Richard Wagner schreibt: „Die Rückkehr aus dem Verstande zum
Gefühle wird insoweit der Gang des Dramas der Zukunft sein, als wir
aus der *gedachten* Individualität zur *wirklichen* vorschreiten werden.“[9]
Wagner setzt Gefühl und Wirklichkeit in eins. „Die zentrale Rolle

---

9   *Oper und Drama*, Reclam Universal-Bibliothek Nr. 8207, S. 208.

in Richard Wagners Ästhetik des musikalischen Dramas", so Carl Dahlhaus, „ist die *Verwirklichung*."[10] Verwirklichung ist demnach Anwachsen des Gefühls. Das Dasein ist vor allem etwas Gefühltes: Ich fühle, also bin ich. Und es erwächst aus dem Gefühlten — und weniger aus dem Gedachten —, und es wächst weiter mit der Vertiefung des Gefühls. Nur gilt dies nicht nur in der Ästhetik, sondern vor allem im Sein: Die Emotion ist tiefer als der Intellekt.

So, wie *der derzeitige abrupte Ausschlag in Richtung eines übertriebenen Materialismus durch eine scharfe Hinwendung zum spirituellen Prinzip ausgeglichen werden muss,* so muss der Robotisierung und dem Transhumanismus mit einem Gegenschlag von größtmöglicher Wucht begegnet werden, und dieser liegt in dem, was das Volk als „menschlich" bezeichnet, womit es Gefühl meint. Nicht nur auf Seiten der Biotechnik — d.h. des Sich-Abgebens, des Sich-Verlierens und der nicht mehr aus dem Inneren kommenden Steuerung — sind große Fort-Schritte gemacht worden. Auch auf der Gegenseite — bei der Wiederaneignung verlorengegangener, insbesondere emotionaler Anteile des Selbstes — sind große Rück-Schritte gemacht worden.

Hier müssen die Verdienste der Post-Freudianer genannt werden, die von konservativer Seite in nur allzu leichter und oberflächlicher Weise als „Kultur-Marxisten" abqualifiziert werden, deren konservative Leistung im Hinblick auf die Radikalisierung des Selbstes, d.h. die Zurückführung auf dessen „traditionelle" Wurzeln, aber zu würdigen ist: im Linksradikalismus liegt der Keim zum Urkonservatismus.

Die Assimilation der Gesellschaftskritik der „Neuen Linken" in eine „konservative rechte Interpretation", die sich auf das Erbe von Michel Foucault, Gilles Deleuze, Antonin Artaud und Guy Debord bezieht, tragen zur Entwicklung der Ideen der klassischen Eurasianisten bei. Und zu den Schätzen moralischer Führung und Inspiration, die zu integrieren die Duginsche Theorie in ihrer Offenheit und Schönheit ausmacht, gehören m.E. noch viele mehr und eher Wilhelm Reich, Fritz Perls und Arthur Janov.

---

10 Carl Dahlhaus, *Richard Wagners Musikdramen*, Zürich 1985, Reclam S. 225.

Wilhelm Reich wird auf rechter Seite — bis auf die sehr berechtigte Kritik an einigen Aspekten seines Frühwerks — arg mißverstanden und Unrecht angetan, gar verleumdet (angeblich Mitarbeiter der Frankfurter Schule usw.). Und die Hinwendung Reichs in seinem reifen Alter zu Konservatismus und Christentum wird übersehen. Liberale bezeichnete Reich nur noch als „Freiheitskrämer". Der Konservative — so Reich in seinem Buch „Christusmord" — ist „weit ehrlicher als die Freiheitskrämer, hat wenigstens eine Chance, anständig zu bleiben. Der Freiheitskrämer dagegen muss seine Seele dem Teufel verkaufen, wenn er vorankommen will."[11]

Gerade in der Person Wilhelm Reichs bietet sich ein *Mittel zur Verständigung mit dem „linken" Flügel des Antiglobalismus,* ein Schnittpunkt von Konservativen und *denjenigen, die das bürgerliche westliche System aus den Perspektiven des Anarchismus, Neomarxismus usw. ablehnen.*

Politologisch sehr interessant für die Vierte Politische Theorie ist die Lehre von den soziopolitischen Charaktertypen des Wilhelm-Reich-Nachfolgers Elsworth F. Baker, in der der liberale Charakter denkbar schlecht abschneidet, die Konservativen aber umso positiver gewertet werden: „Der konservative Charakter kommt in unserer kranken Gesellschaft wahrscheinlich der Gesundheit am nächsten, zumindest in seinem Sozialverhalten."[12]

„Der liberale Charakter", so Elsworth F. Baker, sei dagegen „vom wirklichen Fühlen abgeschnitten und findet sich in einer intellektuellen Welt aus Wörtern und Gedanken, die sehr wenig organismische Befriedigung bietet. Der Verstandesweg kann nicht zur Gesundheit führen [...]. Er entwickelt also ein dringliches Bedürfnis, Lösungen zu finden, das ihn ständig zu Veränderungen treibt. Aber die Lösung ist immer außer Reichweite, denn er kann sie nur im Geist suchen,

---

11   Wilhelm Reich, *The Murder of Christ*, Neu-York 1953; deutsch: *Christusmord*, Freiburg im Breisgau 1978, S. 307.

12   Elsworth F. Baker, *Man in the Trap*, Neu-York 1967; deutsch: *Der Mensch in der Falle*, München 1980, S. 270.

der selber ja gerade den emotionalen Ausdruck und die Abfuhr verhindert."[13]

Doch so gesehen sind auch viele Konservative — auch wenn sie „den Kontakt zum Wesenskern behalten haben"[14] — liberal. Abgehobenheit und Intellektualismus sind eine moderne Konstante, und es gilt, die *Radikalisierung des Subjekts* dagegen voranzutreiben. Es gibt also den konservativen Liberalen und den liberalen Liberalen.

Dugin schlägt die einzig richtige Heilung des Liberalen von seiner Wesenskern- und Wurzellosigkeit vor: die *Implosion des Individuums*. Für Dugin *ist der Begriff des Individuums ein soziales Konzept. Ein Mensch, der außerhalb einer Gesellschaft lebt, weiß nicht, ob er ein Individuum ist oder nicht.* Doch in seiner subtilen Individualismus-Kritik wird er dem Individuum mehr gerecht als der Individualismus. Die *Implosion des Individuums* ist in gewisser Weise die des Reichschen Charakterpanzers. Die Duginschen drei Arten von Identität entsprechen den drei Schichten der modernen Person nach Reich: die dritte, äußere, ist das Heideggersche „man" (die diffuse Identität), die mittlere Schicht ist die irrationale und destruktive Revolte gegen das „man" (die extreme Identität), und die Tiefenschicht, der Kern, ist das authentische Subjekt (die tiefe Identität).

Dort, wo die Zwangsgemeinschaften von Kommunismus und Faschismus das Umerziehungslager zum Einsatz brachten, da lässt Dugin das liberale Individuum ganz es selbst sein: *Implosion bedeutet nicht, einen Schritt zurück in vorliberale Gesellschaftsformen oder einen Schritt seitwärts in die illiberalen Formen der Moderne zu machen, sondern vielmehr einen Schritt innerhalb der nihilistischen Natur des Individuums.*

Das liberale Individuum fällt, wenn es in seinen nicht vorhandenen Kern abtaucht, tatsächlich ins Nichts.[15] Dieses ist aber nicht seine

---

13 ebenda, S. 243.

14 ebenda, S. 271.

15 Peter Töpfer, „Sören Kierkegaard, Post-Existenzphilosophie und Tiefenwahrheit. Entstehung von etwas aus dem Nichts, von Da-Sein aus dem Nicht-Sein. Eine Einführung in die Tiefenwahrheit in drei Teilen", Video-Version: https://youtu.

„Natur", und das Nichts ist — da das Individuum ja noch atmet und sich wahrnimmt — auch nicht vollständig. *In diesem Quasi-Nichts erreicht der Liberale die Selbstbestätigung als die einzigartige und ultimative Instanz des Seins. Dies ist die letzte Konsequenz des radikalsten Solipsismus und kann zu einer Implosion des Egos und dem Erscheinen des wahren Selbst führen.*

Wenn das Selbst radikaler wird und wächst, verkleinert sich gleichzeitig bis zum Verschwinden das Ego. Das Selbst entdeckt in seiner Radikalisierung nicht nur seine Transpersonalität und Weltverbundenheit, sondern auch sein Bedürfnis nach Verwurzelung.

Das wahre Selbst aber kann — und wird in den meisten Fällen — ein totes Selbst sein: *Die Liberalen entdecken die Keimzelle des Liberalismus und das Zentrum der Individualität — es ist der Tod. Aber der Tod, der Abstieg, der Niedergang sollte als Ausgangspunkt für die Vierte Politische Theorie genommen werden. Der Tod des Subjekts aller klassischen politischen Theorien der Moderne ist die Geburt des wahren Daseins.*

Dugin begründet den Trans-Individualismus mit dem Tod. Das Denken des Todes hat eine solche Wirkung. Aber man kann den Trans-Individualismus auch mit dem Tod als nicht-gelebtem, zerstörtem Leben begründen — als dem Tod bei lebendigem Leibe. Aus dem heraus nimmt die wirkungsvolle Entwicklung von Subjektbildung und Transpersonalismus ihren Lauf. *Für ein Sein-vor-dem-Tod.*

Ob der Tod oder das Nichts: Was in diesen — paradox — noch vorhanden ist (das Wahrnehmen, der Wahrnehmende, der elementarste Bodensatz der Existenz), das ist das Authentische. Und genau so sieht es Dugin: Es ist die *direkte Konfrontation mit dem Tod und die Entdeckung des Nichts, das im Zentrum des Individuums als solchem liegt. Hier wird die nihilistische Essenz des Liberalismus deutlich, und ausgehend von diesem schwarzen Fleck können wir die Vorschläge der Vierten Politischen Theorie zu seiner Überwindung weiterdenken.*

---

be/LN4VGkbIZAA, Text-Version: http://tiefenwahrheit.de/einfuehrung/soeren-kiergegaard-post-existenzphilosophie-und-tiefenwahrheit/.

Wir sollten nicht verallgemeinern und stets darauf hinweisen, dass wir keine Formeln vorgeben und dass jeder sein Ureigenstes am Boden seiner Existenz entdeckt — mag es das Nichts oder etwas anderes sein. Dass wir es mit einer *nihilistischen Essenz des Liberalismus* zu tun haben, ist gleichwohl offensichtlich, nur würde ich „Liberalismus" auf die gesamte moderne Zivilisation ausweiten. Es ist eine Zivilisation der Unlebendigkeit und des Unechten, der Entfremdung. *Die Dimension der existentiellen Tiefe fehlt. Wir können dennoch einige Wege aufzeigen, die es zu erkunden gilt.*

Wenn das liberale Individuum auf konsequente Entdeckungsreise geht, implodiert es und macht dem Radikalen Subjekt Platz (dem Stirnerschen „Eigner" oder „Einzigen"), das dann seinem Bedürfnis nach Zugehörigkeit folgen wird. Nietzsche nannte seinen Übermenschen den „Besieger Gottes und des Nichts". Zuerst wird alles Heilige in letzter Konsequenz dekonstruiert (das hat Nietzsche von Stirner), bevor im Leerraum rekonstruiert wird. Reinhold Oberlercher schrieb in seiner Lehre vom Gemeinwesen: „Vom Tiefpunkt der vollendeten Individualisierung aus kann der Neuaufbau einer ständischen Volksgemeinschaft nur radikal atomistisch beginnen und vom Personenstand des Einzelnen ausgehen."[16]

Zur Implosion wird es nicht kommen, wenn wir uns mit dem *begrifflichen Individualismus begnügen. Keinen Grund für sein Dasein zu haben, ist dasselbe, wie einer rein mechanischen Form der Existenz zuzustimmen: eine Maschine zu werden, kein Mensch. Ohne Tiefe gibt es keine Existenz, also kann es auch keinen Menschen geben.* Nur in der volkstümlichen Bedeutung des Wortes kann es unser Ziel sein, „Mensch" zu werden. Der Humanismus ist objektivierend-entfremdend, präskriptiv und normativ und von daher abzulehnen. Dies aber aus einer, dem Transhumanismus extrem entgegenstehenden Warte: der des eigenen, unverfälschten Körpers als Spender des Lebenssinnes. Der „Mensch" muss nicht durch das Transhuman, sondern durch den Einzigen ersetzt werden, um *Radikales Subjekt* zu werden und die Schizophrenie eines

---

16 Reinhold Oberlercher, *Lehre vom Gemeinwesen*, Berlin 1994, S. 88.

Nietzsches hinter sich zu lassen: „Für Nietzsche war der Tod Gottes sowohl das Schrecklichste, die größte denkbare Katastrophe überhaupt, und gleichzeitig das großartigste und hoffnungsschwangerste Ereignis der Menschheitsgeschichte", schreibt der Rechts-Reichianer Peter Nasselstein. „Sein Tod macht es möglich, das Universum wieder zu ‚verlebendigen'."[17]

Die Verlebendigung als Sinnstiftung und Grundlegung der Tiefenidentität geschieht diesseits anstatt — wie im Transhumanismus — jenseits des „Menschen".

Kritik und Dekonstruktion der Linksradikalen bis hin zum Nichts waren durchaus richtig, denn nur dort, unter allen Entfremdungen, erwächst das, was Dugin das *authentische Dasein* nennt. Die Rechte hat nicht viel Konstruktives zur Ausfüllung des Nichts beigetragen außer Beschwerden. Einer ihrer führenden Denker, Panajotis Kondylis, hatte immerhin den richtigen Ansatz, als er dem nihilistischen Standpunkt auf theoretischem Gebiet die prinzipielle Überlegenheit über den normativistischen bescheinigt hat.

Die Nihilisten sind beim Auffüllen des Nichts unverzichtbar. Denn wie soll das Nichts unterwunden und durch das Authentische ersetzt werden, wenn man es vorher nicht anerkannt und durchlebt hat? Aus dem Nichts erwächst die zarte Pflanze des Authentischen.

Dugin macht nun *Vorschläge zur Überwindung des Individuums: durch die Methode der Selbsttranszendenz durch eine Willensanstrengung oder durch eine existenzielle Begegnung mit dem Tod und der absoluten Einsamkeit.*

Das ist erneut eine Stelle, wo wir Dugins Einladung folgen, den *Eurasianismus zu erweitern und zu bereichern:* Unser Gegenvorschlag lautet: anstatt *Selbsttranszendenz* (als das Über-sich-Hinweggehen: noch mehr Abgehobenheit) *radikale Immanenz.* Unterwinden anstatt Überwinden. Untermensch statt Übermensch — über sich selbst schwebt diese literarische Figur wie im Nahtod, oben im Reich des Geistes, sie hat keine Füße auf dem Boden. Untermensch ersetzen wir

---

17 *Die Emotionelle Pest. Der verdrängte Christus*, Band 2: *Das orgonomische Testament*, https://www.orgonomie.net/hdochrist2.pdf.

durch den Einzigen, der jeder ist, der einfach so, wie er ist, da ist: auf dem Boden, mitten im Leben.

Unterwinden heißt: den *Tod und die absolute Einsamkeit* als ultimativen authentischen Kern bejahen anstatt diesen aus dem Weg zu gehen. *Indem wir uns mit dem Tod auseinandersetzen, erwecken wir den Inhalt unseres Wesens.* Das Individuum kann sich aber auch durch andere tiefe Erfahrungen als echt und daseiend vergewissern (erweiterte kartesische Erfahrung). Das tut es mit allem, was es fühlt, wenn es sich seiner tiefen Wahrheit hingibt. *Jeder Mensch kann seinen persönlichen Gott oder Geist entdecken. Aber er kann nicht von außen aufgezwungen werden. Er sollte von innen heraus gesucht und gefunden werden.*

Wie tief müssen die Erfahrungen sein, um identitätsstiftende Wirkung haben zu können? Zunächst ist die Anerkennung des Realen Voraussetzung. Sagen, wie es ist — das sei der Leitspruch. Dieser Spruch steht aber — auf der volkstümlichen Ebene — für die Phänomenologie der Philosophen. „Wie es ist" heißt: Was siehst du unmittelbar? Was stellst du unmittelbar fest? Das Festgestellte bezeichnen die Philosophen als die „Phänomene". Auf volkstümlicher Ebene ist dieses Wort aber überflüssig. Da geht es nur darum, *dass* man etwas sagt. *Was* man sagt, ist die Sache selbst, für die man keine Kategorie anlegen muss.

Um aber nun Dasein-erzeugende Wirkung zu haben, darf der, der sagt, wie es ist, es nicht beim Sagen belassen, sondern muss, wenn sie sich im Verlaufe des Sagens einstellen, Gefühle zulassen. Wenn die Wahrheit unsagbar wird, muss weitergegangen werden und nicht um den heißen Brei herum*geredet* werden: mit dem Unsagbaren, aber Fühlbaren. Das Unsagbare muss nun anders „gesagt" werden: durch Ausdruck der Gefühle, durch die Sprache des Körpers.

Gefühle verstärken das Wahrnehmen seiner selbst, seines Selbstes, konstituieren die Person, sorgen für inneren Raum. *Das Dasein existiert als Raum und durch den Raum.*

Wo der Volkstümliche sagt, wie es ist, kategorisiert der Philosoph; wo der Volkstümliche anfängt zu weinen oder wütend zu werden, versucht der Philosoph, das Festgestellte immer präziser zu verbalisieren (Hermann Schmitz). Oder er erfindet neue Wörter für das Wortlose und Unsagbare oder lädt Begriffe mit immer mehr Bedeutung auf, wie es Heidegger getan hat. Anstatt *zu Wörtern und ihrer ursprünglichen nicht-philosophischen Bedeutung zurückzukehren*, hat sich Heidegger für das weitere Abheben in eine *Metasprache* entschieden.

Die Phänomenologie war der goldrichtige Ansatz, aber sie begab sich auf den Holzweg der Hyper- und Panverbalität. Kategorien anzulegen, zerstört das Unmittelbare (das gerade erst festgestellt wurde), entfernt das Subjekt wieder von sich selbst und macht es zum Objekt.

Das aber — auf Kategorien und endlose Schöpfungen künstlicher Wörter nicht nur zu verzichten, sondern sie als schädlich abzulehnen — heißt, aufzuhören zu philosophieren. Entsprechend berührt und stellt Heidegger — wie alle guten Philosophen — die Frage vom Ende der Philosophie. Er beantwortet sie nur nicht, deutet ihr Ende in der *plötzlichen Wiederkehr des Seins (das „Ereignis")* nur an. *Heidegger selbst schwankte immer wieder, ob dieser Punkt erreicht sei oder „noch nicht ganz"*.[18]

Nicht nur die Hegelei, sondern auch die Heideggerei muss nun unterwunden werden und Sprache und Denken die ihnen gebührenden Plätze zugewiesen bekommen, soll das Subjekt radikalisiert werden. Den Philosophen muss eine Hilfestellung zur Unterwindung der Philosophie gewährt werden ähnlich den subtil und empathisch dargelegten Angeboten Dugins an die Anhänger der Ersten, Zweiten und Dritten Politischen Theorie.

Für Dugin *entspricht die wichtige Idee des nous (Intellekt) unserem Ideal*. Ich schlage dagegen vor, an die Bedeutung von *nous* im präphilosophischen Sprachgebrauch der archaischen Zeit anzuknüpfen und zu einem Postintellektualismus überzugehen. Für Homer ist *noein* noch immer mit sinnlicher Wahrnehmung verbunden. Unter „erkennen" versteht er noch „wahrnehmen" und „bemerken". Die

---

18 *Die Emotionelle Pest. Der verdrängte Christus*, Band 2: *Das orgonomische Testament*, https://www.orgonomie.net/hdochrist2.pdf.

von den Sinnesorganen gewonnenen Eindrücke sind unmittelbar Grundlage des Denkens. Homer verwendet *nous* umgangssprachlich, d.h. volkstümlich.

Es ist an der Zeit, zur Archaik zurückzukehren, mit dem Traditionalismus ernst zu machen und die Philosophie tatsächlich zu unterwinden. *Wir sollten nicht davor weglaufen, es verstecken, uns dafür schämen oder versuchen, es zu modernisieren, sondern es als das erkennen, was es ist. Sobald es als solches erkannt ist, müssen wir uns selbst eine ehrliche Antwort darauf geben, wer wir sind.*

Wir sind, wie wir sind; wir sagen es so, wie es ist; wir sind wir selbst. Wir sollten ganz zu uns stehen und archaisch sein: die Eigner — die die Gemeinschaft bilden. *Die Moldawier sind noch archaischer als die Rumänen oder die Russen. Das ist gut, denn es spricht für die Einzigartigkeit ihres Landes und seiner Kultur. Es ist etwas Positives, es ist ihr Reichtum, und dieser Archaismus sollte keine Schande sein. Archaisch? Lassen Sie es archaisch sein. Es ist großartig! Es ist eine tiefe, kontemplative und schöne Kultur. Ich liebe sie sehr.*

Dugin misst der Philosophie einen sehr hohen Wert bei: *Ohne sie kann man nicht leben. Der Mensch ist sich dessen nicht immer bewusst, aber die Philosophie bewegt ihn.* Das glaube ich nicht. Es sind die sinnlich vermittelten Bedürfnisse, die den Menschen antreiben.

Der Eurasianismus richtet sich auf freie Menschen, die fähig sind, ihre eigene Natur zu erkennen und ihr eigenes Schicksal in die Hand zu nehmen. Ohne Philosophie ist der Eurasianismus unvollständig, sogar unmöglich.[19] Frei („liberal") zu sein, war für Stirner keine Option — er wollte *eigen* sein. Der Eigner lässt sich nicht mehr durch Philosophieren vom Handeln abhalten.

Die philosophische Grundlage für die totale Zerstörung der Moderne wurde von der Heideggerschen Philosophie gelegt, die alle modernen philosophischen Konzepte auslöscht: Subjekt, Objekt, Realität, Zeit, Raum, Technik, das Individuum usw. Die Moderne kann nur durch eine Hinwendung — historisch gesprochen Rückwendung — zur

---

19   Alexander Dugin, „Heidegger and the 'Event' (Ereignis)", 17. März 2022, https://vk.com/club198683294?w=wall-198683294_1219.

Archaik unterwunden werden, d.h. durch das Hier und Jetzt, in welchem all jene Konzepte entfallen. Der von Heidegger adorierte Hölderlin hatte sich bereits auf diesen postphilosophischen Weg zunächst ins Poetische begeben.[20]

Die Sprache der Propheten ist sehr eigenartig: sie ist poetisch, metaphorisch. Auch der Eurasianismus sucht die Kategorie seiner Sprache und seiner Analyse eher in Poesie oder erhabener Philosophie. Aber unsere Metaphern sind so präzise, diese Gleichnisse so verständlich, dass sie vielleicht klarer sind als die rationalste, logischste Erklärung.[21]

Doch bei der Beantwortung der Frage nach Dasein und Nicht-Dasein hat sich schließlich herausgestellt, dass sie weder philosophisch, noch poetisch zu lösen ist, sondern nur unter Einbeziehung der Gefühle.

Dugin spricht davon, *ein kulturelles und intellektuelles Selbst zu reaktualisieren oder künstlich zu schaffen.* Das Selbst ist aber im Wesentlichen nichts Intellektuelles — und schon gar nicht „künstlich zu schaffen". Das verstößt gegen die Authentizität. Es soll überhaupt nicht die Bedeutung von tradierter Kultur und ihrem Anteil an der Identität geschmälert werden, aber die *authentische Existenz* erschöpft sich nicht in dieser.

An dieser Stelle wäre es vielleicht von Vorteil, auf gewisse Schichten des authentisch gebliebenen Volks und auf das Volkstümliche zu hören anstatt auf Philosophen. Dem entgegen aber sagt Dugin, dass *die Vierte Politische Theorie* zwar *für die Sache aller Völker kämpft, aber sie ist nicht für die Menschen gemacht. Sie ist ein Aufruf an die intellektuelle Elite jeder menschlichen Gesellschaft. Diesmal kann uns das Volk nicht helfen. Diesmal müssen wir den Menschen helfen.*

Die volkstümliche Phänomenologie „sage, wie es ist" ist noch die sicherste Methode, den authentischen Kern freizulegen. Der Intellektuelle kann noch einiges vom Volk lernen, wenn er ihm aufs

---

20 „Eurasianism as Philosophy (What is Philosophy?)", https://t.me/Dugin_Aleksandr/2338.

21 Peter Töpfer, „Hölderlin, Post-Philosophie und Tiefenwahrheit" (Video): https://youtu.be/b4xYv7wC1gs.

Maul schaut. Da ist keine Spur von Psychojargon und ähnlich technischer Sprache zu hören. Die Technizität der Humanwissenschaft ist völlig unbrauchbar. Das Philosophieren — in seinem Abstand zum Sein und seinem Umgang mit sich selbst als Objekt — ähnelt der Technik. Erde und Mensch werden im Neolithikum zu Objekten und Maschinen. *Die Technik ist der absolute Feind des Menschen.*[22]

Wenn Biologie — die Lehre vom Leben —, dann muss dieses Leben existentiell gesehen werden und nicht chemisch. Wenn Soziologie, dann sollte neben der Verkehrsform des Menschen (die Rolle des Einzelnen in der sozialen und politischen Struktur) auch wieder die Naturalform Geltung finden.

So sehr die Intellektuellen auf das Volk hören sollten, um sich zu erden und sich der Normalität und dem gesunden Menschenverstand anzuschließen, so sehr wird aber auch das Volk von der Avantgarde lernen, wenn es darum geht, wie sehr man zu seiner wahren Person stehen kann. Hier hat die Elite wiederum eine Vorarbeit geleistet. Im Idealfall werden wir von einer Wiedervereinigung von Volk und Philosophie (Postphilosophie) sprechen: zu einer Einheit, wie es sie in den Alten Zeiten gegeben hat.

Vielleicht. Wir wissen es ja nicht, und wir brauchen es auch nicht zu wissen. Wir können uns von der Tradition und von vormodernen Quellen oder deren Interpretation inspirieren lassen, von der *„traditionellen Gesellschaft", die entweder überhaupt keine Geschichte kannte oder die sie gemäß ihren Riten und Mythen der „ewigen Wiederkehr" versteht,* wo man gleich im Hier und Jetzt bleiben bzw. die Nach-Geschichte einleiten kann. *Die traditionalistische Philosophie lehnt die Theorien der „Evolution" und des „Fortschritts" ab.*

In einem anderen Kontext mahnt Dugin zurecht, *niemals das „Hier und Jetzt" anzubeten.* Es gilt, eine Balance, ein Sowohl-als-auch aus „Hier und Jetzt" und Kultur und Geschichte zu finden, eine Art *Archäomoderne: Fortschritt und Tradition, Beständigkeit und*

---

22 https://www.facebook.com/agdugin/photos/a.10154312708817602/101588583632
92602/?type=3.

Flexibilität, Loyalität sowohl gegenüber der Vergangenheit als auch gegenüber der Zukunft.

Der Orientierungspunkt in dieser Balance sollte die unverletzte und unbeschnittene Ganzheit des Subjektes sein, vor allem die der Kinder. Wir haben die „absolute Kulturschwelle der Seßhaftwerdung des Menschen im Neolithikum" (Arnold Gehlen) überschritten. Seither hat sich Schmerz in unseren Seelen angesammelt, der tausend Jahre braucht, um abzufließen. *Die Wurzeln des Übels sind zu tief.* Geschichtlich gesprochen muss die Kritik am Great Reset die Kritik an den bereits stattgefundenen Great Resets mit einschließen.

Mit Herman Wirth und dem Reichianer James DeMeo (Saharasia-These — die Geopolitik des seelischen Elends) sollten wir im Namen von Einfachheit, Natürlichkeit, Schönheit und Lebendigkeit das prä-neolithische Matriarchat als die uns entsprechende Mikrogemeinschaft in Erwägung ziehen, vor allem im Namen der Beendigung der „tausendfachen Zerspaltenheit des Seins" (Karl Richter). *Herman Wirths positive Einschätzung des Matriarchats ist hochinteressant und verstärkt die Sympathie für Bachofen.*[23]

Asien präsentiert sich uns hier zwiespältig: einerseits gingen von Asien die Stürme über das prä-indogermanische Europa aus und indogermanisierten es — insofern löst es Skepsis und sogar Ängste aus. Andererseits hat dort das Präneolithische überlebt und kann uns zur Anschauung und als Vorbild dienen.

Dominik Schwarzenberg sieht in seiner Betrachtung Russlands eine Gegenüberstellung von „etatistischem Vaterland (manche Slawophile des 19. Jh., manche Nationalbolschewisten, Liberale, manche Monarchisten, manche de-Facto-Faschisten. Für Assimilation der Minderheiten. Zentralstaat.) und reichischem Mutterland (Neoslawophile, manche Nationalbolschewisten, manche Monarchisten, politisch Religiöse. Gegen Assimilierung

---

23 Alexander Dugin, „Technology is the Absolute Enemy of Man", https://kate-hon.com/en/article/technology-absolute-enemy-man.

der Minderheiten, Russen nur als Träger einer missionarischen Reichsidee. Dezentraler Staat.)"[24]

Wie dem auch sei: *In der Gesellschaft, die sich herausbilden soll, sollte der Mensch die Freiheit haben, seine Menschenwürde, seine Identität, sein Wesen und seine Ganzheit zu bewahren. Wir müssen auch die Strukturen bewahren, ohne die sich eine individuelle Persönlichkeit nicht entwickeln und verwurzeln kann.*

Unverletzlichkeit und Autonomie der Person geht einher mit der Autonomie der Kollektive, die laut Dugins wunderschöner *eurasianistischer Vision der zukünftigen Welt* in diesem Buch größtmöglich sein wird.

Die alte, zentralisiert-unipolare Welt mit ihrem einzigen, satanischen Hirten zur reinen Versklavung aller Völker mittels Atomisierung — der verwüstendste aller Wüstenstürme, *inakzeptabel, unerträglich* —, sie geht unter.

Berlin, 9. Mai 2022

---

24 Alexander Dugin, „Herman Wirth", https://www.facebook.com/agdugin/posts/10158847623952602; siehe auch Alexander Dugin, „Herman Wirth: Runes, Great Yule, and the Arctic Homeland", https://eurasianist-archive.com/2017/04/13/herman-wirth-runes-great-yule-and-the-arctic-homeland/amp/ und „Herman Wirth's Theory of Civilization", https://eurasianist-archive.com/2019/01/04/herman-wirths-theory-of-civilization/.

AN MEINE
DEUTSCHEN LESER

VON ALEXANDER DUGIN

D IE VERÖFFENTLICHUNG von *Eurasische Mission* in deutscher Sprache kommt zu einem sehr schwierigen Zeitpunkt. Russland befindet sich in einer harten Konfrontation mit dem globalistischen Westen. In der Tat wird alles, was in *Eurasische Mission,* das größtenteils in den frühen 2000er Jahren geschrieben wurde, erwähnt wird, Realität. Von besonderem Interesse für die deutschen Leser ist natürlich, was mit Europa und Deutschland in den wachsenden Spannungen zwischen dem Atlantik (Globalismus, USA, NATO) und Eurasien, vertreten durch Russland (und heute China), das immer mehr zum Subjekt und nicht mehr zum Objekt der Weltpolitik wird, geschehen wird. Russland und Eurasien führen einen Krieg für eine multipolare Welt, während die globalistische Führung der Vereinigten Staaten und des Westens im Allgemeinen ein unipolares Modell verteidigt, das sein Potenzial rasch erschöpft.

Die Struktur der Weltordnung wird leider meist in Kriegen entschieden. Daher ist es nicht verwunderlich, dass wir uns im Krieg befinden. Es ist heute klar, dass der liberale Globalismus seine Hegemonie nicht freiwillig aufgeben wird und sich verzweifelt wehren wird, um seine planetarische Macht zu erhalten und sogar auszubauen. Die Befürworter der Weltregierung und des Great Resets werden, nachdem sie während der beispiellosen totalitären Sanktionen, die während der Covid-Epidemie verhängt wurden, die totale Kontrolle ausgeübt haben, um jeden Preis versuchen, ihre dominante Position in der Weltelite zu verteidigen.

Europa und Deutschland sind heute leider nicht der Pol einer multipolaren Welt. Sie sind Teil eines globalistischen Systems. Zumindest gilt dies für die liberale und globalistische europäische Elite, und es gibt heute keine andere. Die Völker Europas sind ohnmächtiger und unterdrückter denn je, sie haben keine Vertretung an der Macht und sind gelähmt durch eine liberale Diktatur, die sich immer mehr zu einem Totalitarismus entwickelt. Alles, was nicht mit der Position der globalen atlantischen Eliten übereinstimmt, wird sofort dämonisiert und unterdrückt. Die Stimmen, die nach europäischer oder deutscher Souveränität rufen, werden sofort zum Schweigen gebracht. Der Liberalismus hat sich in ein Konzentrationslager mit nur einer Meinung verwandelt.

In einer solchen Situation ist es unrealistisch zu hoffen, dass die Eurasische Idee — eine Theorie einer multipolaren Welt und einer Pluralität der Zivilisationen — in Deutschland breite Unterstützung finden wird. Aber es gibt noch weniger Menschen, die bereit sind, die Logik Russlands und die Ziele seines Kampfes für eine multipolare Welt zu verstehen. Deshalb gestehe ich, dass ich nicht mit einem breiten Publikum in Deutschland für dieses Buch rechne — die Bedingungen dafür sind absolut ungeeignet. Wer jedoch auf der Seite des Volkes steht und sich zur deutschen und europäischen Identität und ihren kulturellen und historischen Wurzeln bekennt, wird den Eurasianismus als eine Form des russischen Zivilisationspatriotismus sicherlich schätzen. Und wenn die eurasische Theorie auf Europa ausgedehnt wird, wird das Ergebnis eine Einladung sein, eine neue europäische Souveränität zu behaupten, ein Pol einer multipolaren Welt zu werden und nicht nur ein Gebiet, das amerikanische Militärbasen beherbergt.

Eurasianismus bedeutet für Europa keineswegs Sympathie für Russland. Es bedeutet Liebe zu Europa selbst, zu seinen Traditionen, seinen Wurzeln, seiner Kultur, die durch Globalismus und

Atlantizismus rücksichtslos zerstört werden. Europa ist zu einer Geisel der kosmopolitischen liberalen Eliten geworden. Der Eurasianismus kämpft nicht gegen den Westen, sondern gegen den Anspruch des modernen globalistischen Westens, das alleinige Zentrum der Entscheidungsfindung, das alleinige Modell der Werte und der alleinige Ankläger, Richter und Henker all derer zu sein, die eine andere Meinung haben. Wenn Ihnen dieser Zustand so passt, sollten Sie dieses Buch nicht lesen. Es ist für diejenigen, die sich bereits der Notwendigkeit einer Alternative für Europa, einer Alternative für Deutschland, einer Alternative für die Menschheit bewusst sind.

Der Eurasianismus und seine Mission sind die Alternative, nach der Sie suchen. Sie ist vielleicht nicht die einzige, aber sie ist theoretisch solide, geopolitisch und philosophisch fundiert, und sie hat heute durchaus erkennbare Züge in Russlands Kampf für ein anderes Modell der Weltordnung. China und Indien, die Gegenstand der eurasischen Mission sind, nehmen das eurasische Projekt im Übrigen sehr ernst, was sich unschwer an ihrer konkreten Politik ablesen lässt.

Moskau, 20. April 2022

EINLEITUNG:
EURASIANISMUS UND DIE
VIERTE POLITISCHE THEORIE

Eurasianismus als Strukturalismus

ZUNÄCHST EINMAL ist der Eurasianismus[1] eine Philosophie, und wie jede echte Philosophie enthält er implizit eine politische Perspektive, einen historischen Ansatz und die Möglichkeit, in eine Ideologie umgewandelt zu werden. Der Eurasianismus als Philosophie basiert auf der Strukturanalyse, und es ist kein Zufall, dass der Begründer des Eurasianismus, Graf Nikolai Trubezkoi, eine führende Persönlichkeit der strukturalistischen Linguistik war. Der Eurasianismus ist eine Form des Strukturalismus, bei der der Akzent auf der Vielfältigkeit und Synchronizität der Strukturen

---

[1] Der Eurasianismus ist in seiner weitesten Bedeutung ein grundlegender geopolitischer Begriff, der darauf abzielt, die gesamte Welt aus historischer und geographischer Sicht zu verstehen, wobei der westliche Teil der Weltzivilisation ausgeschlossen wird. Er versucht auch, die Welt aus militärisch-strategischer Sicht zu verstehen, insbesondere im Hinblick auf die Länder, die die expansionistische Politik der Vereinigten Staaten und ihrer NATO-Partner nicht gutheißen. In kultureller Hinsicht wünscht er sich die Erhaltung und Entwicklung organischer nationaler, ethnischer und religiöser Traditionen; und in sozialer Hinsicht umfasst er alle verschiedenen Formen des Wirtschaftslebens und die Bemühungen um eine „sozial gerechte Gesellschaft".

liegt. Die Struktur wird als ein Ganzes betrachtet, das viel mehr ist als die Summe seiner Teile. Dies ist die Regel des Eurasianismus. Es ist ein Holismus, der sich mit organischen, strukturellen Einheiten beschäftigt.

Das Hauptanliegen der eurasianistischen Philosophie ist die Zivilisation. Es gibt verschiedene Zivilisationen, nicht nur eine. Jede von ihnen hat ihre eigene Struktur, die die Elemente definiert, aus denen sie besteht, und die ihnen Sinn und Kohärenz verleiht. Wir können die Regeln, die wir in einer solchen Struktur finden, nicht auf die einer anderen Zivilisation übertragen — weder diachron noch synchron. Jede zivilisatorische Struktur hat ihr eigenes Zeitempfinden (*la durée*) und ihren eigenen Raum. Sie sind daher nicht miteinander vergleichbar. Jede menschliche Gesellschaft gehört zu einer bestimmten Zivilisation und sollte nur nach den ihr eigenen Kriterien untersucht werden. Dies bringt uns zum Ausgangspunkt der modernen Anthropologie, die mit Franz Boas und Marcel Mauss begann und die auf der Pluralität der menschlichen Gesellschaften in Abwesenheit eines universellen Musters besteht. Es ist daher kein Zufall, dass Claude Lévi-Strauss, der bekannte Vater der strukturellen Anthropologie, bei Roman Jakobson in den Vereinigten Staaten studierte. Jakobson war ein Kollege und Freund von Trubezkoi gewesen.

Die Pluralität der menschlichen Gesellschaften, von denen jede eine spezifische Art von semantischer Struktur darstellt, die völlig einzigartig und mit keiner anderen vergleichbar ist, ist die Grundlage der eurasianistischen Philosophie im Allgemeinen.

Der Eurasianismus als hermeneutisches Werkzeug

Dieses Prinzip wurde von den Eurasianisten auf verschiedene Bereiche angewandt, darunter die russische Geschichte, die Geopolitik, die Soziologie, die internationalen Beziehungen, die Kulturwissenschaften, die Politikwissenschaft und so weiter. In jedem Bereich wurde die Einzigartigkeit der russischen Zivilisation im Vergleich zu allen anderen Zivilisationen, sowohl westlichen als auch östlichen, bekräftigt und verteidigt. So betrachten Eurasianisten die westliche, europäische Zivilisation als eine konkrete Struktur mit einem eigenen Verständnis von Zeit, Raum, Geschichte, menschlicher Natur, Werten und Zielen. Aber es gibt auch andere Zivilisationen, nämlich die asiatische, afrikanische, lateinamerikanische und russische. Die russische Zivilisation weist einige Merkmale der europäischen und einige Merkmale der asiatischen Kultur (vor allem des turanischen Typs) auf und stellt eine organische Synthese aus beiden dar, weshalb sie nicht auf die bloße Summe ihrer westlichen und östlichen Elemente reduziert werden kann. Vielmehr hat sie eine eigene Identität.

Die strukturelle Methode veranlasste die Eurasianisten, diese russische Zivilisation als organisches Ganzes mit einer eigenen Semantik zu studieren, die das Wesen ihrer Identität, in ihrer impliziten Art, Geschichte, Religion, normative Politik, Kultur, Strategie usw. zu verstehen, offenbart. Doch um eine solche Studie wirklich strukturell durchführen zu können, mussten sie den westlichen Anspruch auf Universalität radikal zurückweisen und damit den westlichen Universalismus, Ethnozentrismus und seinen impliziten Kulturimperialismus dekonstruieren. Da das Wesen der russischen Zivilisation nicht westlich ist, sollte es jenseits der „selbstverständlichen" Prinzipien definiert werden, die in der europäischen Moderne als selbstverständlich gelten, wie Fortschritt, lineare Zeit, homogener Raum, materialistische Physik, Kapitalismus als universelles Schicksal der gesellschaftlichen Entwicklung und so weiter. Der Begriff Eurasien, der auch als Russland-Eurasien ausgedrückt werden könnte, wurde eingeführt, um eine klare Trennlinie zwischen den beiden Zivilisationen zu ziehen: der europäischen, die historisch und geographisch als ein rein lokales Phänomen angesehen wurde, und der eurasischen.

Von diesem Ausgangspunkt aus bildeten sich zwei Schulen heraus: die radikalen Kritiker des westlichen Universalismus und des

Eurozentrismus (ihre Position wurde in Trubezkois Buch *Europa und die Menschheit* formuliert, in dem Europa ähnlich wie Toynbees Dualität von „dem Westen und dem Rest" als Gegensatz zur gesamten Menschheit dargestellt wird) und diejenigen, die sich mit der unabhängigen russisch-eurasischen Struktur befassten, die als Schlüssel zur Entschlüsselung der russischen Geschichte und als Mittel zur Schaffung eines normativen Projekts für die eurasische Zukunft — eines eurasischen Projekts — angesehen wurde.

Die Interpretationen und Projekte der Eurasianisten

Das eurasische Projekt wurde in Form einer politischen Philosophie auf der Grundlage der Multipolarität der Zivilisationen, des Antiimperialismus, des Antimodernismus und der Struktur Russlands selbst entwickelt. Letztere wurde in Anlehnung an die Prinzipien der Slawophilen definiert, mit dem wichtigen Zusatz einer positiven Bewertung der kulturellen Elemente, die die Russen seit der Zeit der Mongolen aus den asiatischen Gesellschaften übernommen hatten. Eines der wichtigsten Bücher der Eurasianistischen Bewegung, das ebenfalls von Trubezkoi geschrieben wurde, trug den Titel *Das Erbe Dschingis Chans*. Für die Eurasianisten war der Westen also im Unrecht — ein rein regionales Phänomen, das sich über den Imperialismus einen universellen Status anmaßte. Daraus folgt, dass auch die Moderne, die ebenfalls ein westliches Phänomen war, ganz und gar ein Produkt dieses Schauplatzes und von Natur aus imperialistisch ist. Die russische Geschichte wurde als der Kampf der eurasischen Zivilisation gegen den Westen betrachtet, und in den letzten Jahrhunderten auch als Kampf gegen die Moderne. Die eurasische Zukunft Russlands sollte in einer Form gestaltet werden, die der Besonderheit der russischen Struktur entspricht und mit den russischen Werten und Grundüberzeugungen übereinstimmt. Die Eurasianisten schlugen vor, diese Qualitäten als ihre Normen zu übernehmen und zu bekräftigen. Sie sagten „Nein" zum Fortschritt.

Sie sahen die gesellschaftliche Entwicklung als einen Kreislauf und nicht im Sinne kapitalistischer Entwicklungsvorstellungen. Sie forderten eine organische, landwirtschaftliche Ökonomie, keinen Materialismus, und eine Ideokratie (die Macht der Ideen). Sie lehnten auch die Demokratie ab und sprachen sich für die Volksmonarchie aus. Sie lehnten die Vorstellung einer rein individualistischen, oberflächlichen Freiheit ab und plädierten für soziale Verantwortung und geistige, innere Freiheit.

Die Eurasianisten erkannten im Bolschewismus russisch-eurasische Strukturen, allerdings nur in einer stark pervertierten und verwestlichten Form (Marxismus). Sie betrachteten die Oktoberrevolution von 1917 eher als eine eschatologische, messianische Revolte denn als einen Übergang von einer kapitalistischen zu einer sozialistischen Phase. Die Eurasianisten sahen die innere Verwandlung des Bolschewismus voraus, die seine Metamorphose in einen linksgerichteten Eurasianismus bewirken und eine künftige Rückkehr zum christlichen Glauben, zur Monarchie und zu einer vormodernen Agrarwirtschaft ermöglichen würde.

Ihre kurzfristigen Erwartungen an die Entwicklung des Eurasianismus erwiesen sich als falsch, wurden aber später in den 1980er Jahren verwirklicht, lange nach dem Erlöschen der Eurasianistischen Bewegung, die als Teil der Weißen Emigrantenbewegung[2] nach der Oktoberrevolution existiert hatte. Rückblickend auf eine Zeit, in der die meisten ihrer Analysen bestätigt wurden, haben wir uns ihr Erbe zu eigen gemacht und damit die zweite Welle des Eurasianismus eingeleitet: den Neo-Eurasianismus.

---

2   Die Weiße Bewegung (die „Weißen") war ein Zusammenschluss von antikommunistischen Gruppierungen, die im Russischen Bürgerkrieg (1917–1923) gegen die neue Sowjetmacht und die Bolschewiken (die „Roten") agitierten und kämpften. — *Anm. d. Übers.*

Neo-Eurasianismus: neue Merkmale

Der Neo-Eurasianismus wurde von uns, ebenso wie der frühe Eurasianismus, von Anfang an als eine russische Form der Ideologie des Dritten Weges verstanden, die zur gleichen philosophischen Familie gehört wie die deutsche Konservative Revolution. Wir akzeptierten ihn daher als ein besonders russisches Paradigma einer breiten antimodernen philosophischen und politischen Tendenz, ähnlich dem Traditionalismus oder der Dritten Position. Der linke Eurasianismus wurde durch den Nationalbolschewismus vertreten.

Eine wichtige Bestätigung für die Relevanz des Eurasianismus für die Politik findet sich in der Art und Weise, wie geopolitisches Denken in dualistischen Begriffen wie Thalassokratie vs. Tellurokratie oder Atlantizismus[3] vs. Eurasianismus aufgefasst wird. Dies entspricht genau der Art und Weise, wie die ersten Eurasianisten die Dinge in ihrer Weltanschauung formulierten. Ebenso war der Eurasianist Nikolai Alexejew der erste Wissenschaftler in Russland, der René Guénon zitierte. Auch die eurasische Kritik an der Moderne und am Eurozentrismus stand dem Geist der europäischen Neuen Rechten, wie sie von Alain de Benoist vertreten wurde, sehr nahe. Der Neo-Eurasianismus wurde also durch neue Themen bereichert: Traditionalismus, Geopolitik, Carl Schmitt, Martin Heidegger, die

---

3   Atlantizismus ist ein geopolitischer Begriff, der aus historischer und geographischer Sicht den westlichen Sektor der Weltzivilisation bezeichnet, aus militärisch-strategischer Sicht die Mitgliedstaaten der NATO (in erster Linie die USA), aus kultureller Sicht das von den westlichen Medienimperien geschaffene einheitliche Informationsnetz und aus sozialer Sicht das „Marktsystem", das einen Absolutheitsanspruch erhebt und alle anderen Formen der Organisation des Wirtschaftslebens ablehnt. Die Atlantiker sind die Strategen des Westens und ihre bewussten Unterstützer in anderen Teilen der Welt. Sie wollen die ganze Welt unter ihre Kontrolle bringen und versuchen, dem Rest der Menschheit die sozialen, wirtschaftlichen und kulturellen Merkmale der westlichen Zivilisation aufzuzwingen. Die Atlantiker sind die Erbauer der „Neuen Weltordnung" — eines beispiellosen globalen Systems, das einer absoluten Minderheit der Weltbevölkerung, der sogenannten „goldenen Milliarde", zugute kommt.

Konservative Revolution, Strukturalismus, Anthropologie und so weiter. In den frühen 1990er Jahren war der Neo-Eurasianismus ein integraler Bestandteil der größeren patriotischen und antiliberalen Bewegung (derjenigen in der Opposition, die eine Synthese aus der Linken und der Rechten darstellten). Danach wurden die Eurasianisten zum Kern der nationalbolschewistischen Bewegung. Erst in den späten 1990er Jahren bildete sich eine unabhängige neoeurasianistische Bewegung mit einem eigenen politischen Programm. Sie stützte sich nicht nur auf ältere Quellen, sondern auch auf neue Elemente aus westlichen antimodernen Quellen, darunter einige aus der Schule des Postmodernismus. Anfang 2000 erlangte sie ein gewisses Maß an gesellschaftlicher Anerkennung und erhielt die ersten positiven Reaktionen aus den politischen Kreisen um Wladimir Putin.

Die Vierte Politische Theorie

Die letzte wichtige ideologische Wende in der Philosophie des Neo-Eurasianismus fand 2007–2008 statt, als die Grundprinzipien der Vierten Politischen Theorie festgelegt wurden. Dies war der Moment des entschlossenen und unumkehrbaren Schritts vom Eurasianismus als russische Version der Dritten Position zur Vierten Position. Dies war eine Fortsetzung der eurasianistischen Ideen — die immer noch aus Antiliberalismus, Antimodernismus, Anti-Eurozentrismus, dem strukturalistischen Ansatz und Multipolarität bestanden. Aber anstatt eine kreative Synthese der antiliberalen (sozialistischen) Rechten mit der identitären (nicht-dogmatischen oder sorelianischen) Linken zu sein, begann die Vierte Position sich in eine Richtung zu bewegen, die über alle Spielarten der politischen Moderne hinausging. Dazu gehörte auch die Überwindung der Dritten Position, oder besser gesagt der Mischung aus extremer Linker und extremer Rechter (Nationalbolschewismus). Die Idee dahinter war, das Normative für die Zukunft zu schaffen, völlig losgelöst von jeder modernen politischen Tendenz — jenseits von Liberalismus, Kommunismus und Faschismus.

Die Vierte Politische Theorie nimmt allmählich Gestalt an, indem sie die Logik und die Prinzipien des Dritten Weges überwindet und stattdessen diejenigen, die sie für richtig halten, dazu einlädt, unmoderne und nicht-westliche Strukturen als gültige Grundlage für eine normative und souveräne Zivilisation zu bejahen. Die philosophische Grundlage für die totale Zerstörung der Moderne wurde von der Heideggerschen Philosophie gelegt, die alle modernen philosophischen Konzepte auslöscht: Subjekt, Objekt, Realität, Zeit, Raum, Technik, das Individuum und so weiter. Manche Menschen, wie zum Beispiel die brasilianische Philosophin Flavia Virginia, bezeichnen dies als „Daseinspolitik". Auf dem Gebiet der internationalen Beziehungen wurde die Theorie der multipolaren Welt vor kurzem von Eurasianisten ausgearbeitet. Neben diesen geopolitischen Arbeiten wurden Studien in vielen anderen Bereichen durchgeführt, wie z.b. in der Ethnosoziologie, der Soziologie der Imagination, der Noologie, dem Neotraditionalismus (basierend auf dem Thema des radikalen Subjekts), einer Annäherung an eine originäre russische phänomenologische Philosophie, archäomodernistischen Studien und so weiter. Die Menge und die Qualität dieser Werke, die im Rahmen der Vierten Politischen Theorie entstanden sind, haben ausgereicht, um ihr eine Nische zu verschaffen, die sowohl vom Eurasianismus als auch vom Neo-Eurasianismus unabhängig ist, aber in denselben tiefgreifenden Kraftlinien verläuft. Wir könnten die Vierte Politische Theorie daher als eine Weiterentwicklung und Fortsetzung des Eurasianismus betrachten, wobei der Eurasianismus ihr grundlegendes Paradigma und ihren Ausgangspunkt darstellt. Es ist theoretisch möglich, die Vierte Politische Theorie ohne Kenntnis des Eurasianismus zu studieren, aber um ihre Prinzipien tiefer zu verstehen, ist eine Vertrautheit mit dem Eurasianismus wünschenswert.

Wenn wir uns ansehen, wie sich die Dinge entwickelt haben, können wir jetzt erkennen, dass der Eurasianismus eine Art

Vorbereitung auf die Vierte Politische Theorie ist: die erste Stufe, die zu ihr führt. Aber gleichzeitig stellt der Eurasianismus eine kohärente und eigenständige Philosophie und Weltanschauung dar, die auf dieser Philosophie basiert, und ist daher ein Thema, das es wert ist, neben dem komplizierteren und detaillierteren Bereich der Vierten Politischen Theorie studiert zu werden.

Eine Einführung in den Eurasianismus

In diesem Buch haben wir verschiedene Texte zum Eurasianismus und zum Neo-Eurasianismus zusammengetragen. Wir hoffen, dass sie als Einführung für detailliertere Studien dienen können. Bis vor kurzem war nicht viel von dieser Arbeit in deutscher Sprache verfügbar, obwohl Arktos mein Buch *Die Vierte Politische Theorie* (2012) veröffentlicht hat. Arktos plant für die nahe Zukunft viele weitere deutsche Übersetzungen meiner Werke.

Der Eurasianismus kann auf den Bereich der Geopolitik angewandt werden, wo er die endgültige Zusammenfassung der Perspektive der Zivilisationen des Landes darstellt, im Gegensatz zu der der Zivilisationen des Meeres, die derzeit die Sichtweise der atlantischen Politik der Vereinigten Staaten und ihrer geopolitischen strategischen Denker wie Zbigniew Brzezinski ist. Es wurden bereits mehrere Bücher über die eurasische Geopolitik veröffentlicht, von meinem Buch *Die Grundlagen der Geopolitik*, das erstmals 1997 erschien, bis hin zu meinen jüngsten und sehr detaillierten Büchern *Geopolitika* (2012) und *The Geopolitics of Contemporary Russia* (2013). Deutsche Übersetzungen einiger dieser Bücher sind bei Arktos in Vorbereitung. Im Jahr 2013 habe ich außerdem ein Handbuch der internationalen Beziehungen veröffentlicht. Geopolitische und strategische Studien dieser Art gibt es inzwischen in Russland und anderswo in Hülle und Fülle.

Der Eurasianismus hat einen festen Platz in der russischen Geschichtswissenschaft, die sich auf der Linie von Georgi Wernadski, dem prominenten russischen eurasischen Historiker, und Lew Gumiljow, dem berühmten russischen eurasischen Ethnologen, entwickelt hat. Der Eurasianismus kann sehr nützlich sein, wenn es darum geht, die politische Situation in Russland genau zu analysieren, insbesondere um das Phänomen Putin und sein Bestreben, eine Eurasische Union im postsowjetischen Raum zu schaffen, zu verstehen.

Im weiteren Sinne kann der Eurasianismus als eine Form des Kontinentalismus für das Projekt der Schaffung eines gemeinsamen europäisch-russischen Raums betrachtet werden — das Große Europa, das sich von Lissabon bis Wladiwostok erstreckt, wie es von Wladimir Putin erklärt wurde (der das Konzept übernahm, das zuerst von Jean Thiriart propagiert worden war). Über dieses eher lokal ausgerichtete Projekt hinaus setzt sich der Eurasianismus für Multipolarität ein und stellt eine Alternative zur unipolaren Globalisierung und zur neokolonialen Verwestlichung dar, die Formen wie das BRICS-Abkommen (Brasilien, Russland, Indien, China und Südafrika) angenommen hat.

Der Eurasianismus kann für diejenigen sehr nützlich sein, die die Natur der Welt, in der wir leben, verstehen wollen — ihre Herausforderungen, ihre Grenzen und ihre Paradigmen, aber auch ihre offenen und versteckten Pläne, ihre Möglichkeiten und ihre Alternativen. Vor allem aber ist es ein absolutes Muss für jeden, der das wahre Wesen Russlands verstehen will — seine tiefe Identität und seine Strukturen — in der Vergangenheit, Gegenwart und Zukunft.

MILITÄROPERATION IN DER UKRAINE: GEOPOLITISCHE ANALYSE

13.03.2022

Die ukrainische Frage am Ursprung der Geopolitik

Ü BER DEN PLATZ der Ukraine in der geopolitischen Konfrontation von Land und Meer ist bereits viel und ausführlich geschrieben worden. Außerdem ist es symbolisch, dass der Begründer der Geopolitik, Halford Mackinder, während des Bürgerkriegs in Russland der Hohe Kommissar der Entente für die Ukraine war. Und dort, in der damaligen Wrangel-Regierung, arbeitete der Begründer des Eurasianismus, der Geograph Peter Sawizki, der als erster in der russischsprachigen Publizistik den Begriff „Geopolitik" erwähnte und die Grundzüge dieser Methodik umriss, als Assistent des Außenministers Peter Struve.

Geopolitik: der ständige Krieg zu Land und zu Wasser

Mackinder formulierte die Theorie des großen kontinentalen Krieges, des Gegensatzes zwischen der Zivilisation des Meeres (der Westen im Allgemeinen, das Britische Empire im engeren Sinne) und der

Zivilisation des Landes (Kernland, Russland-Eurasien) schon etwas früher, im Jahr 1904, in seinem berühmten Werk *The Geographical Pivot of History*. Land (Rom, Sparta) und Meer (Karthago, Athen) stehen für zwei antagonistische Zivilisationen, die sich in allem widersprechen — traditionell und modern, spirituell und materialistisch, militärisch und kommerziell. Der Konflikt zwischen ihnen ist eine Konstante in der Weltgeschichte.

Eurasien als Schauplatz der geopolitischen Konfrontation

In den letzten Jahrhunderten, als das *Great Game*, die Konfrontation zwischen dem Britischen und dem Russischen Reich, in vollem Gange war, war der große Kontinentalkrieg im Raum Eurasien eingebettet. In diesem Raum stellte das „Kernland" Russland dar. Und die „Zivilisation des Meeres" England. England versuchte, Eurasien von außen, von den Ozeanen aus, zu strangulieren. Russland wehrte sich von innen und versuchte, die Blockade zu durchbrechen.

Der Hauptspannungsstreifen zeichnete sich in dem speziellen Konzept von der „Küstenzone" ab. Es erstreckte sich von Westeuropa über den Nahen Osten, Zentralasien bis nach Südostasien, Indien und China.

Das Ziel des Meeres war die Unterwerfung der Küstenzone. Das Ziel des Landes war es, diesen Einfluss zu brechen und den schrumpfenden Anakonda-Ring zu durchbrechen. Dies war der Grund für Russlands Vorstoß nach Zentralasien und in den Fernen Osten.

Daher auch die wichtigste Formel der Geopolitik: „Wer Osteuropa kontrolliert, kontrolliert das Kernland. Wer das Kernland kontrolliert, kontrolliert die Welt." So lautet die Theorie.

Die Zerstückelung von Großrussland

In seiner Position als Hochkommissar der Entente versuchte Mackinder, die Theorie in die Praxis umzusetzen. Der Russische Bürgerkrieg gab der Seezivilisation eine neue Chance, die Grenzen von der Küstenzone nach Osten zu verschieben, und zwar auf Kosten von Gebieten, die aus dem russischen Machtbereich ausschieden — Finnland, Polen und vor allem die Ukraine.

Mackinder war sich (wie Sawizki) darüber im Klaren, dass der Sieg der Bolschewiken unweigerlich zu einer Konfrontation mit dem Westen und dem Versuch führen würde, das Russische Reich in einer neuen Form wiederherzustellen (und genau das geschah auch). Deshalb forderte Mackinder, dass die britische Regierung die Weißen, die er von der Notwendigkeit der Unabhängigkeit der Ukraine zu überzeugen versuchte, aktiver unterstützen solle. Außerdem entwickelte er einen Plan zur Abtrennung des Südkaukasus, Weißrusslands, Zentralasiens sowie Ostsibiriens und sogar einer Reihe südrussischer Gebiete von Russland. Später, 1991, wurde Mackinders Plan durch den Zusammenbruch der UdSSR weitgehend wiederholt.

Die Ukraine und der „Cordon sanitaire"

Die Ukraine spielte eine wichtige Rolle in Mackinders geopolitischem Bild. Dieses Gebiet war zusammen mit Polen und den osteuropäischen Ländern Teil des „Cordon sanitaire", einer strategischen Zone, die unter der direkten Kontrolle von England und Frankreich (den damaligen Verbündeten der Entente) stehen und eine Annäherung zwischen Russland und Deutschland verhindern sollte. Da Russland-Eurasien durch diesen „Cordon" zurückgehalten wurde, konnte es sich nicht zu einem vollwertigen Reich entwickeln. Ohne die Ukraine ist Russland kein Imperium. Außerdem würde die Ukraine, die Russland feindlich gesinnt ist und unter direkter Kontrolle der Angelsachsen steht, Russland vom europäischen Kontinent abschneiden, wo Deutschland wiederum ein Kernland war, nur nicht ein globales (wie Russland), sondern ein lokales, europäisches. Englands Konflikt mit Deutschland (früher mit Österreich) war eine Konstante in der europäischen Geopolitik.

Dementsprechend war das Projekt einer unabhängigen Ukraine zunächst gegen Russland gerichtet und wurde von den Angelsachsen überwacht.

Die Bolschewiken gründen die Ukraine und zerschlagen sie gleichzeitig

Wir wissen, dass die Weißen während des Bürgerkriegs eine Politik der Wiederherstellung eines vereinten und unteilbaren Reiches verfolgten. Gleichzeitig waren sie auf die Unterstützung der Entente angewiesen, die ihnen bestimmte Bedingungen auferlegte. In jedem Fall war die britische Regierung nicht mit Mackinder einer Meinung, dass die Weißen im Gegenzug für ihre Zustimmung zur Abspaltung der Ukraine eine starke Unterstützung brauchten, und die Weißen verloren den Krieg. In dieser Konstellation wurde das Thema also von der Tagesordnung gestrichen.

Die Bolschewiken hingegen unterstützten zunächst die Ukraine und förderten aktiv nationalistische Kreise in dem Glauben, dass sie sich gegen den „Zarismus" richteten, wechselten aber später zu einer zentralistischen Politik, da sie sahen, dass die Ukraine die bolschewistische Macht nicht klaglos hinnehmen würde und sich den Angelsachsen (was damals „Weltkapitalismus" bedeutete) beugen wollte. Daher begann Lenin, wie Mackinder vorausgesehen hatte, mit der direkten Eroberung der Ukraine, die keine unabhängige staatliche Geschichte hatte und für die Roten eine relativ leichte Beute war. Den Roten gelang es nicht, Polen nach demselben Schema zu erobern. Aber das Gebiet von Weißrussland, das Polen unter Piłsudski beansprucht hatte, blieb bei den Roten.

Dann, bereits unter der Herrschaft der Bolschewiken im Jahr 1922, übergab Lenin der Ukrainischen Sozialistischen Sowjetrepublik die riesigen Gebiete, die Teil des Russischen Reiches gewesen waren — Sloboschanschtschina, Donbass, Noworossija sowie große Gebiete im Norden (Oblast Tschernigow) und Westen (Kleinrussland selbst). Galizien blieb unter Polen, die Bukowina war Teil Rumäniens. Die Krim gehörte zur Russischen Sozialistischen Föderativen Sowjetrepublik.

Aber diese territoriale Aufteilung der Ukraine bedeutete nicht die Schaffung von Staatlichkeit. Die bolschewistische Macht erstreckte sich auf alle Gebiete der UdSSR, und im Geiste der internationalistischen Ideologie konnte von einer Staatlichkeit der einzelnen Republiken keine Rede sein. Es handelte sich um eine rein administrative Aufteilung im Rahmen einer einzigen Macht. Das ist genau das, wovor Mackinder Angst hatte. Die Bolschewiken haben die Ukraine sowohl geschaffen als auch abgeschafft (als unabhängigen Staat).

Die Ukraine in der UdSSR nach dem Großen Vaterländischen Krieg

Galizien, Wolhynien und die Bukowina wurden vor dem Großen Vaterländischen Krieg an die Ukraine angegliedert, Transkarpatien kurz nach dem Krieg. Aber zu diesem Zeitpunkt bewegte sich Russland-Eurasien in Form der UdSSR deutlich nach Westen, verschob die Grenze des Landes auf Kosten der Küstenzone und etablierte die Kontrolle über Osteuropa, das ganz unter der Macht Moskaus stand. Dabei durchbrach die UdSSR den „Cordon sanitaire" und schaffte ihn ganz ab, indem sie direkt nach Kontinentaleuropa kam und sich faktisch die Gebiete Preußens (DDR) aneignete.

In einer solchen Position — tief im hinteren Teil Eurasiens — existierte die Ukraine bis 1991. Gleichzeitig übertrug Chruschtschow 1954 die Krim aus rein administrativer Zweckmäßigkeit innerhalb der Grenzen des absoluten Einheitsstaates an Kiew. Aus geopolitischer Sicht bedeutete dies jedoch nichts, denn alle Grenzen zwischen den Subjekten der UdSSR, den Unionsrepubliken, bedeuteten in der Praxis gar nichts.

Atlantizismus und die bipolare Welt

Während des Kalten Krieges kehrte der Westen zur Geopolitik zurück. So wurde 1949 nach den Modellen von Mackinder die NATO (North Atlantic Treaty Organisation) gegründet. Der hier verwendete Begriff „Atlantizismus" wird zum Synonym für „Zivilisation des Meeres" in genau dem Sinne, in dem Mackinder ihn verstand. Der „Atlantizismus" ist der Westen und seine Verbündeten, die kapitalistische Welt mit einem angelsächsischen Kern, wobei sich das Zentrum im zwanzigsten

Jahrhundert allmählich von London nach Washington, von England in die Vereinigten Staaten verlagert hat.

Mackinders Karte entsprach genau den Machtverhältnissen im Kalten Krieg, und die beiden Lager — das kommunistische und das kapitalistische — waren strikt auf das Land und das Meer ausgerichtet. Der Ostblock war das Land, mit der UdSSR als Kernland in seinem Zentrum. Der westliche Block war das Meer, mit dem Zentrum im Atlantik (den Angelsachsen), umfasste aber auch die strategischen Nachkriegskolonien der Vereinigten Staaten — die Länder Westeuropas, Japan und andere Staaten der Dritten Welt, die sich zum Kapitalismus bekannt hatten. Sie waren in gestaffelter Reihenfolge in Asien, Afrika und Lateinamerika angeordnet, die die geopolitische Karte der globalen Konfrontation bildeten. Land und Meer trafen nur selten direkt aufeinander (wie z.b. während der Kubakrise) und handelten in der Regel durch ihre Stellvertreter, die prosowjetischen oder proamerikanischen Regime. Und wenn das Land direkt involviert war — in der Tschechoslowakei, in Afghanistan usw. —, dann stellte sich das Meer über Stellvertreter, antisowjetische Gruppen und Bewegungen dagegen, ohne direkt einzugreifen. Während die See offen intervenierte — Korea, Vietnam —, half das Land indirekt — mit Beratern, Diplomatie, Wirtschaft usw.

Das Problem der Küstenzone

Während des Kalten Krieges wurde das Problem der Küstenzone wieder äußerst relevant. So kam der amerikanische Geopolitiker Nicholas Spykman, der die Theorien von Mackinder revidierte, zu dem Schluss, dass die Küstenzone die Hauptkonfrontationszone ist. Er formulierte das Gesetz der Geopolitik wie folgt: „Wer die Küstenzone kontrolliert, kontrolliert die Welt." Dies ist jedoch keine neue Geopolitik, sondern eine — geringfügige — Neuinterpretation des Gewichts der Hauptzonen in Mackinders Theorie. Dies umso mehr, als Mackinder selbst mit „Osteuropa", d.h. mit dem „Cordon sanitaire", begann, und der gehört zur Küstenzone.

In jedem Fall war der Kalte Krieg aus geopolitischer Sicht ein Kampf um die Küstenzone. Moskau versuchte, seinen Einfluss — über linke Parteien und Bewegungen — in Europa, dem Nahen Osten, Asien, Afrika und Lateinamerika auszuweiten. Eine Zeit lang war auch das maoistische China Teil eines einzigen sozialistischen Lagers, d.h. Teil des Eurasischen Kernlandes.

Der Atlantizismus greift an

Als die UdSSR zu schwächeln begann, begannen atlantische Geopolitiker (Zbigniew Brzezinski, Robert Gilpin usw.) avantgardistischer zu denken und zu handeln. Neben dem bipolaren Modell und der teilweisen Verschiebung des Gleichgewichts entlang der Weltperipherie und entlang der Konturen Eurasiens begannen sie, gewagtere Konzepte einer unipolaren Welt zu entwerfen. Damit gewannen Mackinders Ideen wieder an Frische und Relevanz. Um den entscheidenden und endgültigen Sieg der Meereszivilisation zu erringen, war es notwendig, den Warschauer Block zu zerschlagen, dann vorzugsweise die UdSSR und dann das, was von ihr übrig war. Mit anderen Worten, die Küstenzone musste deutlich in die Tiefe des Landes vordringen, es zurückhalten und den Zugang zu den „warmen Meeren" blockieren, wohin Russland ständig zu gelangen versuchte.

Einer der konsequent atlantisch orientierten Geopolitiker war Zbigniew Brzezinski. Damals, in der bipolaren Ära, unterstützte er vehement die antisowjetischen Kräfte in Afghanistan, bis hin zu al-Qaida. Brzezinski und Kissinger bemühten sich in den frühen 1980er Jahren darum, China endlich von der UdSSR loszulösen, um es in die Weltwirtschaft einzubinden und es allmählich in die Zivilisation des Meeres zu integrieren.

Als die zerstörerischen Prozesse in der UdSSR begannen, verstärkten die Atlantiker den Druck auf Osteuropa, indem sie auf jede erdenkliche Weise künstlich antisowjetische/russophobe Stimmungen provozierten, schürten und unterstützten. Aus geopolitischer Sicht fielen die Sowjetunion und Russland zu dieser Zeit zusammen.

Mit Gorbatschow begann der schnelle Zusammenbruch des sozialistischen Lagers. Das Land war auf dem Rückzug, das Meer auf dem Vormarsch. Wir sollten uns also nicht über die Ausdehnung der NATO nach Osten wundern. Dies war ursprünglich in der geopolitischen Theorie des Atlantizismus verankert. Von der atlantischen Politik konnte man nichts anderes erwarten.

Die Schaffung des Anti-Russlands

Als es zum Zusammenbruch der UdSSR kam, wurden Mackinders Projekte zur Zerstückelung Russlands und Eurasiens noch relevanter. Die bedingten Grenzen der Republiken innerhalb eines Einheitsstaates, der vollständig und streng von der Kommunistischen Partei kontrolliert wurde, verwandelten sich plötzlich in die Grenzen souveräner Nationalstaaten. Alle postsowjetischen Staaten wurden nach den Formen der Atlantiker geschaffen. Diese Gebilde haben keinen anderen Sinn, als antirussisch zu sein. Eines dieser „Anti-Russlands" war die Russische Föderation selbst. Aber da die Russische Föderation das Territorium des Kernlandes besetzt hat, stellt sie in den Augen der atlantischen Geopolitiker immer noch das Land, also den Feind, dar, auch wenn sie deutlich geschrumpft ist. Und um dem Feind den Garaus zu machen, war es notwendig, die NATO tiefer nach Eurasien zu drängen und auch zu versuchen, Russland selbst zu zerstückeln (der erste Tschetschenienfeldzug, die Welle des innerrussischen Separatismus usw.).

Ohne die Ukraine wird Russland niemals wieder auf die Beine kommen können.

All diese Vorgänge hat Brzezinski verstanden und dazu beigetragen, sie in die Praxis umzusetzen (wie zuvor schon Mackinder). In seinem berühmten Buch *Die einzige Weltmacht: Amerikas Strategie der Vorherrschaft* spricht Brzezinski offen über die Notwendigkeit, Russland weiter zu zerstückeln, den „Cordon sanitaire" zu stärken usw. Vor allem aber weiß Brzezinski um die Rolle der Ukraine in dieser Frage. Brzezinski sagt, dass das Wichtigste ist:

- die damals zögerliche Ukraine unwiderruflich von Russland abzutrennen,

- sie in einen Vorposten des Atlantizismus zu verwandeln und

- dem ukrainischen Volk einen russophoben Nationalismus als Hauptideologie aufzuzwingen.

Ohne die Ukraine wird Russland niemals in der Lage sein, eine vollwertige souveräne Macht, ein Imperium, ein unabhängiger Pol der multipolaren Welt zu werden. Das Schicksal der Unipolarität und des Globalismus (für Brzezinski ist das fast dasselbe) hängt also davon ab, ob es dem Westen gelingen wird, die Abspaltung der Ukraine durchzusetzen. Denn wenn sich Russland und die Ukraine vereinigen — auf die eine oder andere Weise —, wird die Unipolarität zusammenbrechen und die geopolitische Landkarte wird sich erneut unwiderruflich verändern.

Der Kampf um die Ukraine und gegen Russland ist eine historische Konstante in der geopolitischen Strategie des Westens. Das erklärt alles, von der Unabhängigkeitserklärung über die Orangene Revolution von Juschtschenko und Timoschenko bis hin zum Maidan und den acht Jahren intensiver Vorbereitung Kiews unter atlantischer Anleitung auf die Militäroperationen zur Einnahme des Donbass und der Krim.

Die Geburt der Geopolitik in Russland: Eurasien als Thema

Seit Anfang der 1990er Jahre, als die UdSSR zusammenbrach und die atlantischen Agenten an die Macht kamen (der frühere Außenminister Andrej Kosyrew gab direkt zu, dass er ein Atlantiker war), begann Russland — vor allem in militärischen Kreisen (insbesondere an der Militärischen Generalstabsakademie) — entgegen der grundsätzlichen politischen und ideologischen Haltung gegenüber Liberalismus und Westlichkeit seine eigene geopolitische Schule zu entwickeln. Sie basierte auf dem Eurasianismus, denn es waren die ersten russischen Eurasier in den 1920er Jahren, die die geopolitische Karte der Konfrontation zwischen Russland und dem Westen beschrieben, abgesehen von der kommunistischen Ideologie (die Eurasier gehörten der Weißen Bewegung an). Ihre Ideen waren in der gegenwärtigen Situation, angesichts der NATO-Offensive im Osten und der unverständlichen (mancherorts verräterischen) Politik Moskaus, am besten geeignet. Die Militärs konnten sich nicht mit denjenigen anfreunden, deren aggressive Absichten und Aktionen gegen Russland sie stündlich registrierten. Aber die liberale Regierung blieb gegenüber der Geopolitik taub. Dennoch konnte die geopolitische Schule nicht zerstört werden. Alle waren mit den faszinierenden Prozessen der totalen Korruption beschäftigt.

Die Geopolitik erklärte perfekt, was sich in den 1990er Jahren in Osteuropa und im postsowjetischen Raum abspielte (die Ausdehnung des Meeres, die Ausdehnung der „Cordons sanitaire" und der Randgebiete), aber dieses Verständnis blieb innerhalb der militärischen Kreise, die sich über die offizielle Politik ärgerten, aber zu dieser Zeit kein politisches Gewicht oder keinen Einfluss hatten. Die Atlantiker hingegen verfolgten ihre Sache methodisch und nährten und stärkten den Anti-Russland-Gedanken sowohl außerhalb als auch zum Teil innerhalb der Russischen Föderation selbst.

Putin verändert den geopolitischen Vektor

Alles änderte sich, als Putin an die Macht kam. Er begann, die Souveränität Russlands wiederherzustellen, die Agenten in der Führung des Landes zu beseitigen, das militärische Potenzial des Landes zu bündeln und auszubauen und die Einheit Russlands zu stärken. Der zweite Tschetschenien-Feldzug, die Einführung von föderalen Bezirken und Gesetzesänderungen stärkten die territoriale Integrität und festigten die Machtvertikale. Putin begann allmählich, sich zunehmend gegen den Westen zu stellen und eine Politik der eurasischen Integration im postsowjetischen Raum zu verfolgen. Kurz gesagt, Putin hat Russland den Status eines Subjekts der Geopolitik zurückgegeben, nicht den eines Objekts. Er hat sich bewusst und verantwortungsbewusst im Namen des Landes in den großen kontinentalen Krieg eingeschaltet.

Dies konnte im Westen nicht übersehen werden, was zu einem verstärkten Druck auf die postsowjetischen Länder führte, immer mehr eine antirussische Position einzunehmen und sich schneller in die westlichen Strukturen zu integrieren. Das betraf alle postsowjetischen Länder, aber in erster Linie die Ukraine. Von der Ukraine hing es ab, ob Russland in der Lage sein würde, seine geopolitische Souveränität vollständig wiederherzustellen oder nicht. Nach den Gesetzen der Geopolitik ist Russland ohne die Ukraine kein Reich, kein Pol, keine Zivilisation, aber mit der Ukraine ist es ein Reich, ein Pol und eine Zivilisation. Und diese Formel kann von zwei Positionen aus gelesen werden — mit den Augen des Meeres und mit den Augen des Landes. Offensichtlich hat Putin sie mit den Augen des Landes gelesen, denn er war und ist der Herrscher des Kernlandes, bewusst und mächtig.

Der ukrainische Nationalismus als geopolitisches Instrument des Atlantizismus

Der Auslöser der Katastrophen in der Ukraine war der atlantische Westen. Selbst die neutrale, moderat pro-westliche — multivektorale — Politik von Kutschma oder Janukowitsch passte den Atlantikern nicht. Sie drängten Kiew, sich so schnell wie möglich in einen aggressiven und radikalen, angreifenden Anti-Russen zu verwandeln. Kiew musste angreifen.

Das erklärt die Orangene Revolution, den Maidan und die Gründe für die aktuelle russische Militäroperation.

Der Westen hat für die Ukraine gekämpft. Man sollte bedenken, dass die Ukraine überhaupt keine staatliche Geschichte hat und die Gebiete, in denen sie sich befindet, historisch zufällig und das Ergebnis der administrativen Kreativität der Bolschewiken sind. Als Putin die Militäroperation in der Ukraine damit rechtfertigte, dass „Lenin die Ukraine erschaffen hat", hatte er völlig recht. Allerdings hat Lenin nicht die Ukraine als solche geschaffen, sondern eine der Zonen, die von den Bolschewiken zusammen mit anderen kontrolliert wurden. Die

Nationalität — so die bolschewistische Theorie —, musste in einer sozialistischen internationalen Gesellschaft vollständig überwunden werden. Lenin schuf die Ukraine und schaffte sie faktisch sofort ab. Daher gab es nach 1991 auf dem Territorium der Ukraine Völker und Territorien mit völlig unterschiedlicher Geschichte, Identität, Sprache und Kultur. Die Hälfte von ihnen unterschied sich überhaupt nicht von den Russen. Die zweite Hälfte bestand aus mehr oder weniger russifizierten Ukrainern. Und nur eine überwältigende Minderheit bekannte sich zu einer selbsternannten nationalistischen Ideologie. Aber nur diese Minderheit war nach Ansicht westlicher Geopolitiker in der Lage, die Ukrainer im Eiltempo in eine „Nation" zu verwandeln. Es war ein atlantisches geopolitisches Projekt. In anderen Ländern hat der Westen den Nationalismus, insbesondere in seinen radikalen Formen, sorgfältig ausgemerzt. In der Ukraine hat der Westen jedoch genau das Gegenteil getan und alle Formen des Nationalismus bis hin zu den extremsten aktiv unterstützt. Nach Ansicht der atlantischen Strategen war dies der einzige Weg, um die Bildung eines künstlichen, rigide russophoben Konstrukts — eines virtuellen Simulakrums einer Nation — zu beschleunigen. Deshalb war die Informationssphäre so wichtig, da sie den Ukrainern zwanghaft einen unbegründeten Hass auf die Russen und alles, was unsere Völker verband, einflößte. Jeder Unsinn wurde verwendet, bis hin zur „alten Zivilisation der alten Ukrainer". Die gesamte Operation wurde jedoch von den atlantischen Geheimdiensten überwacht, und deshalb schuf der Westen ein künstliches Bild der Ukraine als junge und verletzliche Demokratie, die unter der russischen Bedrohung leidet. Tatsächlich wurde in der Gesellschaft zwanghaft eine nationalsozialistische Denkweise durchgesetzt, die untrennbar mit dem Atlantizismus und sogar mit dem liberalen Globalismus verbunden war (so sehr diese Systeme auch im Widerspruch zueinander stehen, denn der Globalismus leugnet den Staat und der Liberalismus jede kollektive und vor allem nationale Identität).

Die letzte Konfrontation

Die scharfe russophobe Wende Kiews und der gesamten ukrainischen Gesellschaft war das Ergebnis der Maidan-Ereignisse 2013–2014, die in der Vertreibung und Flucht von Präsident Janukowitsch gipfelten. Janukowitsch war weder ein pro-russischer Politiker noch ein Eurasianist. Vielmehr war er ein kurzsichtiger Pragmatiker, aber selbst das war aus der Sicht des Westens inakzeptabel. Angesichts des Erstarkens von Putins Russland und der Ereignisse von 2008 in Georgien, wo der Westen ebenfalls Saakaschwili gegen Russland ausspielte, das Ergebnis aber eindeutig nicht zu Gunsten der Zivilisation des Meeres ausfiel, beschlossen die Atlantiker, mit den radikalsten Methoden zu handeln.

Der heutige US-Präsident Joe Biden, damals Vizepräsident, und andere Mitglieder seines Teams, wie Victoria Nuland usw., waren sehr aktiv am Sturz von Janukowitsch und an der Vorbereitung des Maidan beteiligt. Das Ziel war dasselbe wie das von Mackinder und Brzezinski: die Ukraine endgültig von Russland loszureißen und die Weichen für einen gewaltsamen Konflikt zwischen Kiew und Moskau zu stellen.

Putin reagierte darauf mit der Wiedervereinigung Russlands mit der Krim und der Unterstützung des Donbass, aber das löste das Problem geopolitisch nicht. Putin vereitelte den Plan, den Beitritt der Ukraine zur NATO zu beschleunigen, wozu auch die Vertreibung der russischen Marine aus Sewastopol gehörte, verhinderte Völkermorde auf der Krim und im Donbass, aber die Ukraine war zu groß, um seine eurasische Offensive 2014 fortzusetzen und die Verteidigung der russischen Welt zu ihrem logischen Abschluss zu bringen. An diesem Punkt kam das Land zum Stillstand. Der Prozess der Minsker Vereinbarungen hatte begonnen, aber aus geopolitischer Sicht war es offensichtlich, dass keine friedliche Lösung gefunden werden konnte und es früher oder später unweigerlich zur direkten Konfrontation kommen würde. Außerdem erhielt der russische Geheimdienst Informationen, dass die ukrainische Seite den Aufschub nur ausnutzte, um eine Militäroperation im Donbass und dann auf der Krim vorzubereiten.

Der Hass auf Russland steigerte sich mit den nationalistischen Kräfte, die 2014 den Staatsstreich in Kiew gewonnen hatten, immer mehr; diese setzten massive Propaganda ein, um die Bevölkerung einer Gehirnwäsche zu unterziehen, starteten eine brutale Strafaktion gegen die Bewohner des Donbass, die Opfer eines systematischen Völkermords wurden, und planten einen Angriff auf den Donbass und die Krim bis zum Frühjahr 2022. Zur gleichen Zeit entwickelte Kiew zusammen mit dem Westen Pläne zum Bau eigener Atomwaffen. Außerdem gab es in der ganzen Ukraine verstreut Biolabore, die illegale Experimente zur Herstellung von Biowaffen durchführten.

All dies war Teil einer einzigen atlantischen Geostrategie.

EURASIANISMUS

MEILENSTEINE DES EURASIANISMUS

Eine historische und konzeptionelle Einführung in den Eurasianismus

DER EURASIANISMUS ist eine ideologische und gesellschafts-politische Strömung, die im Umfeld der ersten russischen Emigrationswelle entstanden ist. Sie eint die Auffassung, dass die russische Kultur ein außereuropäisches Phänomen ist und — unter den verschiedenen Kulturen der Welt — eine originelle Kombination aus westlichen und östlichen Merkmalen darstellt; folglich gehört die russische Kultur sowohl zum Osten als auch zum Westen und kann gleichzeitig weder auf den einen noch auf den anderen reduziert werden.

Die Begründer des Eurasianismus waren:

- Nikolai S. Trubezkoi (1890–1938), Philologe und Linguist;

- Pjotr N. Sawitzki (1895–1968), Geograph und Wirtschaftswissenschaftler;

- Georgi W. Florowski (1893–1979), Kulturhistoriker, Theologe und Patriot;

- Georgi W. Wernadski (1887–1973), Historiker und Geopolitiker;

- Nikolai N. Alexejew (1879–1964), Jurist und Politologe;

- W. N. Iljin, Kulturhistoriker, Literaturwissenschaftler und Theologe.

Der Hauptwert des Eurasianismus bestand aus Ideen, die aus der Tiefe der Tradition der russischen Geschichte und Staatlichkeit geboren wurden. Der Eurasianismus betrachtete die russische Kultur nicht einfach als Bestandteil der europäischen Zivilisation, sondern als eine eigenständige Zivilisation, die nicht nur die Erfahrungen des Westens, sondern auch — in gleichem Maße — die des Ostens umfasste. Aus dieser Perspektive ist das russische Volk weder unter den europäischen noch unter den asiatischen Völkern einzuordnen; es gehört zu einer völlig einzigartigen eurasischen Gemeinschaft. Diese Originalität der russischen Kultur und Staatlichkeit (die sowohl europäische als auch asiatische Züge aufweist) definiert auch den besonderen historischen Weg Russlands und sein nationales und staatliches Programm, das nicht mit dem der westeuropäischen Tradition übereinstimmt.

Grundlagen

Konzept der Zivilisation

Die römisch-deutsche Zivilisation hat ihr eigenes System von Prinzipien und Werten ausgearbeitet und es in den Rang eines universellen Systems erhoben. Dieses römisch-deutsche System wurde anderen Völkern und Kulturen mit Gewalt und List aufgezwungen. Die westliche geistige und materielle Kolonisierung der übrigen Menschheit ist ein negatives Phänomen. Jedes Volk und jede Kultur hat ein eigenes Recht, sich nach seiner eigenen Logik zu entwickeln. Russland ist eine ursprüngliche Zivilisation. Es ist nicht nur dazu aufgerufen, sich dem Westen entgegenzustellen, um seinen eigenen Weg zu sichern, sondern auch an der Spitze der anderen Völker und Länder der Erde zu stehen, um ihre Freiheit als Zivilisationen zu verteidigen.

Kritik an der römisch-deutschen Zivilisation

Die westliche Zivilisation hat ihr eigenes System auf der Grundlage der Säkularisierung des westlichen Christentums (Katholizismus und Protestantismus) aufgebaut und dabei Werte wie Individualismus, Egoismus, Wettbewerb, technischer Fortschritt, Konsum und wirtschaftliche Ausbeutung in den Vordergrund gestellt. Die römischdeutsche Zivilisation gründet ihren Anspruch auf globale Universalität nicht auf geistige Größe, sondern auf rohe materielle Kraft. Selbst die Spiritualität und die Stärke anderer Völker werden von ihr nur im Hinblick auf die westliche Vorstellung von der Vorherrschaft des Rationalismus und des technischen Fortschritts bewertet.

Der Faktor des Raums

Es gibt kein universelles Muster der Entwicklung. Die Vielzahl der Landschaften auf der Erde bringt eine Vielzahl von Kulturen hervor, von denen jede ihre eigenen Zyklen, internen Kriterien und Logiken hat. Der geographische Raum hat einen großen (manchmal entscheidenden) Einfluss auf die Kultur und die nationale Geschichte der Völker. Solange sich ein Volk in einem bestimmten geographischen Umfeld entwickelt, entfaltet es seine eigenen nationalen, ethischen, juristischen, sprachlichen, rituellen, wirtschaftlichen und politischen Formen. Der „Ort", an dem die „Entwicklung" eines Volkes oder Staates stattfindet, bestimmt in hohem Maße den Weg und den Sinn dieser „Entwicklung" — bis zu dem Punkt, an dem die beiden Elemente eins werden. Es ist unmöglich, die Geschichte von den räumlichen Gegebenheiten zu trennen, und die Analyse von Zivilisationen muss nicht nur entlang der zeitlichen Achse („vorher", „nachher", „entwickelt" oder „nicht entwickelt" und so weiter), sondern auch entlang der räumlichen Achse („Osten", „Westen", „Steppe", „Gebirge" und so weiter) erfolgen.

Kein einzelner Staat oder eine einzelne Region hat das Recht, für sich in Anspruch zu nehmen, der Maßstab für alle anderen zu sein. Jedes Volk hat sein eigenes Entwicklungsmuster, sein eigenes Zeitalter und seine eigene „Rationalität" und verdient es, nach seinen eigenen internen Kriterien verstanden und bewertet zu werden.

Das Klima in Europa und der Einfluss seiner Landschaften haben die Besonderheit der europäischen Zivilisation hervorgebracht, in der die Einflüsse der Wälder in Nordeuropa und der Küste im Mittelmeerraum vorherrschen. Unterschiedliche Landschaften brachten unterschiedliche Arten von Zivilisationen hervor: die grenzenlosen Steppen brachten die Nomadenreiche hervor (von den Skythen bis zu den Türken), das Tiefland die chinesische, die bergigen Inseln die japanische und die Verbindung von Steppe und Wald die russisch-eurasische. Das Zeichen einer Landschaft lebt in der gesamten Geschichte jeder dieser Zivilisationen und kann weder von ihr getrennt noch unterdrückt werden.

Staat und Nation

Die ersten russischen Slawophilen des neunzehnten Jahrhunderts (Chomjakow, Aksakow, Kirewski) betonten die Einzigartigkeit und Originalität der russischen (slawischen und orthodoxen) Zivilisation. Diese müsse einerseits gegen den Westen und andererseits gegen die liberale Moderne (die ebenfalls aus dem Westen stamme) verteidigt, bewahrt und gestärkt werden. Die Slawophilen verkündeten den Wert der Tradition, die Größe der alten Zeiten, ihre Liebe zur russischen Vergangenheit und warnten vor den unvermeidlichen Gefahren des Fortschritts und befürworteten die Trennung Russlands von vielen Aspekten des westlichen Musters.

Von dieser Schule übernahmen die Eurasianisten die Positionen der jüngsten Slawophilen und entwickelten ihre Thesen durch eine positive Bewertung der östlichen Einflüsse weiter.

Das Moskauer Reich stellt die höchste Entwicklung der russischen Staatlichkeit dar. In ihm erlangte die nationale Idee einen neuen Status. Nach Moskaus Weigerung, die Florentiner Union der östlichen und westlichen Kirchen anzuerkennen, was zur Verhaftung und Ächtung des Metropoliten Isidor von Kiew, der diese Union unterstützte, führte, und dem raschen Zerfall von Byzanz, übernahm die Zargrader Rus den Mantel des orthodoxen Reiches.

Politische Plattform

Reichtum und Wohlstand, ein starker Staat, eine effiziente Wirtschaft, eine mächtige Armee und die Entwicklung der Produktion müssen die Instrumente für die Verwirklichung hoher Ideale sein. Der Sinn des Staates und der Nation kann nur durch das Vorhandensein einer „Leitidee" vermittelt werden. Ein politisches Regime, das die Etablierung einer „Leitidee" als obersten Wert voraussetzt, wurde von den Eurasianisten als „Ideokratie" bezeichnet, abgeleitet von den griechischen Wörtern *idea* und *kratos* (Macht). Russland wurde von ihnen immer als die Heilige Rus betrachtet, als eine Macht (*derzhava*), die ihre eigene historische Mission erfüllt. Die eurasische Weltanschauung muss auch die nationale Idee des kommenden Russlands sein: seine „Leitidee".

Die eurasianistische Wahl

Russland-Eurasien als Ausdruck eines „Steppen- und Wald"-Imperiums von kontinentaler Ausdehnung erfordert ein eigenes Führungsmodell. Das bedeutet in erster Linie eine Ethik der kollektiven Verantwortung, der Selbstbeschränkung, der gegenseitigen Hilfe, der Askese, der Willenskraft und der Beharrlichkeit. Nur mit solchen Eigenschaften ist man in der Lage, die weiten und dünn besiedelten Gebiete der eurasischen Steppen- und Waldzone unter Kontrolle zu halten. Die herrschende Klasse Eurasiens wurde auf der Grundlage von Kollektivismus, Askese, kriegerischer Tugend und strenger Hierarchie gebildet.

Die westliche Demokratie entwickelte sich unter den besonderen Bedingungen des antiken Athens und wurde im Laufe der jahrhundertealten Geschichte des insularen Englands geformt. Eine solche Demokratie spiegelt die besonderen Merkmale der „lokalen europäischen Entwicklung" wider und stellt keinen universellen Standard dar. Die Nachahmung der Formen der europäischen

„liberalen Demokratie" ist für Russland-Eurasien sinnlos, unmöglich und gefährlich. Die Beteiligung des russischen Volkes an der politischen Herrschaft muss mit einem anderen Begriff definiert werden: *Demotia*, vom griechischen *demos*, dem Volk. Eine solche Beteiligung lehnt keine Hierarchie ab und darf nicht in parteiparlamentarischen Strukturen formalisiert werden. *Demotia* setzt ein System von Landräten, Bezirksregierungen oder nationalen Regierungen (im Falle kleinerer Bevölkerungen) voraus. Es wird auf der Grundlage der sozialen Selbstverwaltung und der „bäuerlichen" Welt entwickelt. Ein Beispiel für die *Demotia* war die Tatsache, dass die Kirchenhierarchien in der Moskauer Rus von den Gemeindemitgliedern gewählt wurden.

Das Werk von Lew Gumiljow als Entwicklung des eurasischen Denkens

Lew Nikolajewitsch Gumiljow (1912–1992), der Sohn des russischen Dichters Nikolai Gumiljow und der Dichterin Anna Achmatowa, war Ethnograph, Historiker und Philosoph. Er wurde durch das Buch *Dschingis Khan als Heerführer* des kalmückischen Eurasiers E. Chara-Wadan und durch die Werke von Pjotr Sawitzki tiefgreifend beeinflusst. In seinen eigenen Werken entwickelte Gumiljow die grundlegenden eurasianistischen Thesen weiter. Gegen Ende seines Lebens bezeichnete er sich selbst als „den letzten der Eurasianisten".

Grundlegende Elemente von Gumiljows Theorie

Gumiljows Theorie war die Passionarität (*passionarnost*) als Weiterentwicklung des eurasianistischen Idealismus, deren Kern darin besteht, dass jedes Ethnos als natürliche Formation dem Einfluss kosmischer Energien unterliegt, die den „Passionaritätseffekt" verursachen, der eine aktive und intensive Lebensweise darstellt. Unter solchen Bedingungen erfährt das Ethnos eine „genetische Mutation", die zur Geburt von „Passionären" führt — Individuen mit einem besonderen Temperament und Talent. Diese werden zu den Schöpfern neuer Ethnien, Kulturen und Staaten. Er lenkte die wissenschaftliche Aufmerksamkeit auf die Urgeschichte der alten, autochthonen Völker des Ostens und ihr kolossales ethnisches und kulturelles Erbe. Dieses wurde von der großen Kultur der antiken Epoche vollständig absorbiert, geriet dann aber in Vergessenheit (Hunnen, Türken, Mongolen usw.). Auch in der Theorie der „ethnischen Komplementarität" entwickelte er eine turkophile Haltung.

Ein Ethnos ist im Allgemeinen eine Gruppe von Individuen oder ein „Kollektiv": ein Volk, eine Bevölkerung, eine Nation, ein Stamm oder ein Familienclan, der auf einem gemeinsamen historischen Schicksal beruht. „Unsere großrussischen Vorfahren", schrieb Gumiljow, „vermischten sich im fünfzehnten, sechzehnten und siebzehnten Jahrhundert ziemlich schnell und leicht mit den Wolga-, Don- und Obi-Tataren sowie mit den Burjaten, die sich die russische Kultur zu eigen machten. Dieselben Großrussen vermischten sich problemlos mit den Jakuten, nahmen deren Identität an und kamen allmählich in freundschaftlichen Kontakt mit den Kasachen und Kalmücken. Durch Mischehen koexistierten sie friedlich mit den Mongolen in Zentralasien, so wie die Mongolen selbst und die Türken zwischen dem vierzehnten und sechzehnten Jahrhundert mit den Russen in Zentralrussland verschmolzen waren." Daher kann die Geschichte der Moskauer Rus nicht losgelöst von den ethnischen Kontakten zwischen den Russen und den Tataren und auch nicht losgelöst von der Geschichte des eurasischen Kontinents verstanden werden.

Das Aufkommen des Neo-Eurasianismus: historischer und sozialer Kontext

Die Krise des sowjetischen Paradigmas

Mitte der 1980er Jahre begann die sowjetische Gesellschaft, ihren Zusammenhalt und ihre Fähigkeit, sich selbst und die Außenwelt zu verstehen, zu verlieren. In den sowjetischen Modellen des Selbstverständnisses zeigten sich erste Risse. Die Gesellschaft hatte ihren Orientierungssinn verloren. Jeder spürte die Notwendigkeit

eines Wandels, aber es war ein verwirrendes Gefühl, denn niemand
konnte voraussagen, aus welcher Richtung der Wandel kommen würde. Zu dieser Zeit begann sich eine wenig überzeugende Kluft zwischen den „Kräften des Fortschritts" und den „Kräften der Reaktion",
den „Reformern" und den „Bewahrern der Vergangenheit", den
„Partisanen der Reform" und den „Feinden der Reform" zu bilden.

Verliebtheit in das westliche Modell

In dieser Situation wurde der Begriff „Reform" selbst zu einem
Synonym für „liberale Demokratie". Aus der objektiven Tatsache der
Krise des sowjetischen Systems wurde eine voreilige Schlussfolgerung
gezogen, die die Überlegenheit des westlichen Modells und die
Notwendigkeit, es zu kopieren, behauptete. Auf theoretischer Ebene
war dies kaum selbstverständlich, denn die „ideologische Landkarte"
bietet eine deutlich größere Vielfalt an Wahlmöglichkeiten als der
primitive Dualismus, der durch den Konflikt zwischen Sozialismus
und Kapitalismus oder zwischen Warschauer Pakt und NATO dargestellt wird. Doch genau diese primitive Logik setzte sich durch:
Die „Reformparteien" wurden zu bedingungslosen Apologeten des
Westens, dessen Struktur und Logik sie zu übernehmen bereit waren,
während sich die „Reformfeinde" als träge Bewahrer des späten sowjetischen Systems erwiesen, dessen Struktur und Logik mehr und
mehr veraltet war. In einem solchen Zustand des Ungleichgewichts
hatten die Reformer/Pro-Westler ein Potenzial an Energie, Neuem,
Erwartungen an Veränderungen, einen kreativen Antrieb und neue
Perspektiven auf ihrer Seite, während den „Reaktionären" nichts
anderes übrig blieb als Trägheit, Unbeweglichkeit und Appelle an das
Gewohnte und Vertraute. In diesem psychologischen und ästheti-
schen Umfeld setzte sich die liberal-demokratische Politik in Russland
in den 1990er Jahren durch, obwohl das kein Ergebnis einer klaren
und bewussten Entscheidung war.

Der Zusammenbruch der staatlichen Einheit

Das Ergebnis dieser „Reformen" war der Zusammenbruch der Einheit des sowjetischen Staates und der Beginn des Niedergangs Russlands als Erbe der Sowjetunion. Die Zerstörung des sowjetischen Systems und seiner Logik ging nicht mit der Schaffung eines neuen Systems und einer neuen Logik einher, die den nationalen und historischen Bedingungen entsprachen. Es setzte sich eine eigentümliche Haltung gegenüber Russland und seiner nationalen Geschichte durch: Die Vergangenheit, Gegenwart und Zukunft Russlands wurden aus westlicher Sicht betrachtet und als etwas Entfremdetes, Vergängliches und Fremdartiges bewertet (die „Reformer" bezeichneten Russland typischerweise als „dieses Land"). Das war nicht so sehr die russische Sicht auf den Westen als vielmehr die westliche Sicht auf Russland. Es war kein Wunder, dass unter solchen Bedingungen die Übernahme westlicher Konzepte selbst in der Theorie der „Reformer" nicht dazu diente, die Struktur der nationalen staatlichen Einheit zu schaffen und zu stärken, sondern dazu, das zu zerstören, was davon übrig geblieben war. Die Zerstörung des Staates war kein zufälliges Ergebnis der „Reformen", sondern gehörte zu deren strategischen Zielen.

Die Geburt einer anti-westlichen (anti-liberalen) Opposition im postsowjetischen Umfeld

Im Zuge der „Reformen" und ihrer Vertiefung wurde jedem klar, dass es nicht ausreichte, nur auf die Situation zu reagieren. In dieser Zeit (1989–90) begann sich eine „national-patriotische Opposition" zu formieren, in der ein Teil der „sowjetischen Konservativen" (diejenigen, die zu einem minimalen Maß an Reflexion fähig waren) mit Gruppen von „Reformern" zusammentraf, die von den Reformen enttäuscht waren oder sich „ihrer staatsfeindlichen Ausrichtung bewusst geworden waren", sowie mit Gruppen von Vertretern der patriotischen Bewegungen, die sich bereits während der Perestroika gebildet hatten und versuchten, das Gefühl der „Staatsmacht" (*derzhava*) in einem nicht-kommunistischen (orthodox-monarchischen, nationalistischen usw.) Kontext zu gestalten. Mit großer Verspätung und trotz des völligen Fehlens von strategischer, intellektueller und materieller Unterstützung von außen begann das konzeptionelle Modell des postsowjetischen Patriotismus vage Gestalt anzunehmen.

Der Neo-Eurasianismus

Der Neo-Eurasianismus entstand in diesem Rahmen als ideologisches und politisches Phänomen und wurde allmählich zu einer der wichtigsten Strömungen innerhalb des postsowjetischen russischen patriotischen Selbstbewusstseins.

Etappen in der frühen Entwicklung der neo-eurasischen Ideologie

Erste Phase (1985–90)

Alexander Dugin hält Seminare und Vorträge vor verschiedenen Gruppen innerhalb der neugeborenen konservativ-patriotischen Bewegung. Er kritisiert das sowjetische Paradigma, da es ihm an einem spirituellen und nationalen qualitativen Element fehlt.

1989 erscheinen die ersten Veröffentlichungen in der Zeitschrift *Sowjetskaja Literatura* (Sowjetische Literatur). Dugins Bücher werden in Italien (*Continente Russia* [Kontinent Russland], 1989) und in Spanien (*Rusia: Misterio de Eurasia* [Russland: Mysterium Eurasiens], 1990) veröffentlicht.

1990 wird René Guénons *Die Krise der modernen Welt* mit einem Kommentar von Dugin in Russland veröffentlicht, ebenso wie Dugins *Puti Absoljuta* (Die Wege des Absoluten), das die Grundlagen der traditionalistischen Philosophie darlegt.

In diesen Jahren weist der Eurasianismus „rechtskonservative" Züge auf, die dem historischen Traditionalismus nahe stehen und orthodox-monarchische und „ethnisch-*pochevennische*" (d.h. mit der Vorstellung von Boden und Land verbundene) Elemente enthalten, die den „linken" Ideologien gegenüber scharf kritisch sind.

Zweite Phase (1991–93)

Es beginnt eine Revision des Antikommunismus, der für die erste Phase des Neo-Eurasianismus typisch war. Die sowjetische Periode wird im Geiste des „Nationalbolschewismus" und des „Linkseurasianismus" neu bewertet.

Die wichtigsten Vertreter der „Neuen Rechten" in Europa besuchen Moskau (Alain de Benoist, Robert Steuckers, Carlo Terracciano, Marco Battarra, Claudio Mutti und andere). Der Eurasianismus wird unter der patriotischen Opposition und den Intellektuellen in Russland beliebt.

Aufgrund einer terminologischen Affinität beginnt Andrej Sacharow von Eurasien zu sprechen, allerdings nur in einem streng geographischen, statt in einem politischen und geopolitischen Sinne (und ohne jemals den Eurasianismus an sich zu verwenden, da er zuvor ein überzeugter Atlantiker war); eine Gruppe von „Demokraten" versucht, ein Projekt des „demokratischen Eurasianismus" zu starten (Gawriil Popow, Sergei Stankewitsch und Lew Ponomarjow).

Oleg Lobow, Oleg Soskovets und Sergei Baburin sprechen ebenfalls über ihre eigenen Formen des Eurasianismus.

1992–93 wird die erste Ausgabe von *Elemente: Die eurasianistische Zeitschrift* veröffentlicht. An Gymnasien und Universitäten werden Vorlesungen über Geopolitik und die Grundlagen des Eurasianismus gehalten. Es erscheinen zahlreiche Übersetzungen, Artikel und Seminare.

Dritte Phase (1994–98): theoretische Entwicklung der neo-eurasianistischen Orthodoxie

Die Veröffentlichung von Dugins Hauptwerken *Misterii Ewrasii* (Geheimnisse Eurasiens, 1996), *Konspirologija* (Konspirologie, 1994), *Osnowi geopolitiki* (Grundlagen der Geopolitik, 1996), *Konservativnaja revoljutsija* (Die konservative Revolution, 1994) und *Tamplieri proletariata* (Tempelritter des Proletariats, 1997). Die Werke von Trubezkoi, Wernadski, Alexejew und Sawitzki werden von 1995 bis 1998 von Agraf Editions herausgegeben.

Die Arctogaia-Webseite wird 1996 ins Leben gerufen.

In den Programmen der KPRF (Kommunistische Partei der Russischen Föderation), der LDPR (Liberaldemokratische Partei) und des NDR (Neues Demokratisches Russland) — also der Linken, der Rechten und der Mitte — finden sich direkte und indirekte Verweise auf den Eurasianismus. Es erscheint eine wachsende Zahl von Publikationen zu eurasischen Themen.

Der Eurasianismus wird von russischen Nationalisten, religiösen Fundamentalisten und orthodoxen Kommunisten, aber auch von Liberalen kritisiert. Eine akademische, „schwache" Version des Eurasianismus erscheint (von den Professoren Alexander S. Panarin, Vitali Paschtschenko, Fjodor Girenok und anderen) in Verbindung mit Elementen des Illuminismus-Paradigmas, die von der eurasischen Orthodoxie abgelehnt wird. Letztere entwickelt sich dann zu radikaleren anti-westlichen, anti-liberalen und anti-gobalistischen Positionen.

Der Eurasianismus findet in Kasachstan immer mehr Anhänger. Der Präsident von Kasachstan, Nursultan Nasarbajew, ist selbst ein Anhänger der eurasischen Ideologie. In diesem Zusammenhang sollte die Eröffnung der Lew-Gumiljow-Universität in Astana als ein Ereignis von entscheidender Bedeutung angesehen werden. Im April 1994 verkündet Nasarbajew die Idee der „Eurasischen Union". Zum ersten Mal in der Geschichte des Eurasianismus spricht sich ein hochrangiger Politiker für diese Vision aus und bietet konkrete Maßnahmen für ihre praktische Umsetzung an. Der bahnbrechende Charakter dieses Ereignisses wird in Dugins Essay *Die eurasische Mission von Nursultan Nasarbajew* (2004) analysiert und ins rechte Licht gerückt.

Vierte Phase (1998–2001)

Die allmähliche Ablösung des Neo-Eurasianismus von seinen politisch-kulturellen und parteipolitischen Nebenerscheinungen findet statt; er wendet sich stattdessen in eine autonome Richtung

(Arctogaia, Neue Universität, *Wtorschenije* [Invasion]) außerhalb der Opposition und der extremen linken und rechten Bewegungen.

Entschuldigung der *staroobrjadschestwo* (Orthodoxie des alten Ritus).

Wechsel zu zentristischen politischen Positionen und Unterstützung für Primakow als neuen Präsidenten. Dugin wird Berater des Sprechers der Duma, Gennady Selesnow.

Die Veröffentlichung der eurasischen Broschüre *Nasch put* (Unser Weg, 1998).

Die Veröffentlichung von *Ewrasiskoje Wtorschenije* (Eurasische Invasion) als Beilage zu der Zeitung *Sawtra* (Morgen). Die Entfernung von der Opposition und die Annäherung an die Positionen der Regierung nehmen zu.

Theoretische Forschungen und Ausstellungen finden statt. *Das russische Ding* (Russkaja wesch, 2001) wird veröffentlicht. Weitere Veröffentlichungen erscheinen in der *Nesawisimaja Gaseta* und *Moskowskij Nowosti*, und die Radiosendung *Finis Mundi* wird auf Radio 101 ausgestrahlt. Zusätzliche Radiosendungen zu geopolitischen Themen und zum Neo-Eurasianismus werden zwischen 1998 und 2000 auf Radio *Swobodnaja Rossija* ausgestrahlt.

Fünfte Phase (2001–2002)

Gründung der panrussischen politischen sozialen Bewegung Eurasia mit Positionen der „radikalen Mitte"; Erklärung der vollen Unterstützung für den Präsidenten der Russischen Föderation, Wladimir Putin, am 21. April 2001.

Der Obermufti der Zentralen Geistlichen Verwaltung der Muslime Russlands, Scheich Talgat Tadschuddin, erklärt seine Unterstützung für die Eurasianistische Bewegung.

Die erste Ausgabe der Zeitschrift *Ewrasiskoje obosrenie* (Eurasische Zeitschrift) erscheint.

Der jüdische Neo-Eurasianismus tritt in Erscheinung (Avigdor Eskin, Avraam Shmulevich und Vladimir Bukarsky).

Die Webseite für die Eurasianistische Bewegung wird eingerichtet (www.eurasia.com.ru).

Die Konferenz „Islamische Bedrohung oder Bedrohung des Islams?" wird unter Beteiligung von Chosch-Ahmed Nuchajew, dem tschetschenischen Theoretiker des „Islamischen Eurasianismus", abgehalten (*Vedeno oder Washington?*, Moskau, 2001).

Veröffentlichung der Bücher von Êrenzhen Khara-Davan und Yakov Bromberg (2002).

Sechste Phase (2002–2003): Gründung der politischen Partei „Eurasia"

Am 30. Mai 2002 findet im St. Daniels-Kloster in Moskau der Gründungs-Kongress der politischen Partei „Eurasia" statt. Das Programm und die Charta der Partei werden angenommen, und der Parteivorsitzende Alexander Dugin sowie die Mitglieder des politischen Rates werden gewählt.

Die politische Partei „Eurasia" verbreitet die eurasischen Ideen und veröffentlicht eine Reihe von Monographien über die eurasische Agenda von Alexander Dugin: das Programm der politischen Partei „Eurasia", Grundlagen des Eurasianismus usw. Es wird ein Informations- und Analyseportal im Internet eingerichtet: evrazia.info.

Alexander Dugin veröffentlicht eine Reihe von Artikeln über die eurasische Agenda in großen russischen Zeitschriften. Regelmäßig erscheinen eurasianistische Schriften in großen Zeitungen wie *Rosssijskaja Gaseta*, *Komsomolskaja Gaseta* und *Trud*. Dugin nimmt an Fernsehsendungen teil, die von vielen Zuschauern gesehen werden, darunter *Wremja*, *Wremena* (Zeit und Zeiten, Kanal 1), *Schto delat?* (Was ist zu tun?, Kanal Kultura), *Russki Wsgljad* (Russischer Ausblick, Kanal 3), *Moment Istini* (Moment der Wahrheit, Kanal TVC) usw.

Die Zahl der Anhänger des Eurasianismus wächst, und es entstehen immer mehr neue regionale Ableger der Bewegung.

Siebte Phase (2003–2004): Internationale Eurasianistische Bewegung

Wie die ersten Eurasianisten vorausgesagt hatten, wurde das Format einer politischen Partei zu einem Hindernis für die weitere Entwicklung der eurasianistischen Ideologie in der heutigen Zeit. Die Hoffnungen, die in die Partei gesetzt wurden, haben sich nicht erfüllt. Dabei entwickelt der Eurasianismus als Weltanschauung auf internationaler Ebene Anziehungskraft; die meisten Völker der Länder der Gemeinschaft Unabhängiger Staaten (GUS), sowie zahlreiche Menschen im Ausland, teilen die eurasischen Werte. Außerdem hat das derzeitige politische System in Russland Barrieren zwischen politischen Parteien und politischen Überzeugungen errichtet: Die meisten parlamentarischen Parteien sind ohne jegliche Überzeugungen, während ideologisch bedeutsame Gruppen keine Parteistrukturen bilden. Die Analyse der negativen Auswirkungen des Versuchs, das Parteiformat als Vehikel für den Eurasianismus zu nutzen, führte die Eurasianisten zu der Erkenntnis, dass es notwendig ist, die Struktur einer russischen politischen Partei aufzugeben, um sich in eine breitere, internationale „Eurasianistische Bewegung" zu verwandeln. Im November 2003 findet der Kongress der Internationalen Eurasianistischen Bewegung im Haus der Presse in Moskau statt, und im Dezember 2003 erkennt die Regierung die Bewegung offiziell an. Von da an beginnt die siebte Etappe in der Entwicklung des Eurasianismus.

Die Parteizellen von „Eurasia" beginnen, sich in Zweige der Eurasianistischen Bewegung zu verwandeln. Viele neue Gruppen und Einzelmitglieder beginnen, sich ihr anzuschließen. Organisatorische Strukturen der Eurasianistischen Bewegung im Ausland entstehen in Kasachstan, Weißrussland, Tadschikistan, Kirgisien, der Ukraine, Aserbaidschan, Armenien, Georgien, Bulgarien, der Türkei, dem Libanon, Italien, Deutschland, Belgien, Großbritannien, Spanien, Serbien, Polen, der Slowakei, Ungarn, Kanada und den Vereinigten Staaten.

Der Prozess der Umwandlung von Parteizellen in Zweigstellen der Bewegung in Russland und die Gründung von Auslandsorganisationen mit Hauptsitz in Moskau ist Ende 2004 abgeschlossen, und im Dezember 2004 wird die Partei „Eurasia" offiziell aufgelöst. Von da an wird die Internationale Eurasianistische Bewegung unter der kontinuierlichen Führung von Alexander Dugin zur eurasianistischen Weltorganisation. Viele prominente politische und religiöse Führer sowie Intellektuelle und Künstler aus der ganzen Welt werden Mitglieder ihres Obersten Rates.

Innerhalb der Eurasianistischen Bewegung werden folgende Strukturen geschaffen: die Eurasische Kreativunion, der Eurasische Wirtschaftsclub, die Analytische Abteilung, die Verlagsabteilung, die Abteilung für Eurasische Bildung und andere Strukturen.

In seiner Eigenschaft als Leiter der Internationalen Eurasianistischen Bewegung veröffentlicht Alexander Dugin im Jahr 2004 die folgenden Monographien zur eurasischen Agenda: *Philosophie der Politik, Projekt Eurasien, Die eurasische Mission von Nursultan Nasarbajew* und *Philosophie des Krieges*. Eine grundlegende Abhandlung von Dugin, *Die Grundlagen der Geopolitik*, wird auf Arabisch in Beirut und auf Serbisch in Belgrad veröffentlicht. In Italien wird sein Buch *Konservative Revolution in Russland* veröffentlicht. Gleichzeitig wird die eurasische Arbeit sowohl in den russischen als auch in den internationalen Medien fortgesetzt.

Am 2. April 2004 spricht Alexander Dugin in Astana zusammen mit Präsident Nasarbajew auf einer Konferenz zum zehnten Jahrestag der Bekanntgabe der Idee der „Eurasischen Union" durch den Präsidenten. Am 18. Juni 2004 hält Dugin eine historische Rede auf der Plenarsitzung der internationalen Konferenz „Eurasian Integration: The Trends in Contemporary Development and the Challenges of Globalization" (Eurasische Integration: Die Trends der gegenwärtigen Entwicklung und die Herausforderungen der Globalisierung), an der die Staatschefs der Eurasischen Wirtschaftsgemeinschaft (EurAsEC) teilnehmen. Die Eurasianistische Bewegung organisiert 32 Aktionen verschiedener Art, darunter Konferenzen, Foren, Symposien,

Sitzungen des Eurasischen Wirtschaftsclubs und Kongresse. Vertreter der Eurasianistischen Bewegung nehmen als offizielle Beobachter an den Wahlen in Kasachstan, Weißrussland und der Ukraine teil. Es werden 19 Pressekonferenzen organisiert. Zu Dugins öffentlichen Auftritten gehören Vorträge über Eurasianismus, Geopolitik und politische Philosophie an 16 Akademien, Universitäten, Schulen und anderen Bildungseinrichtungen. Dugin verteidigt erfolgreich seine Dissertation *Transformation politischer Strukturen und Institutionen im Rahmen des Modernisierungsprozesses in traditionellen Gesellschaften* an der Universität Rostow. Die Lew-Gumiljow-Universität in Astana verleiht Dr. Dugin eine Ehrenprofessur.

Im Dezember 2004 beschließt der Kongress der Intellektuellen Eurasischen Jugend die Gründung der Eurasianistischen Jugendunion im Rahmen der Internationalen Eurasianistischen Bewegung.

Philosophische Grundpositionen des Neo-Eurasianismus

Auf der theoretischen Ebene besteht der Neo-Eurasianismus aus der Wiederbelebung der klassischen Prinzipien der Bewegung in einer qualitativ neuen historischen Phase und in der Umwandlung dieser Prinzipien in die Grundlagen eines ideologischen und politischen Programms sowie einer Weltanschauung. Das Erbe der klassischen Eurasianisten wurde als grundlegende Weltanschauung für den ideologisch-politischen Kampf in der postsowjetischen Periode akzeptiert und bot eine geistig-politische Plattform des „totalen Patriotismus".

Die Neo-Eurasianisten übernahmen die Grundpositionen des klassischen Eurasianismus und wählten sie als Ausgangspunkt für eine Plattform und als wichtigste theoretische Grundlagen und Fundamente für ihre zukünftige Entwicklung und praktische Anwendung. Im theoretischen Bereich entwickelten die Neo-Eurasianisten die Hauptprinzipien des klassischen Eurasianismus bewusst weiter und berücksichtigten dabei den breiten philosophischen, kulturellen und politischen Rahmen der Ideen des zwanzigsten Jahrhunderts.

Jede der Hauptpositionen der klassischen Eurasianisten hat eine
Wiederbelebung ihrer konzeptionellen Entwicklung erfahren.

Das Konzept der Zivilisation

Die Kritik an der westlichen bürgerlichen Gesellschaft aus „linker"
(sozialer) Perspektive wurde von der Kritik an derselben Gesellschaft
aus „rechter" (zivilisatorischer) Perspektive überlagert. Die eurasianistische Idee der „Ablehnung des Westens" wird also durch das
reiche Waffenarsenal der „Kritik am Westen" verstärkt, die von denjenigen im Westen geübt wird, die mit der Logik seiner Entwicklung
(zumindest in den letzten Jahrhunderten) nicht einverstanden sind.
Der Eurasianist kam erst allmählich — von Ende der 1980er bis Mitte
der 1990er Jahre — auf die Idee, die unterschiedlichsten (und oft politisch widersprüchlichen) Konzepte, die den „normativen" Charakter
der westlichen Zivilisation leugnen, zu verschmelzen.

Kritik an der römisch-deutschen Zivilisation

Die Kritik an der römisch-deutschen Zivilisation wurde stark betont
und stützte sich auf eine Analyse der angelsächsischen Welt und insbesondere der USA. Gemäß dem Geist der deutschen Konservativen
Revolution und der europäischen „Neuen Rechten" wurde die „westliche Welt" in eine atlantische Komponente (die USA und England)
und in eine kontinentaleuropäische Komponente (genau genommen
eine römisch-deutsche Komponente) unterteilt. Kontinentaleuropa
wird hier als ein neutrales Phänomen betrachtet, das — unter bestimmten Voraussetzungen — in das eurasische Projekt integriert
werden kann.

Der räumliche Faktor

Der Neo-Eurasianismus dreht sich um die Idee einer vollständigen
Revision der Geschichte der Philosophie nach geographischen
Gesichtspunkten. Die Inspiration dafür finden wir in den verschiedenen Modellen der zyklischen Vision der Geschichte, von Danilewski
bis Spengler und von Toynbee bis Gumiljow.

Ein solches Prinzip findet seinen stärksten Ausdruck in der traditionalistischen Philosophie, die Theorien der „Evolution" und des „Fortschritts" ablehnt und diese Ablehnung auf detaillierte metaphysische Berechnungen stützt, daher die traditionelle Theorie der „kosmischen Zyklen", der „multiplen Zustände des Seins", der „heiligen Geographie" und so weiter. (Die Grundprinzipien der Zyklentheorie werden in den Werken von René Guénon sowie in denen anderer Denker dieser Schule wie Gaston Georgel, Titus Burckhardt, Mircea Eliade und Henry Corbin ausführlich dargelegt.) Das Konzept der „traditionellen Gesellschaft", d.h. derjenigen, die entweder überhaupt keine Geschichte kennt oder die sie gemäß ihren Riten und Mythen der „ewigen Wiederkehr" versteht, wurde vollständig rehabilitiert. Die Geschichte Russlands wird nicht einfach als eine von vielen lokalen Entwicklungen gesehen, sondern als Vorhut des „räumlichen" Systems (Osten), das dem „zeitlichen" (Westen) gegenübersteht.

Staat und Nation

Die Dialektik der nationalen Geschichte

Dies führt den Eurasianismus zu seiner letzten, „dogmatischen" Formulierung, die das geschichtsphilosophische Paradigma des Nationalbolschewismus (Nikolai Ustrialow) und dessen Interpretation (Michail Agurskij) umfasst. Das Muster ist wie folgt:

- die Kiewer Zeit als Beginn der bevorstehenden nationalen Mission (vom neunten bis zum dreizehnten Jahrhundert);

- die mongolisch-tatarische Invasion als Hindernis für die nivellierenden europäischen Tendenzen; die geopolitische und administrative Funktion der Horde wird an die Russen übergeben; die Spaltung der Russen in West- und Ostrussen; es kommt zu einer Differenzierung zwischen verschiedenen kulturellen Arten; die Großrussen werden auf der Grundlage der „Ostrussen" unter der Kontrolle der Horde gebildet (vom dreizehnten bis zum fünfzehnten Jahrhundert);

- das Moskauer Reich als Höhepunkt der national-religiösen Mission der Rus, das Dritte Rom (vom fünfzehnten bis zum Ende des siebzehnten Jahrhunderts);

- das römisch-deutsche Joch (die Romanows); der Zusammenbruch der nationalen Einheit; die Trennung zwischen einer pro-westlichen Elite und den Volksmassen (vom Ende des siebzehnten bis zum Beginn des zwanzigsten Jahrhunderts);

- die sowjetische Periode; die Rache der Volksmassen; das Zeitalter des „sowjetischen Messianismus"; die Wiederherstellung der grundlegenden Parameter der moskowitischen Hauptlinie (das zwanzigste Jahrhundert);

- die Phase der Unruhen, die mit einem neuen eurasischen Vorstoß enden muss (das Ende des zwanzigsten und der Beginn des einundzwanzigsten Jahrhunderts).

Politische Plattform

Der Neo-Eurasianismus bedient sich der Methodik der Schule von Vilfredo Pareto, bewegt sich in der Logik der Rehabilitierung des Begriffs der organischen Hierarchie, greift einige nietzscheanische Motive auf und entwickelt die Lehre von der Ontologie der Macht oder des christlich-orthodoxen Konzepts der Macht als *Katechon*[1]. Die Idee einer Elite führt uns zu den Themen der europäischen Traditionalisten, die Studien über das Kastensystem in der antiken Gesellschaft und über ihre Ontologie und Soziologie verfasst haben, darunter Guénon, Julius Evola, Georges Dumézil und Louis Dumont. Gumiljows Theorie der „Leidenschaftlichkeit" ist auch die Grundlage für das Konzept der „neuen eurasischen Elite".

---

1 Der Katechon ist derjenige, der die vollständige Manifestation des Antichristen auf der Erde verhindert. — *Anm. d. Übers.*

Die These der *Demotia*

Die These der *Demotia* ist die Weiterführung der politischen Theorien der „organischen Demokratie", die von Jean-Jacques Rousseau, Carl Schmitt, Julien Freund, Alain de Benoist und Arthur Moeller van den Bruck entwickelt wurden. Das eurasianistische Konzept der „Demokratie" (*demotia*) ist definiert als „die Beteiligung des Volkes an seinem eigenen Schicksal".

Die These der „Ideokratie"

Die These der „Ideokratie" bildet die Grundlage für einen Aufruf zu den Ideen der Konservativen Revolution und des Dritten Weges im Lichte der Erfahrungen der sowjetischen, israelischen und islamischen Ideokratien und analysiert die Gründe für deren historisches Scheitern. Die kritische Reflexion über den qualitativen Inhalt der Ideokratie des zwanzigsten Jahrhunderts führt zu einer konsequenten Kritik an der sowjetischen Periode (insbesondere an der Vorherrschaft quantitativer Konzepte und säkularer Theorien sowie an der unverhältnismäßig starken Betonung des klassenorientierten Standpunkts).

Die folgenden Elemente tragen zur Entwicklung der Ideen der klassischen Eurasianisten bei:

- **Die Philosophie des Traditionalismus (Guénon, Evola, Burckhardt und Corbin), die die Idee des radikalen Verfalls der „modernen Welt" sowie die tiefgründigen Lehren der Tradition beinhaltet.** Diese gibt uns auch das globale Konzept der „modernen Welt" (negative Kategorie) als Gegenpol zur „Welt der Tradition" (positive Kategorie) und verleiht der Kritik an der westlichen Zivilisation einen grundlegenden metaphysischen Charakter, indem sie den eschatologischen, kritischen und fatalen Inhalt der grundlegenden (intellektuellen, technologischen, politischen und wirtschaftlichen) Prozesse definiert, die ihren Ursprung im Westen haben. Die Intuitionen der russischen Konservativen — von den Slawophilen bis zu den klassischen Eurasianisten — werden dadurch vervollständigt, indem sie mit

einer grundlegenden theoretischen Basis versehen werden. Siehe
Alexander Dugin, *Absoljutnaja Rodina* (Die absolute Heimat,
Moskau 1999); *Konets Sweta* (Das Ende der Welt, Moskau 1997);
und *Julius Evola et le conservatisme russe* (Julius Evola und der
russische Konservatismus, Rom 1997).

- **Die Untersuchung der Ursprünge des Sakralen (Mircea Eliade,
  C. G. Jung und Claude Lévi-Strauss) und die Darstellung des
  archaischen Bewusstseins als Manifestation des paradigmatischen Komplexes, der der Kultur zugrunde liegt.** Dies geht
  einher mit der Rückverfolgung des vielschichtigen menschlichen
  Denkens und der Kultur in uralte psychische Schichten, in denen
  sich Fragmente archaischer Initiationsriten, Mythen und ur-
  sprünglicher sakraler Komplexe konzentrieren. Ebenso notwendig
  ist die Interpretation der Inhalte der rationalen Kultur durch die
  Linse alter, prärationaler Glaubensvorstellungen (siehe Alexander
  Dugin, *Evoljutsija paradigmal'nyh osnovanij nauki* [Die Evolution
  der paradigmatischen Grundlagen der Wissenschaft], Moskau
  2002).

- **Die Suche nach den symbolischen Paradigmen der Raum-
  Zeit-Matrix, die den Riten, Sprachen und Symbolen zugrunde
  liegt (siehe die Arbeiten von Herman Wirth und andere paläo-
  epigraphische Untersuchungen).** Dieser Versuch, die in den
  sprachlichen (Illitsch-Switisch), epigraphischen (Runologie),
  mythologischen, folkloristischen und rituellen Überlieferungen
  sowie in verschiedenen Denkmälern gefundenen Beweise zu
  untermauern, ermöglicht es uns, eine ursprüngliche Karte des
  „heiligen Konzepts der Welt" zu erstellen, das allen alten eurasischen Völkern gemeinsam ist, und zeigt die Existenz gemeinsamer
  Wurzeln auf (siehe Alexander Dugins *Giperborejskaja Teorija*
  [Hyperboreanische Theorie], Moskau 1993).

- **Eine Neubewertung der Entwicklung der geopolitischen Ideen
  im Westen (Sir Halford Mackinder, Karl Haushofer, Jordis
  von Lohausen, Nicholas J. Spykman, Zbigniew Brzezinski,**

Jean Thiriart und andere). Seit der Epoche von Mackinder hat sich die geopolitische Wissenschaft erheblich weiterentwickelt. Die Rolle der geopolitischen Konstanten in der Geschichte des zwanzigsten Jahrhunderts trat so deutlich zutage, dass die Geopolitik zu einer eigenständigen Disziplin wurde. Innerhalb des geopolitischen Rahmens erhielten die Begriffe Eurasianismus und Eurasien eine neue, umfassendere Bedeutung. Seit einiger Zeit bezeichnete Eurasianismus im geopolitischen Sinne die kontinentale Konfiguration eines (bestehenden oder potenziellen) strategischen Blocks, der sich auf Russland oder seine erweiterte Basis konzentrierte und der als (aktiver oder passiver) Gegner der strategischen Initiativen des geopolitischen Gegenpols angesehen wurde: Atlantizismus. In der Mitte des zwanzigsten Jahrhunderts lösten die Vereinigten Staaten Großbritannien als Anführer dieses Blocks ab. Die Philosophie und die politischen Ideen, die in den russischen Klassikern des Eurasianismus enthalten sind, haben sich in dieser Situation als der konsequenteste und kraftvollste Ausdruck des Eurasianismus in seiner strategischen und geopolitischen Bedeutung erwiesen. Dank der Entwicklung der geopolitischen Forschung (siehe Alexander Dugin, *Osnowi geopolitiki* [Grundlagen der Geopolitik], Moskau 1997) ist der Neo-Eurasianismus zu einem methodisch weiterentwickelten Phänomen geworden. Besonders bemerkenswert ist die Bedeutung der Dualität Land/Meer (nach Carl Schmitt), die es ermöglicht, eine ganzen Reihe von Phänomenen, von der Geschichte der Religionen bis zur Wirtschaft, besser zu verstehen.

- **Die Suche nach einer globalen Alternative zum Globalismus[2] als ultramodernes Phänomen, das alles zusammenfasst, was**

---

2   Der Globalismus ist der Prozess des Aufbaus der „Neuen Weltordnung", in deren Zentrum die politisch-finanziellen Oligarchen des Westens stehen. Die Opfer dieses Prozesses sind die souveränen Staaten, die nationalen Kulturen, die religiösen Doktrinen, die wirtschaftlichen Traditionen, die Bemühungen um soziale Gerechtigkeit und die Umwelt selbst — jede Vielfalt des geistigen, intellektuellen und materiellen Lebens auf dem Planeten. Der Begriff

sowohl vom Eurasianismus als auch vom Neo-Eurasianismus als negativ angesehen wird. Der Eurasianismus in seiner weiteren Bedeutung wird so zur konzeptionellen Plattform des Antiglobalismus oder eines alternativen Globalismus. Der Eurasianismus vereinigt in sich alle zeitgenössischen Strömungen, die dem Globalismus jeglichen objektiven (geschweige denn positiven) Inhalt absprechen; er bietet der antiglobalistischen Intuition einen neuen Charakter des doktrinären Verständnisses.

- **Die Assimilation der Gesellschaftskritik der „Neuen Linken" in eine „konservative rechte Interpretation", die sich auf das Erbe von Michel Foucault, Gilles Deleuze, Antonin Artaud und Guy Debord bezieht.** Dies bedeutet auch die Übernahme des kritischen Denkens derjenigen, die das bürgerliche westliche System aus der Perspektive des Anarchismus, Neomarxismus usw. ablehnen. Dieser konzeptionelle Pol stellt eine neue Entwicklungsstufe der „linken" (nationalbolschewistischen) Tendenzen dar, die auch unter den ersten Eurasianisten (Pjotr Suwtschinski, Lew Karsawin, Sergej Efron) existierten, und bietet auch ein Mittel zur Verständigung mit dem „linken" Flügel des Antiglobalismus.

- **Die Wirtschaft des „Dritten Weges" und die „Autarkie der großen Räume".** Die Anwendung heterodoxer Wirtschaftsmodelle auf die postsowjetische russische Realität, einschließlich der Anwendung von Friedrich Lists Theorie der „Zollunionen" und der Aktualisierung der Theorien von Silvio Gesell, Joseph Schumpeter und François Perroux sowie einer neuen eurasianistischen Interpretation von John Maynard Keynes.

„Globalismus" in seiner üblichen politischen Bedeutung bedeutet einfach „unipolarer Globalismus": also nicht die Verschmelzung verschiedener Kulturen, soziopolitischer und wirtschaftlicher Systeme zu etwas Neuem—denn das wäre ein „multipolarer Globalismus" oder „eurasischer Globalismus". Er ist die Auferlegung westlicher Methoden auf die gesamte Menschheit.

DAS GEMEINSAME HAUS EURASIEN

Programm der Internationalen Eurasianistischen Bewegung

Der eurasische Kulturdialog: die Grundlage der menschlichen Geschichte

DER EURASISCHE Kontinent ist die Wiege der menschlichen Kultur und Zivilisation.

Der eurasische Kontinent hat verschiedene soziale, geistige und politische Formen hervorgebracht, die zusammen den Hauptinhalt der menschlichen Geschichte bilden. Eurasien ist dipolar. Es besteht aus Europa und Asien, dem Westen und dem Osten. Die menschliche Geschichte ist ein ständiger Dialog und ein dialektischer Austausch von Energie, Werten, Technologie, Ideen und anderen Dingen, die sich seit mehr als tausend Jahren zwischen diesen beiden Polen bewegen.

Ost und West ergänzen sich gegenseitig.

Viele Nationen und Zivilisationen haben Eurasien von Westen nach Osten und zurück durchquert. Die Vorfahren der modernen Europäer zogen in Horden durch die asiatischen Wüsten, als die Zivilisationen Chinas, Indiens und Persiens aufblühten und eine fortschrittliche Philosophie, Technologie und einen hohen Lebensstandard erreichten. Jede Kultur hat ihr eigenes historisches

Timing, das sich von dem anderer Kulturen unterscheidet und auf ihr eigenes Tempo und ihren eigenen Lebensstil ausgerichtet ist.

Was wir hier und heute als „wild" bezeichnen, kann morgen und/ oder irgendwo anders als „Fortschritt" bezeichnet werden. Was wir hier und heute für eine absolute Binsenweisheit halten, könnte in einer anderen Zeit oder an einem anderen Ort lediglich als lokaler und irrelevanter Kult betrachtet werden. Wir sollten niemals das „Hier und Jetzt" anbeten. Der Zustand der Welt und ihre Werte ändern sich ständig. Wir müssen unsere Urteile immer an der großen Skala von Zeit und Raum messen.

Eurasien ist ein würdiger Maßstab, an dem wir würdige Vorstellungen messen können. Wir müssen lernen, eurasisch zu denken, und dann werden wir in der Lage sein, das Wesen von Ost und West, von Fortschritt und Tradition, von Beständigkeit und Flexibilität und von Loyalität sowohl gegenüber der Vergangenheit als auch gegenüber der Zukunft leicht zu verstehen.

Globalisierung: eine Herausforderung für die Nationen und Zivilisationen des eurasischen Kontinents

Heute, im Zeitalter der Globalisierung, ist ein eurasischer Dialog zwischen Ost und West wichtiger als je zuvor. Die Globalisierung kommt aus dem Westen, beeinflusst aber zunehmend auch den Osten. Dieser Prozess ist sehr komplex und widersprüchlich; er wirft ständig neue Fragen auf, die manchmal recht dramatisch und angespannt sind. Die Auswirkungen auf Eurasien sind besonders akut. Der Kontinent, der eine wichtige Etappe im Globalisierungsprozess darstellt, erlebt diesen Prozess mit großer Härte, da er von den großen Verwerfungslinien und Grenzen der großen Kulturen und Zivilisationen durchzogen ist.

Wie nie zuvor müssen wir heute den Verlauf, die Logik und den Weg des historischen Prozesses verstehen. Jeden Tag müssen wir Entscheidungen treffen, die sich auf zukünftige Generationen auswirken werden. Es ist offensichtlich geworden, dass keine einzelne Nation, keine Konfession, keine soziale Klasse und auch keine Zivilisation diese Probleme allein lösen kann. Wir müssen zunehmend aufeinander hören: Europa und Asien, Christen und Muslime, Weiße und Schwarze, Bürger moderner demokratischer Staaten und Orte, an denen die traditionelle Gesellschaft überlebt hat. Es kommt darauf an, einander richtig zu verstehen, keine voreiligen Schlüsse zu ziehen und den wahren Geist der Toleranz und des Respekts gegenüber Menschen mit anderen Wertesystemen, Gewohnheiten und Normen zu entwickeln.

Die Eurasianistische Bewegung ist ein Ort des gleichberechtigten, multilateralen Dialogs für souveräne Subjekte.

Um einen intensiven Dialog der Kulturen, Zivilisationen, Konfessionen, Staaten, großen und kleinen gesellschaftlichen Gruppen und Ethnien des europäischen Kontinents in diesem neuen historischen Zeitalter zu fördern, erklären wir die Gründung der Internationalen Eurasianistischen Bewegung.

Unsere Bewegung hat keine vorgefassten Meinungen, Urteile, Entscheidungen oder Formeln, die sie jemandem aufzwingen will. Wir haben viel mehr Fragen als Antworten vor uns. Der wahre Weg kann nur im Zuge eines offenen, konsequenten Dialogs zwischen allen wichtigen Kräften auf unserem Kontinent, von Tokio bis zu den Azoren, gefunden werden.

Wir rufen diejenigen, die sich für Eurasien verantwortlich fühlen und denen es um die Erhaltung der geistigen Essenz des menschlichen Lebens, um die Entdeckung von Wegen der historischen Entwicklung, von Werten und Ideen geht, dazu auf, zusammenzukommen und eine Vision für die Zukunft zu entwickeln. Wir müssen unsere Anstrengungen bündeln, um eine erreichbare Landkarte für die Völker Eurasiens für das neue Jahrtausend zu zeichnen.

Wir sind zutiefst davon überzeugt, dass es unser gemeinsames Ziel ist, die Besonderheit der Nationen, Kulturen, Konfessionen, Sprachen, Werte und philosophischen Systeme zu bewahren, die in ihrer Gesamtheit die „blühende Vielfalt" (Konstantin Leontjew) unseres Kontinents bilden. Annäherung und Dialog zwischen Ländern und Völkern sollten erreicht werden, aber nicht um den Preis des Verlustes unserer Identitäten. Wir bestehen darauf, dass die Wahrung der eigenen Identität der höchste Wert ist, in den einzugreifen niemand das Recht hat. Die Teilnehmer am Dialog der Kulturen und Zivilisationen sollten souverän und frei sein. Nur ein solcher Dialog kann gerecht und sinnvoll sein.

Wir sind entschieden gegen die Globalisierung als eine Form des ideologischen, wirtschaftlichen, politischen und wertebasierten Imperialismus. Niemand hat das Recht, den großen Nationen des eurasischen Kontinents seine eigene private „Wahrheit", sein Wertesystem und sein soziopolitisches Modell mit Gewalt oder durch List aufzuzwingen. Die Kenntnis der eurasischen Kulturen lässt uns erkennen, wie unterschiedlich unsere Vorstellungen von so vielen Konzepten sind. Selbst Begriffe wie Individuum, Freiheit, Leben, Autorität, Recht, Gerechtigkeit, Gesellschaft, Politik und so weiter unterscheiden sich in den verschiedenen kulturellen, sprachlichen, ethnischen und religiösen Kontexten erheblich. All dies sollten wir in unserem multilateralen eurasischen Dialog beachten: Solange unsere sorgfältige und verantwortungsbewusste Sorge um „die Anderen", „die, die anders sind", echt ist, wird unsere Zukunft von Erfolg, Frieden und Wohlstand geprägt sein.

Die Nationen Eurasiens müssen frei und unabhängig sein.

West und Ost, jede Konfession, Ethnie und Kultur haben ihre eigenen Wahrheiten. Wir haben allen Grund, unsere Wahrheit mit anderen zu teilen, aber wir dürfen sie niemals mit Gewalt aufzwingen.

Gegen die „babylonische Vermischung" und die „neue Fremdenfeindlichkeit"

Die Fortschritte in Wissenschaft und Technik haben die Eurasier einander näher gebracht. Gleichzeitig sind aber auch immer schärfere kulturelle, sprachliche und religiöse Trennungen und Hürden zutage getreten. Neue Bedrohungen sind erschienen: der „Kampf der Kulturen", die neue Welle des Terrorismus, der Ausbruch von interethnischen und regionalen Konflikten und Kriegen. Wie können wir die Globalisierung mit der Bewahrung jedes nationalen Charakters und jeder nationalen Identität in Einklang bringen? Wie können wir verhindern, dass sich die kontinentale Annäherung der Völker in ein globales Babylon verwandelt? Wie vermeiden wir eine neue Welle von Fremdenfeindlichkeit und internationalen Konflikten? Unsere Bewegung ist aufgerufen, sich mit diesen äußerst komplizierten Problemen zu befassen.

Eurasien als Mutterland

Der eurasische Kontinent ist nicht klein und er ist nicht groß — er ist ausreichend. Er ist weniger als der gesamte Planet, aber viel mehr als jede einzelne nationale, kulturelle oder konfessionelle Region. Unsere Herausforderung besteht darin, dass alle Völker auf dem gesamten Kontinent für Wohlstand und Frieden arbeiten und unser gemeinsames eurasisches Haus errichten und erhalten. Wir haben hohe Ziele. Nur die Starken können diesen Weg erfolgreich beschreiten. Aber unsere Vorfahren haben uns etwas Großes und Unermessliches hinterlassen: Quellen des Denkens und des edlen Geistes, das Erbe großer Reiche und reichhaltiger wirtschaftlicher Stärke, Schätze moralischer Führung und Inspiration, ein Spektrum von möglichen Gesellschaftssystemen und den Reichtum von tausend Muttersprachen.

Eurasien ist ein großes Fundament für die Zukunft, das unsere Vorfahren im Laufe der Jahrtausende kultiviert haben. Eurasien ist unsere Mutter und unser Land. Sie ist uns anvertraut und sie ist uns treu. Sie gibt uns Kraft, aber sie braucht unseren Schutz und unsere Fürsorge. Wenn wir sie lieben und respektieren, werden wir mit großen Reichtümern belohnt werden.

Die Internationale Eurasianistische Bewegung kann als die ewige Bewegung im Baum des Lebens gesehen werden, von den Wurzeln bis zur Krone und wieder zurück. Die Bewegung ist der Puls unseres Herzens und der Puls unserer Geschichte. Sie wird niemals erlöschen, solange wir leben, atmen und handeln.

DIE EURASISCHE IDEE

Was ist der Eurasianismus heute?
Was macht das Konzept von Eurasien aus?
Sieben Bedeutungen des Wortes Eurasianismus.
Die Entwicklung der Eurasischen Idee.

Veränderungen der ursprünglichen Bedeutung von Eurasianismus

VERSCHIEDENE BEGRIFFE verlieren durch den täglichen Gebrauch im Laufe vieler Jahre ihre ursprüngliche Bedeutung. So grundlegende Begriffe wie Sozialismus, Kapitalismus, Demokratie und Faschismus haben sich tiefgreifend verändert. In der Tat sind sie banal geworden.

Auch die Begriffe „Eurasianismus" und „Eurasien" sind mit einigen Unsicherheiten behaftet, denn sie sind neu und gehören zu einer neuen politischen Sprache und einem neuen intellektuellen Kontext, der sich erst heute herausbildet.

Die Eurasische Idee spiegelt einen sehr aktiven dynamischen Prozess wider. Ihre Bedeutung ist im Laufe der Geschichte klarer geworden, muss aber noch weiter entwickelt werden.

Eurasianismus als philosophischer Kampf

Die Eurasische Idee stellt eine grundlegende Revision der politischen, ideologischen, ethnischen und religiösen Geschichte der Menschheit dar. Sie bietet ein neues System von Klassifizierungen und Kategorien, die die üblichen Klischees überwinden. Die eurasische Theorie hat zwei Etappen durchlaufen: eine Formierungsphase des klassischen Eurasianismus zu Beginn des zwanzigsten Jahrhunderts, die von russischen emigrierten Intellektuellen (Trubezkoi, Sawitzki, Alexejew, Suwtschinski, Iljin, Bromberg, Khara-Davan und so weiter) durchgeführt wurde und auf die die historischen Werke von Lew Gumiljow und schließlich die Formierung des Neo-Eurasianismus in der zweiten Hälfte der 1980er Jahre bis heute folgten.

Auf dem Weg zum Neo-Eurasianismus

Die klassische eurasische Theorie gehört zweifelsohne der Vergangenheit an und kann korrekt in den Rahmen der Ideologien des zwanzigsten Jahrhunderts eingeordnet werden. Die Zeit des klassischen Eurasianismus mag vorbei sein, aber der Neo-Eurasianismus ist seine zweite Geburt, mit einem neuen Sinn, Umfang und einer neuen Bedeutung. Als die Eurasische Idee aus ihrer Asche auferstand, war sie weniger sichtbar, hat aber seitdem ihr verborgenes Potenzial offenbart.

Durch den Neo-Eurasianismus hat die gesamte eurasische Theorie eine neue Dimension erhalten. Heute können wir die Erfolge des Neo-Eurasianismus nicht mehr ignorieren, und wir müssen versuchen, ihn in seinem modernen Kontext zu verstehen. Außerdem werden wir die verschiedenen Aspekte dieses Begriffs beschreiben.

Eurasianismus als globaler Trend

Die Globalisierung als Vektor der modernen Geschichte

Im weitesten Sinne entsprechen die Eurasische Idee und sogar Eurasien als Konzept nicht streng den geographischen Grenzen des eurasischen Kontinents. Die Eurasische Idee ist eine Strategie auf globaler Ebene, die die Realität der Globalisierung und das Ende der „Nationalstaaten" (*État-nations*) anerkennt, aber gleichzeitig ein anderes Szenario für die Globalisierung bietet, das weder eine unipolare Weltordnung noch eine universelle Weltregierung beinhaltet. Stattdessen schlägt sie mehrere globale Zonen (Pole) vor. Die Eurasische Idee ist eine alternative oder multipolare Version der Globalisierung. Die Globalisierung ist derzeit der wichtigste grundlegende Weltprozess, der den Verlauf der modernen Geschichte bestimmt.

Paradigma der Globalisierung, Paradigma des Atlantizismus

Der heutige Nationalstaat wird in einen globalen Staat umgewandelt; wir stehen vor der Bildung weltweiter Regierungssysteme innerhalb eines einzigen administrativ-ökonomischen Systems. Es ist ein Irrtum zu glauben, dass alle Nationen, Gesellschaftsschichten und Wirtschaftsmodelle plötzlich auf der Grundlage dieser neuen, weltweiten Logik zusammenarbeiten könnten. Die unipolare Globalisierung ist ein eindimensionales, einseitiges Phänomen, das versucht, die westliche (im Wesentlichen angelsächsische und amerikanische) Sichtweise darüber, wie man die menschliche Geschichte am besten bewältigt, zu universalisieren. Sie ist die Vereinigung verschiedener soziopolitischer, ethnischer, religiöser und nationaler Strukturen in einem System, ein Prozess, der sehr oft mit Unterdrückung und Gewalt verbunden ist. Es handelt sich um eine westeuropäische historische Entwicklung, die mit der Vorherrschaft der Vereinigten Staaten von Amerika ihren Höhepunkt erreicht hat.

Die Globalisierung ist die Durchsetzung des atlantischen Paradigmas. Die Befürworter der Globalisierung versuchen jedoch um jeden Preis zu vermeiden, dies zuzugeben. Sie argumentieren, dass der Atlantizismus aufhört, Atlantizismus zu sein, wenn es keine Alternativen mehr zu ihm gibt. Der amerikanische politische Philosoph Francis Fukuyama schreibt über das „Ende der Geschichte", womit er eigentlich das Ende der geopolitischen Geschichte und des Konflikts zwischen Atlantizismus und Eurasianismus meint. Dies bedeutet eine neue Architektur für ein neues Weltsystem, das keine Opposition und nur einen Pol enthält — den Pol des Atlantizismus.

Wir können dies auch als die Neue Weltordnung bezeichnen. Das frühere Modell der Opposition zwischen zwei Polen (Ost-West oder Nord-Süd) wird in ein Modell des Zentrums gegen die Außenbezirke umgewandelt, in dem das Zentrum der Westen oder der „reiche Norden" ist, während der globale Süden auf die Außenbezirke reduziert wird. Diese Variante der Weltarchitektur steht im völligen Widerspruch zum Konzept des Eurasianismus.

Es gibt eine Alternative zur unipolaren Globalisierung. Heute ist die Neue Weltordnung nichts weiter als ein Projekt, ein Plan oder ein Trend. Sie ist sehr ernst, aber sie ist nicht tödlich. Die Anhänger der Globalisierung leugnen, dass sie einen bestimmten Plan für die Zukunft haben, aber wir erleben heute ein groß angelegtes Phänomen: den Konter-Globalismus, und die Eurasische Idee koordiniert alle Gegner der unipolaren Globalisierung auf konstruktive Weise. Darüber hinaus bietet sie die konkurrierende Idee einer multipolaren Globalisierung (oder Alternativ-Globalisierung).

Eurasianismus als Pluriversum

Der Eurasianismus lehnt das Modell der Welt in der Mitte und einer Welt am Rande der Welt ab. Stattdessen geht die Eurasische Idee davon aus, dass der Planet aus einer Konstellation von autonomen Lebensräumen besteht, die teilweise füreinander offen sind. Bei diesen Gebieten handelt es sich nicht um Nationalstaaten, sondern um eine Koalition von Staaten, die zu kontinentalen Föderationen oder „demokratischen Imperien" mit einem hohen Maß an innerstaatlicher Selbstverwaltung reorganisiert sind. Jedes dieser Gebiete ist multipolar und umfasst ein kompliziertes System ethnischer, kultureller, religiöser und administrativer Faktoren.

In diesem globalen Sinne steht der Eurasianismus jedem offen, unabhängig von seinem Geburtsort, seinem Wohnsitz, seiner Nationalität oder seiner Staatsangehörigkeit. Der Eurasianismus bietet die Möglichkeit, sich für eine Zukunft zu entscheiden, die sich von den Klischees des Atlantizismus und seiner Vorstellung von einem einzigen Wertesystem für die gesamte Menschheit unterscheidet. Der

Eurasianismus versucht nicht nur, die Vergangenheit wiederzubeleben oder den gegenwärtigen Status quo zu bewahren, sondern strebt nach der Zukunft und erkennt an, dass die gegenwärtige Struktur der Welt radikale Veränderungen benötigt und dass die Nationalstaaten und die Industriegesellschaft alle ihre Ressourcen erschöpft haben. Die Eurasische Idee plädiert nicht für die Schaffung einer Weltregierung auf der Grundlage liberal-demokratischer Werte als einzigem Weg für die Menschheit. Im einundzwanzigsten Jahrhundert definiert sich der Eurasianismus in seiner grundlegendsten Bedeutung als Bekenntnis zur Alternativ-Globalisierung, was gleichbedeutend mit der Anerkennung einer multipolaren Welt ist.

Der Atlantizismus ist nicht universell

Der Eurasianismus lehnt den vermeintlichen Universalismus des Atlantizismus und Amerikanismus entschieden ab. Das Muster Westeuropas und Amerikas hat viele attraktive Züge, die übernommen und gelobt werden können, aber in seiner Gesamtheit ist es lediglich ein kulturelles System, das in seinem eigenen historischen und geographischen Kontext eine Existenzberechtigung hat, aber nur neben anderen Zivilisationen und kulturellen Systemen.

Die Eurasische Idee schützt nicht nur Wertesysteme, die anti-atlantisch geprägt sind, sondern auch die Vielfalt der Wertestrukturen. Sie ist eine Art Pluriversum, das Lebensraum für alle bietet — einschließlich der Vereinigten Staaten und des Atlantizismus —, zusammen mit anderen Zivilisationen, denn der Eurasianismus verteidigt auch die Zivilisationen Afrikas, der beiden amerikanischen Kontinente und des pazifischen Raums, der parallel zum eurasischen Mutterland verläuft.

Die Eurasische Idee fördert eine globale revolutionäre Idee

Die Eurasische Idee ist ein revolutionäres Konzept auf globaler Ebene, das als neue Plattform für gegenseitiges Verständnis und Zusammenarbeit für ein großes Konglomerat verschiedener Mächte

dienen soll: Staaten, Nationen, Kulturen und Religionen, die die atlantische Version der Globalisierung ablehnen.

Wenn wir die Erklärungen und Aussagen verschiedener Politiker,
Philosophen und Intellektueller analysieren, werden wir feststel-
len, dass die meisten von ihnen — wenn auch manchmal unbewusst — Anhänger der Eurasischen Idee sind.

Wenn wir all diejenigen berücksichtigen, die nicht mit dem
Postulat einverstanden sind, dass wir uns am „Ende der Geschichte"
befinden, wird unsere Stimmung steigen, und unser Glaube an das
Scheitern des amerikanischen Konzepts der strategischen Sicherheit
für das einundzwanzigste Jahrhundert, das von der Schaffung und
Aufrechterhaltung eines unipolaren Weltmodells abhängt, viel realis-
tischer erscheinen.

Der Eurasianismus ist die Summe der natürlichen, künstlichen,
objektiven und subjektiven Hindernisse auf dem Weg zur unipolaren
Globalisierung; er bietet eine konstruktive, positive Opposition zum
Globalismus statt einer einfachen Verneinung.

Diese Hindernisse bleiben jedoch vorerst unkoordiniert, und die
Befürworter des Atlantizismus können leicht mit ihnen umgehen.
Wenn es jedoch gelingt, diese Hindernisse irgendwie in eine einheit-
liche Kraft zu integrieren, wird ihr Sieg sehr viel wahrscheinlicher.

Der Eurasianismus als Alte Welt

Die spezifischere und engere Bedeutung des Begriffs Eurasianismus
bezieht sich auf das, was traditionell „die Alte Welt" genannt wird. Der
Begriff der Alten Welt, der üblicherweise in Bezug auf Europa verwendet wird, kann in einem viel breiteren Kontext betrachtet werden.
Es handelt sich um einen multizivilisatorischen Superraum, der von
Nationen, Staaten, Kulturen, Ethnien und Religionen bewohnt wird,
die historisch und geographisch durch ein dialektisches Schicksal miteinander verbunden sind. Die Alte Welt ist ein organisches Produkt
der menschlichen Geschichte.

Die Alte Welt wird oft der Neuen Welt und dem amerikanischen
Kontinent gegenübergestellt, der nach seiner Entdeckung durch die

Europäer in eine Plattform für eine künstliche Zivilisation verwandelt wurde, in der die europäischen Projekte der Moderne ihre Vollendung fanden. Sie wurde auf der Grundlage von menschengemachten Ideologien als eine Zivilisation der gereinigten Moderne aufgebaut. Die Vereinigten Staaten waren die erfolgreiche Schöpfung der „perfekten Gesellschaft", inspiriert von den Ideen der Intellektuellen aus England, Irland und Frankreich, während die Länder Süd- und Mittelamerikas Kolonien der Alten Welt blieben. Deutschland und Osteuropa waren von dieser Idee einer „perfekten Gesellschaft" weniger beeinflusst.

In Anlehnung an Oswald Spengler kann der Dualismus zwischen der Alten und der Neuen Welt in Form von Gegensätzen verstanden werden: Kultur — Zivilisation, organisch — künstlich und historisch — technisch.

Die Neue Welt als Messias

Als historisches Produkt der Entwicklung Westeuropas hat die Neue Welt schon sehr früh ihr „messianisches" Schicksal erkannt, in dem sich die liberal-demokratischen Ideale der Aufklärung mit den eschatologischen Ideen radikaler protestantischer Sekten verbanden. Dies wurde *Manifest Destiny* genannt und wurde für Generationen von Amerikanern zum Symbol eines neuen Glaubens. Dieser Theorie zufolge hatte die amerikanische Zivilisation alle Kulturen und Zivilisationen der Alten Welt überholt, und die Übernahme ihrer universalistischen Formen war nun für alle Nationen auf dem Planeten obligatorisch geworden.

Im Laufe der Zeit kollidierte diese Theorie nicht nur mit den Kulturen des Ostens und Asiens, sondern auch mit Europa, das den Amerikanern als archaisch, voller Vorurteile und antiquierter Traditionen erschien.

Schließlich wandte sich die Neue Welt von dem Erbe der Alten Welt ab. Nach dem Zweiten Weltkrieg wurde die Neue Welt zum unbestrittenen Anführer Europas und legte die Kriterien fest, nach denen die Nationen Europas zu bewerten waren. Dies führte zu einer entsprechenden Welle amerikanischer Dominanz und gleichzeitig zum Beginn einer Bewegung, die eine geopolitische Befreiung von der strategischen und wirtschaftlichen Vorherrschaft des brutalen, transozeanischen „älteren Bruders" anstrebt.

Die Integration des eurasischen Kontinents

Im zwanzigsten Jahrhundert wurden sich die Völker Europas ihrer gemeinsamen Identität bewusst und begannen, sich Schritt für Schritt auf die Integration aller europäischen Nationen in eine gemeinsame Union zuzubewegen, die in der Lage sein würde, für sich selbst und alle ihre Mitglieder volle Souveränität, Sicherheit und Freiheit zu garantieren.

Die Gründung der Europäischen Union trug entscheidend dazu bei, dass Europa seinen Status als Weltmacht neben den Vereinigten Staaten wiedererlangen konnte. Dies war die Antwort der Alten Welt auf die intensive Herausforderung durch die Neue Welt.

Wenn wir das Bündnis zwischen den USA und Westeuropa als den atlantischen Vektor der europäischen Entwicklung betrachten, kann die Idee der europäischen Integration unter der Ägide der kontinentalen Länder (Deutschland und Frankreich) als europäischer Eurasianismus bezeichnet werden. Dies wird immer deutlicher, wenn wir die Idee eines Europas in Betracht ziehen, das sich vom Atlantik bis zum Ural (Charles de Gaulles Vorstellung) oder sogar bis nach Wladiwostok erstreckt. Mit anderen Worten: Die Integration der Alten Welt sollte das riesige Gebiet der Russischen Föderation einschließen.

In diesem Zusammenhang kann der Eurasianismus als ein Projekt zur strategischen, geopolitischen und wirtschaftlichen Integration der nördlichen Region des eurasischen Kontinents definiert werden, die die Wiege der europäischen Geschichte und die Matrix der europäischen Völker ist.

Zusammen mit der Türkei ist Russland, ebenso wie die Vorfahren vieler Europäer, historisch mit den turkigen, mongolischen und kaukasischen Völkern verbunden. Russland bietet der Integration

Europas eine eurasische Dimension, sowohl im symbolischen als auch im geographischen Sinne, im Sinne der Identifizierung des Eurasianismus mit dem Kontinentalismus.

In den letzten Jahrhunderten haben die revolutionären Fraktionen der europäischen Eliten die Idee der europäischen Integration vorgeschlagen. In der Antike wurden ähnliche Versuche, den eurasischen Kontinent zu integrieren, unternommen — von Alexander dem Großen und von Dschingis Khan, dem Gründer des größten Reiches der Geschichte.

Eurasien als drei große Lebensräume, die über den Meridian integriert sind

Drei eurasische Gürtel (Meridianzonen)

Auf den horizontalen Vektor der Integration folgt ein vertikaler Vektor.

Die eurasischen Pläne für die Zukunft gehen von einer Aufteilung des Planeten in vier vertikale geographische Gürtel oder Meridianzonen aus, die von Norden nach Süden verlaufen.

Die beiden amerikanischen Kontinente werden einen gemeinsamen Raum bilden, der auf die USA ausgerichtet ist und von ihnen im Rahmen der Monroe-Doktrin kontrolliert wird. Dies ist die atlantische Meridianzone.

Zusätzlich sind drei weitere Zonen geplant. Es handelt sich um die folgenden:

- Euro-Afrika, mit der Europäischen Union als Zentrum;

- die russisch-zentralasiatische Zone;

- die pazifische Zone.

Innerhalb dieser Zonen werden die regionale Arbeitsteilung und die Schaffung von Entwicklungsgebieten und Wachstumskorridoren stattfinden.

Jeder dieser Gürtel (Meridianzonen) bildet ein Gegengewicht zu den anderen, und alle zusammen bilden ein Gegengewicht zur atlantischen Meridianzone. In Zukunft könnten diese Gürtel die Grundlage für ein multipolares Modell der Welt bilden: Es wird mehr als zwei Pole geben, aber ihre Zahl wird viel geringer sein als die Zahl der Nationalstaaten. Das eurasische Modell schlägt vor, dass die Anzahl der Pole vier betragen muss.

Großräume

Die Meridianzonen im eurasischen Projekt bestehen aus mehreren „Großräumen" oder „demokratischen Reichen". Jeder besitzt eine relative Freiheit und Unabhängigkeit, ist aber strategisch in eine entsprechende Meridianzone integriert.

Die Großräume entsprechen den Grenzen der Zivilisationen und umfassen mehrere Nationalstaaten oder Staatenbünde.

Die Europäische Union und der arabische Großraum, der Nord- und Trans-Sahara-Afrika und den Nahen Osten umfasst, bilden Euro-Afrika.

Die russisch-zentralasiatische Zone wird von drei Großräumen gebildet, die sich manchmal überschneiden. Der erste ist die Russische Föderation zusammen mit mehreren Ländern der GUS — den Mitgliedern der Eurasischen Union. Der zweite ist der Großraum des kontinentalen Islams (Türkei, Iran, Afghanistan und Pakistan). Die asiatischen Länder der GUS überschneiden sich mit dieser Zone.

Der dritte Großraum ist Hindustan, eine autarke zivilisatorische Zone.

Die pazifische Meridianzone wird durch ein Kondominium zweier Großräume, China und Japan, bestimmt und umfasst auch Indonesien, Malaysia, die Philippinen und Australien, wobei letzteres von einigen Forschern mit der amerikanischen Meridianzone verbunden wird. Diese geopolitische Region ist sehr mosaikartig und kann nach vielen Kriterien unterschieden werden.

Die amerikanische Meridianzone besteht aus den amerikanisch-kanadischen und mittel- und nordamerikanischen Großräumen.

Die Bedeutung der vierten Zone

Die Ansicht, dass die Welt auf Meridianzonen basiert, wird von den meisten amerikanischen Geopolitikern, die eine Neue Weltordnung und eine unipolare Globalisierung anstreben, akzeptiert. Ein Stolperstein ist jedoch die Existenz des russisch-zentralasiatischen Meridianraums: Das Vorhandensein oder Nichtvorhandensein dieses Gürtels verändert das geopolitische Bild der Welt radikal.

Atlantische Zukunftsforscher teilen die Welt in die folgenden drei Zonen ein:

- den amerikanischen Pol, mit der Europäischen Union als seiner nahen Peripherie (Euro-Afrika als Ausnahme);

- die asiatischen und pazifischen Regionen als seine weiträumige Peripherie;

- ohne Russland und Zentralasien als unabhängige Meridianzone ist unsere Welt unipolar.

Diese letzte Meridianzone bildet ein Gegengewicht zum amerikanischen Druck und gibt der europäischen und pazifischen Zone die Möglichkeit, als eigenständige zivilisatorische Pole zu agieren.

Ein echtes multipolares Gleichgewicht, Freiheit und die Unabhängigkeit der Meridiangürtel, der Großräume und der Nationalstaaten hängen von der erfolgreichen Schaffung einer vierten Zone ab. Außerdem reicht es nicht aus, ein Pol in einem bipolaren Weltmodell zu sein. Der rasante Fortschritt der Vereinigten Staaten kann nur durch die Synergie aller drei Meridianzonen ausgeglichen werden.

Die Eurasianistische Bewegung schlägt vor, dieses Vier-Zonen-Superprojekt auf einer geopolitisch-strategischen Ebene zu verwirklichen.

Eurasianismus als russisch-zentralasiatische Integration

Achse Moskau-Teheran

Die vierte Meridianzone umfasst die Integration des russisch-zentralasiatischen Meridians. Das zentrale Thema dieses Prozesses ist die Umsetzung einer Achse Moskau-Teheran. Der gesamte Integrationsprozess hängt von der erfolgreichen Etablierung einer mittel- und langfristigen strategischen Partnerschaft mit dem Iran ab. Die Verbindung des wirtschaftlichen, militärischen und politischen Potenzials des Irans und Russlands wird den Integrationsprozess dieser Zone unterstützen, was die Entwicklung dieser Zone sowohl unumkehrbar als auch eigenständig machen wird.

Die Achse Moskau-Teheran wird die Grundlage für die weitere Integration sein. Sowohl Moskau als auch der Iran sind autarke Mächte, die in der Lage sind, ihr eigenes strategisches Organisationsmodell für die Region zu schaffen.

Eurasischer Plan für Afghanistan und Pakistan

Der Integrationsvektor mit dem Iran ist von entscheidender Bedeutung für den Zugang Russlands zu den Warmwasserhäfen sowie für die politische und religiöse Neuordnung Zentralasiens (die asiatischen Länder der GUS, Afghanistan und Pakistan). Eine enge Zusammenarbeit mit dem Iran setzt die Umwandlung des afghanisch-pakistanischen Gebiets in eine freie islamische Konföderation voraus, die sowohl Moskau als auch Teheran gegenüber loyal ist. Der Grund dafür ist, dass die unabhängigen Staaten Afghanistan und Pakistan weiterhin eine Quelle der Destabilisierung sein werden und die Nachbarländer bedrohen. Nur die Vereinigung der geopolitischen Bemühungen all dieser Nationen wird die Möglichkeit bieten, eine neue zentralasiatische Föderation zu schaffen und diese komplizierte Region in eine Region der Zusammenarbeit und des Wohlstands zu verwandeln.

Achse Moskau-Delhi

Die russisch-indische Zusammenarbeit ist die zweitwichtigste Meridianachse für die Integration des eurasischen Kontinents und die Entwicklung kollektiver eurasischer Sicherheitsmechanismen. Moskau wird eine wichtige Rolle beim Abbau der Spannungen zwischen Delhi und Islamabad wegen Kaschmir spielen. Der eurasische Plan für Indien, der von Moskau unterstützt wird, sieht die Schaffung einer Föderation vor, die die Vielfalt der indischen Gesellschaft mit ihren zahlreichen ethnischen und religiösen Minderheiten, darunter Sikhs, Jains, Zoroastrier, Christen und Muslime, widerspiegelt.

Moskau-Ankara

Unser wichtigster regionaler Partner im Integrationsprozess von Zentralasien ist die Türkei. Die Eurasische Idee erfreut sich dort bereits heute großer Beliebtheit, da sich westliche Trends mit östlichen vermischt haben. Die Türkei ist sich ihrer zivilisatorischen Unterschiede zur Europäischen Union bewusst und erkennt die Bedeutung des Eurasianismus für ihre regionalen Ziele und Interessen sowie für den Kampf gegen die Bedrohung durch die Globalisierung und den weiteren Verlust ihrer Souveränität.

Für die Türkei ist es von entscheidender Bedeutung, eine strategische Partnerschaft mit der Russischen Föderation und dem Iran aufzubauen. Die Türkei wird ihre Traditionen nur im Rahmen einer multipolaren Welt aufrechterhalten können. Bestimmte Fraktionen der türkischen Gesellschaft sind sich dieser Situation bewusst, von Politikern bis hin zu den religiösen und militärischen Eliten. So kann die Achse Moskau-Ankara trotz einer langen Zeit der gegenseitigen Entfremdung zu einer geopolitischen Realität werden.

Der Kaukasus

Der Kaukasus ist die problematischste Region für die eurasische Integration, da sein Mosaik aus Kulturen und Ethnien leicht zu Spannungen zwischen den Völkern führt. Dies ist eine der Hauptwaffen derjenigen, die versuchen, die Integrationsprozesse auf dem eurasischen Kontinent zu stoppen. Die Kaukasusregion wird von Völkern bewohnt, die verschiedenen Staaten und Kulturkreisen angehören. Diese Region muss ein Polygon sein, in dem verschiedene Methoden der Zusammenarbeit zwischen den Völkern erprobt werden, denn was dort erfolgreich ist, kann auch auf dem gesamten eurasischen Kontinent erfolgreich sein. Die eurasische Lösung für dieses Problem liegt nicht in der Schaffung von Staaten auf ethnischer Grundlage oder in der strikten Zuordnung eines Volkes zu einem Staat, sondern in der Entwicklung einer flexiblen Föderation auf der Grundlage ethnischer und kultureller Einheiten innerhalb des gemeinsamen strategischen Kontextes der Meridianzone.

Das Ziel dieses Plans ist ein Halbachsensystem zwischen Moskau und den kaukasischen Zentren (Moskau-Baku, Moskau-Erewan, Moskau-Tiflis, Moskau-Machatschkala, Moskau-Grozny usw.) und zwischen den kaukasischen Zentren und den Verbündeten Russlands im Rahmen des eurasischen Projekts (Baku-Ankara, Eriwan-Teheran usw.).

Der eurasische Plan für Zentralasien

Zentralasien muss sich im Rahmen der Eurasischen Union, der Nachfolgeorganisation der GUS, in einen vereinten strategischen und wirtschaftlichen Block mit der Russischen Föderation integrieren. Die Hauptaufgabe dieses speziellen Gebiets ist die Annäherung Russlands an die Länder des kontinentalen Islams (Iran, Pakistan und Afghanistan).

Der zentralasiatische Sektor muss von Anfang an über verschiedene Vektoren der Integration verfügen. Ein solcher Plan sieht vor, die Russische Föderation zum Hauptpartner zu machen (aufgrund kultureller Gemeinsamkeiten, gemeinsamer wirtschaftlicher und ressourcenbezogener Interessen sowie der Notwendigkeit einer gemeinsamen strategischen Sicherheitsallianz). Ein anderer Plan sieht vor, den Akzent auf ethnische und religiöse Gemeinsamkeiten zu legen: die turkige, iranische und islamische Welt.

Eurasische Integration der postsowjetischen Territorien

Eurasische Union

Eine spezifischere Bedeutung des Eurasianismus, die zum Teil den Definitionen der frühen Intellektuellen des Eurasianismus ähnelt, ist mit dem Prozess der lokalen Integration der postsowjetischen Gebiete verbunden.

Verschiedene Formen einer ähnlichen Integration lassen sich im Laufe der Geschichte beobachten, von den Hunnen und anderen Nomadenreichen (nämlich den mongolischen, türkischen und indoeuropäischen) bis zum Reich von Dschingis Khan und seinen Nachfolgern. Die jüngeren Integrationsbemühungen wurden vom Romanow-Reich in Russland und später von der Sowjetunion angeführt. Heute setzt die Eurasische Union diese Integrationstraditionen mit einem einzigartigen ideologischen Modell fort, das demokratische Verfahren berücksichtigt, die Rechte der Nationen achtet und die kulturellen, sprachlichen und ethnischen Besonderheiten aller Mitglieder der Union berücksichtigt.

Der Eurasianismus ist die Philosophie der Integration des postsowjetischen Gebiets auf demokratischer, gewaltfreier und freiwilliger Basis ohne die Vorherrschaft einer einzelnen religiösen oder ethnischen Gruppe.

Astana, Duschanbe und Bischkek als Hauptakteure der Integration

Die verschiedenen asiatischen Republiken der GUS gehen den Prozess der postsowjetischen Integration auf unterschiedliche Weise an. Der aktivste Verfechter der Integration ist Kasachstan. Präsident Nursultan Nasarbajew ist ein überzeugter Verfechter der Eurasischen Idee. Kirgisien und Tadschikistan unterstützen den Integrationsprozess ebenfalls, obwohl ihre Unterstützung im Vergleich zu Kasachstan weniger greifbar ist.

Taschkent und Aschgabat

Usbekistan und vor allem Turkmenistan lehnen den Integrationsprozess ab, um ihre kürzlich erlangte nationale Souveränität zu ihrem eigenen Vorteil auszunutzen. Aufgrund der zunehmenden Globalisierung werden beide Staaten jedoch sehr bald vor einem Dilemma stehen: Werden sie ihre Souveränität verlieren und in einer einheitlichen, globalistischen Welt aufgehen, die von amerikanischen liberalen Werten dominiert wird, oder werden sie ihre kulturellen und religiösen Identitäten im Rahmen der Eurasischen Union bewahren? Unserer Meinung nach wird ein unvoreingenommener Vergleich dieser beiden Optionen zur Annahme der zweiten Option führen, die sich für beide Länder aufgrund ihrer Geschichte von selbst ergibt.

Die transkaukasischen Staaten

Armenien orientiert sich weiterhin an der Eurasischen Union und sieht in der Russischen Föderation einen wichtigen Unterstützer und Vermittler, der ihm hilft, die Beziehungen zu seinen muslimischen Nachbarn zu verwalten. Es ist bemerkenswert, dass Teheran es vorzieht, eine Partnerschaft mit den Armeniern aufzubauen, die ihm ethnisch nahe stehen. Diese Tatsache erlaubt es uns, zwei Halbachsen — Moskau-Erewan und Eriwan-Teheran — als notwendige Voraussetzungen für die Integration zu betrachten.

Baku bleibt neutral, aber diese Situation wird sich drastisch ändern, wenn Ankara sich weiter in Richtung Eurasianismus bewegt, was unmittelbare Folgen für Aserbaidschan haben wird. Eine Analyse der aserbaidschanischen Kultur zeigt, dass dieser Staat der Russischen Föderation und den postsowjetischen Republiken des Kaukasus und Zentralasiens näher steht als dem religiösen Iran und sogar der gemäßigten Türkei.

Georgien ist das zentrale Problem der Region. Der mosaikartige Charakter des georgischen Staates hat beim Aufbau eines neuen Nationalstaates, der von seinen ethnischen Minderheiten stark abgelehnt wird, zu ernsten Problemen geführt: Abchasien, Südossetien,

Adscharien und so weiter. Außerdem hat der georgische Staat keine starken Partner in der Region und ist daher gezwungen, eine Partnerschaft mit den Vereinigten Staaten und der NATO zu suchen, um ein Gegengewicht zum russischen Einfluss zu schaffen. Georgien stellt eine große Bedrohung dar und ist in der Lage, den Prozess der eurasischen Integration selbst zu sabotieren. Die Lösung für dieses Problem liegt in der orthodoxen Kultur Georgiens mit ihren eurasischen Merkmalen und Traditionen.

Ukraine und Weißrussland: die slawischen Länder der GUS

Es genügt, die Unterstützung Kasachstans und der Ukraine zu gewinnen, um die Schaffung der Eurasischen Union zu erreichen. Das geopolitische Dreieck Moskau-Astana-Kiew ist ein Rahmen, der die Stabilität der Eurasischen Union garantieren kann, weshalb die Verhandlungen mit Kiew so dringend sind wie nie zuvor. Russland und die Ukraine haben sehr viel gemeinsam: kulturelle, sprachliche, religiöse und ethnische Gemeinsamkeiten. Diese Aspekte müssen hervorgehoben werden, da die Russophobie und die Abspaltung von Russland in der Ukraine seit dem Beginn ihrer jüngsten Souveränität gefördert werden.

Viele Länder der EU können die ukrainische Regierung positiv beeinflussen, denn sie sind an der Förderung der politischen Harmonie in Osteuropa interessiert. Die Zusammenarbeit zwischen Moskau und Kiew wird die gesamteuropäische Einstellung der beiden slawischen Länder demonstrieren.

Die oben genannten Faktoren treffen auch auf Weißrussland zu, wo die Absicht, sich zu integrieren, viel deutlicher ist. Allerdings ist der strategische und wirtschaftliche Status von Weißrussland für Moskau weniger wichtig als der von Kiew und Astana. Außerdem wird die Dominanz einer Achse Moskau-Minsk die Aussichten auf eine Integration mit der Ukraine und Kasachstan beeinträchtigen. Deshalb muss die Integration mit Weißrussland reibungslos und ohne plötzliche Zwischenfälle verlaufen, parallel zu anderen Vektoren des eurasischen Integrationsprozesses.

Eurasianismus als Weltanschauung

Die letzte Definition des Eurasianismus charakterisiert eine spezifische Weltanschauung: eine politische Philosophie, die Tradition, Moderne und sogar Elemente der Postmoderne miteinander verbindet. Diese Philosophie stellt die traditionelle Gesellschaft in den Vordergrund. Sie erkennt den Imperativ der technischen und sozialen Modernisierung an, ohne die traditionelle Kultur zu vernachlässigen, und strebt die Anpassung ihres ideologischen Programms an eine Art postindustrielle und informelle Gesellschaft an, die als Postmoderne bezeichnet wird.

Die Postmoderne hebt den formalen Gegensatz zwischen Tradition und Moderne auf. Die atlantische Variante der Postmoderne betrachtet jedoch sowohl die Tradition als auch die Moderne als veraltet und sinnentleert. Die eurasische Postmoderne hingegen propagiert eine Allianz aus Tradition und Moderne als konstruktiven, optimistischen und energischen Impuls für Schöpfung und Wachstum.

Die eurasische Philosophie leugnet nicht die Realitäten, die von der Aufklärung verworfen wurden: Religion, Ethnizität, Imperium, Kultur und so weiter. Gleichzeitig sollten die besten Errungenschaften der Moderne auf breiter Front übernommen werden: Dazu gehören technologische und wirtschaftliche Fortschritte, soziale Garantien und die Freiheit der Arbeit. Die Extreme treffen aufeinander und verschmelzen zu einer vereinigenden, harmonischen und originellen Theorie, die frisches Denken und neue Lösungen für die ewigen Probleme der Menschheit inspirieren wird.

Der Eurasianismus ist eine offene Philosophie

Der Eurasianismus ist eine offene, undogmatische Philosophie, die mit neuen Inhalten angereichert werden kann: Religion, soziologische und ethnologische Entdeckungen, Geopolitik, Wirtschaft, nationale Geographie, Kultur, strategische und politische Forschung usw.

Darüber hinaus bietet die eurasische Philosophie originelle Lösungen in spezifischen kulturellen und sprachlichen Kontexten: Der russische Eurasianismus wird nicht dasselbe sein wie die französische, deutsche oder iranische Version. Das Grundgerüst der Philosophie wird jedoch unveränderlich bleiben.

Die Grundsätze des Eurasianismus

Die Grundprinzipien des Eurasianismus sind wie folgt:

- Differenzialismus: eine Vielzahl von Wertesystemen gegen die konventionelle und obligatorische Vorherrschaft einer einzigen Ideologie (in erster Linie der amerikanischen liberalen Demokratie);

- Tradition gegen die Unterdrückung der Kulturen, ihrer Dogmen und der Weisheit der traditionellen Gesellschaft;

- die Rechte der Nationen gegen die „goldene Milliarde" und die neokoloniale Hegemonie des „reichen Nordens";

- Ethnien als primärer Wert und Subjekt der Geschichte gegen die Homogenisierung von Völkern, die in künstlichen sozialen Konstruktionen gefangen gehalten werden sollen;

- soziale Fairness und menschliche Solidarität gegen Ausbeutung und Erniedrigung des Menschen durch den Menschen.

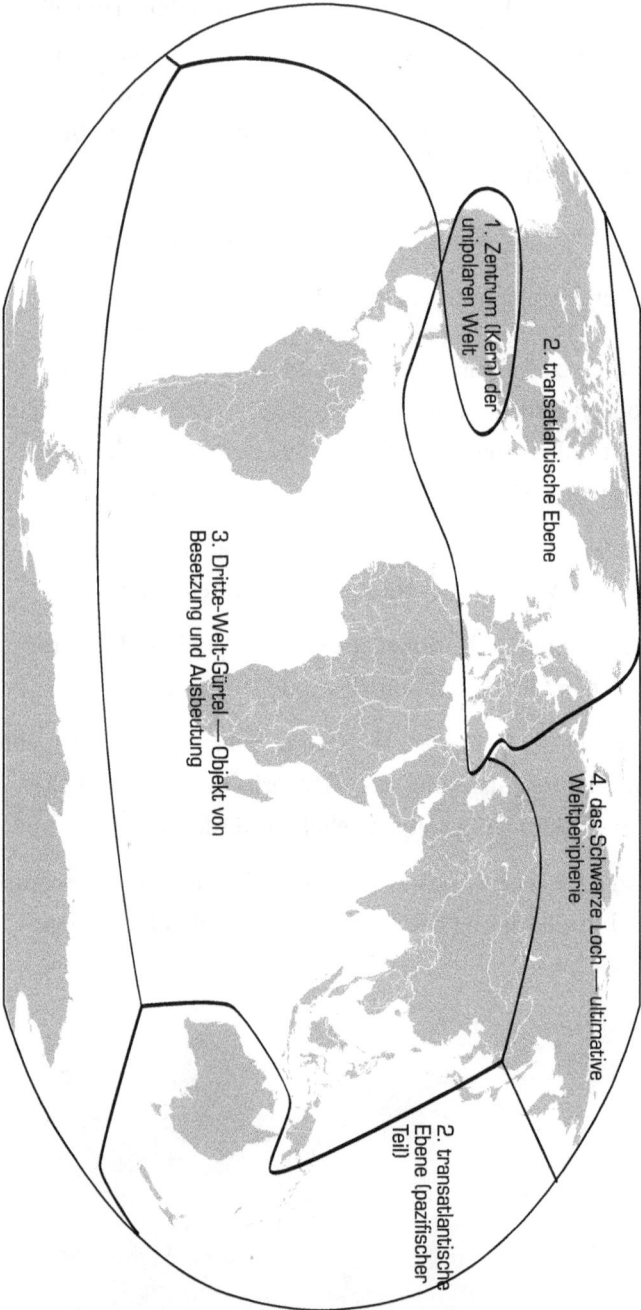

1. zentraler Kern
2-3. Peripherie-Ebenen

1. Zentrum (Kern) der unipolaren Welt

2. transatlantische Ebene

3. Dritte-Welt-Gürtel — Objekt von Besetzung und Ausbeutung

4. das Schwarze Loch — ultimative Weltperipherie

2. transatlantische Ebene (pazifischer Teil)

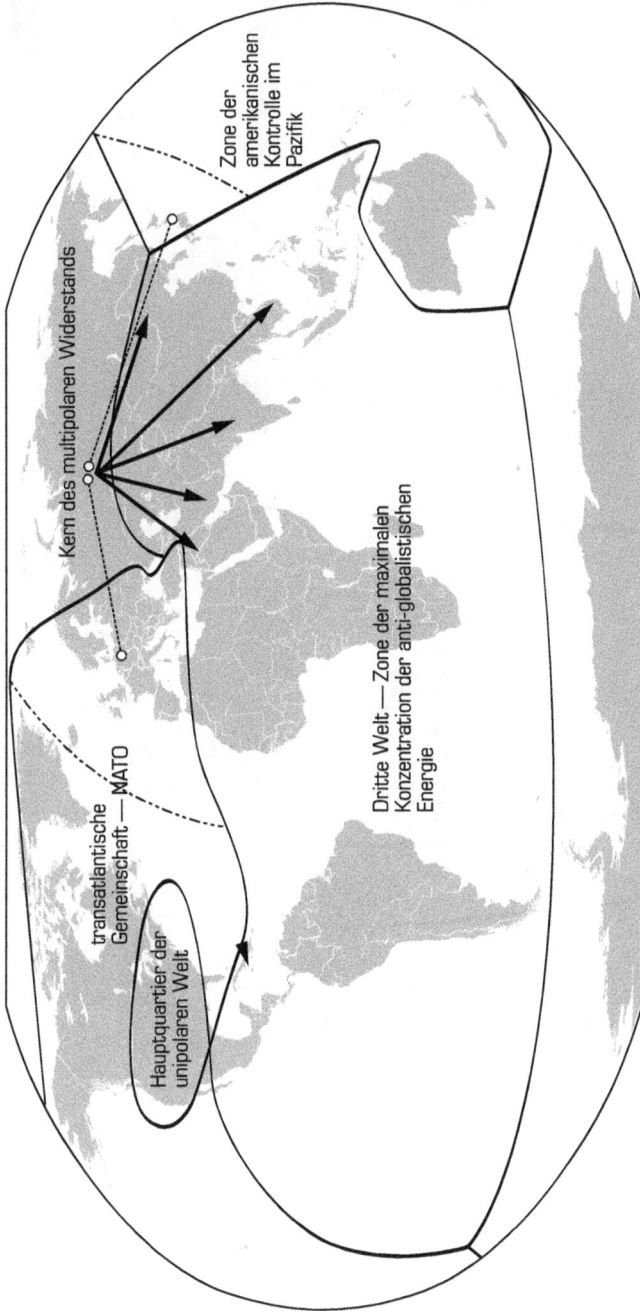

Globalisierung — Gegen-Strategie

Zone der amerikanischen Kontrolle im Pazifik

Kern des multipolaren Widerstands

transatlantische Gemeinschaft — NATO

Dritte Welt — Zone der maximalen Konzentration der anti-globalistischen Energie

Hauptquartier der unipolaren Welt

-------- wichtigste Bruchlinien des pro-atlantischen globalistischen Raums

▲ Anzeichen für eine enge strategische Partnerschaft mit Ländern der Dritten Welt

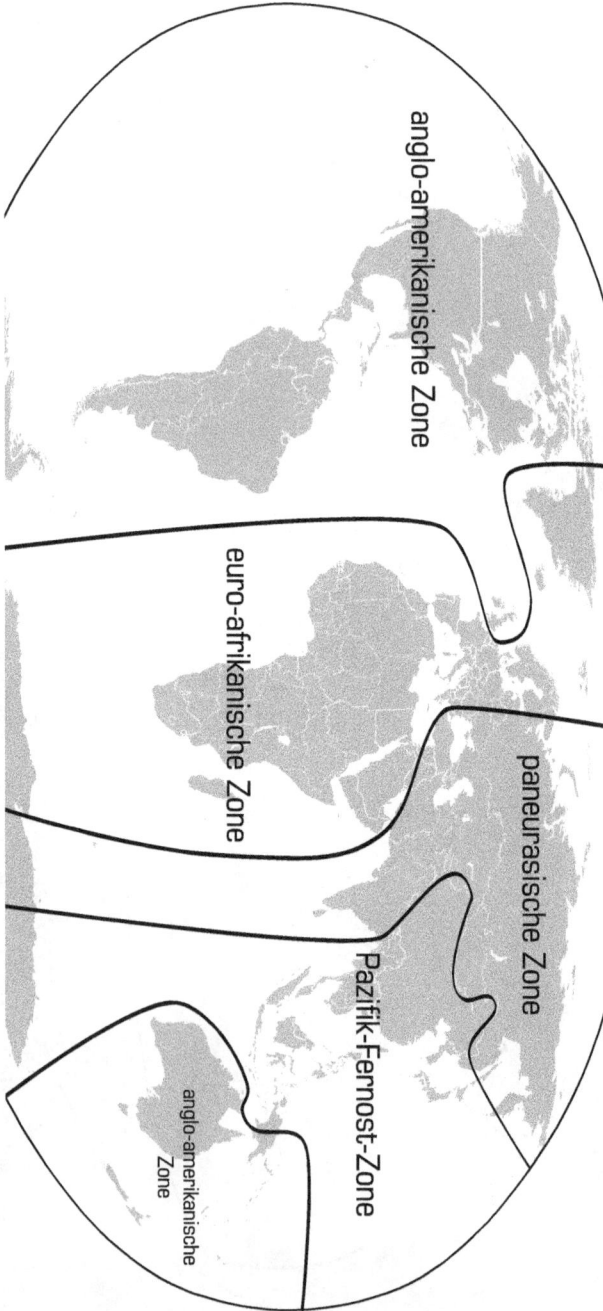

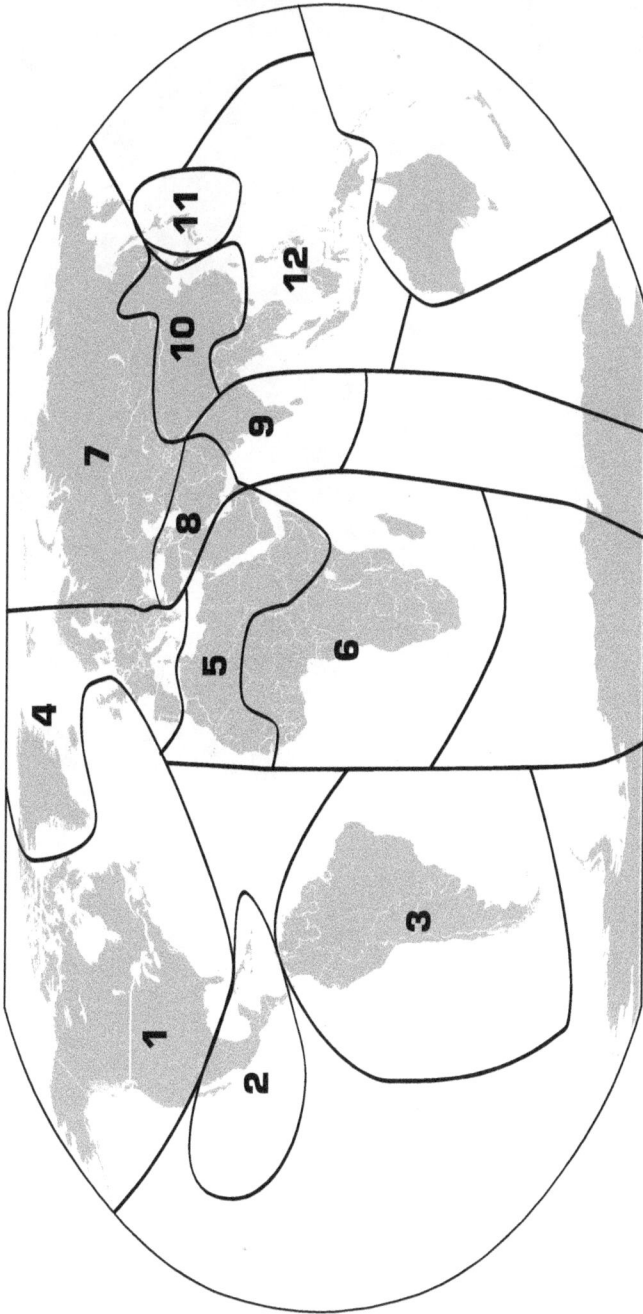

1. nordamerikanischer Großraum 2. mittelamerikanischer Großraum 3. südamerikanischer Großraum 4. europäischer Großraum
5. arabisch-islamischer Großraum 6. tropnnafrikanischer Großraum 7. russisch-eurasischer Großraum 8. islamisch-kontinentaler Großraum

DIE EURASIANISTISCHE VISION I

Die Grundprinzipien der eurasianistischen Doktrinenplattform

Nach Ansicht von 71 Prozent der befragten russischen Bürger gehört Russland zu einer einzigartigen — eurasischen oder orthodoxen — Zivilisation und folgt daher nicht der westlichen Entwicklungsmethode. Nur 13 Prozent halten Russland für eine westliche Zivilisation.

— Aus einer Umfrage des russischen Zentrums für
Meinungsforschung, 2. bis 5. November 2001

Der Atem der Epoche

JEDE HISTORISCHE Epoche hat ihr ganz eigenes „Koordinatensystem" — politisch, ideologisch, wirtschaftlich und kulturell.

So war das neunzehnte Jahrhundert in Russland von der Auseinandersetzung zwischen den „Slawophilen" und den „Pro-Westlern" (*sapadniki*) geprägt. Der entscheidende Konflikt des zwanzigsten Jahrhunderts fand zwischen den „Roten" und den „Weißen" statt. Das einundzwanzigste Jahrhundert wird das Jahrhundert der Opposition zwischen den „Atlantikern" (den Anhängern des „unipolaren Globalismus") und den „Eurasiern" sein.

Gegen die Etablierung der atlantischen Weltordnung und der Globalisierung stehen die Verfechter der multipolaren Welt: die Eurasianisten. Die Eurasianisten verteidigen grundsätzlich die Notwendigkeit, die Existenz jedes Volkes auf der Erde, die blühende Vielfalt der Kulturen und religiösen Traditionen zu erhalten und das unbestreitbare Recht der Völker, unabhängig ihren eigenen Weg der historischen Entwicklung zu wählen. Die Eurasianisten begrüßen den Dialog der Kulturen und Wertesysteme mit Enthusiasmus und schätzen die organische Verbindung von Hingabe an die Traditionen und kreativen kulturellen Innovationen.

Die Eurasianisten sind nicht nur die Vertreter der Völker, die auf dem eurasischen Kontinent leben. Eurasianist zu sein ist eine bewusste Entscheidung, die bedeutet, das Streben nach Bewahrung der traditionellen Lebensformen mit dem Streben nach freier und kreativer Entwicklung — sowohl gesellschaftlich als auch persönlich — zu verbinden.

Auf diese Weise sind Eurasianisten allesamt freie kreative Persönlichkeiten, die sich zu den Werten der Tradition bekennen. Unter ihnen befinden sich auch Vertreter jener Regionen, die objektiv die Grundlagen des Atlantizismus bilden.

Eurasianisten und Atlantiker sind in allem gegensätzlich. Sie verteidigen zwei unterschiedliche und sich gegenseitig ausschließende Bilder von der Welt und ihrer Zukunft. Es ist der Gegensatz zwischen Eurasianisten und Atlantikern, der den historischen Umriss des einundzwanzigsten Jahrhunderts bestimmt.

Die eurasianistische Vision der zukünftigen Welt

Die Eurasianisten verteidigen konsequent das Prinzip der Multipolarität und stellen sich damit gegen das Projekt des unipolaren Globalismus, das von den Atlantikern durchgesetzt wird.

Nach der eurasischen Vision dieser neuen Welt wird es keine traditionellen Staaten mehr geben. Stattdessen wird es neue, integrierte zivilisatorische Strukturen („Großräume") geben, die in

„geoökonomischen Gürteln" („geoökonomischen Zonen") zusammengefasst sind.

Nach dem Prinzip der Multipolarität stellt man sich die Zukunft der Welt als eine Form von Gleichberechtigung und Wohlwollen in den Beziehungen und eine Partnerschaft zwischen allen Ländern und Völkern vor, die—nach dem Prinzip der Beziehung durch Nähe in Bezug auf Geographie, Kultur, Werte und Zivilisation—in vier geoökonomische Gürtel gegliedert sind, von denen jeder seinerseits aus einigen dieser Großräume besteht:

- der europäisch-afrikanische Gürtel, der drei Großräume umfasst: die Europäische Union, das islamisch-arabische Afrika und Schwarzafrika südlich der Sahara;

- der asiatisch-pazifische Gürtel, zu dem Japan, die Länder Südostasiens, Indochina, Australien und Neuseeland gehören;

- der eurasische Kontinentalgürtel, zu dem vier Großräume gehören: Russland und die Länder der Gemeinschaft Unabhängiger Staaten (GUS), die Länder des kontinentalen Islams, Indien und China;

- der amerikanische Gürtel, der drei Großräume umfasst: Nordamerika, Mittelamerika und Südamerika.

Dank einer solchen Organisation der Welt würden globale Konflikte, blutige, lokal begrenzte Kriege und andere extreme Formen der Konfrontation, die die Existenz der Menschheit bedrohen, unwahrscheinlicher werden.

Russland und seine Partner im eurasischen Kontinentalgürtel werden nicht nur mit den benachbarten Gürteln (dem euro-afrikanischen und dem asiatisch-pazifischen) harmonische Beziehungen aufbauen, sondern auch mit seinem Antipoden: dem amerikanischen Gürtel, der ebenfalls aufgerufen sein wird, im Rahmen der multipolaren Ordnung eine konstruktive Rolle in der westlichen Hemisphäre zu spielen.

Eine solche Vision der Zukunft der Menschheit steht im Gegensatz zu den Plänen der Globalisten, die auf die Schaffung einer unipolaren, vorgefertigten Neuen Weltordnung unter der Kontrolle der oligarchischen Strukturen des Westens abzielen, die letztlich zu einer Weltregierung führen wird.

Die eurasianistische Vision von der Entwicklung des Staates

Die Eurasianisten betrachten den Nationalstaat in seiner heutigen Realität als eine überholte Form der Organisation von Räumen und Völkern, die für die historische Periode vom fünfzehnten bis zum zwanzigsten Jahrhundert typisch war. An die Stelle der Nationalstaaten müssen neue politische Formationen treten, die in sich die strategische Vereinigung der großen kontinentalen Räume mit dem komplexen, mehrdimensionalen System nationaler, kultureller und wirtschaftlicher Autonomien[1] vereinen. Einige Merkmale einer solchen Organisation von Räumen und Völkern lassen sich sowohl in den antiken Imperien der Vergangenheit (z.B. das Reich Alexanders des Großen, das Römische Reich usw.) als auch in einigen der neuesten politischen Strukturen, wie der Europäischen Union und der GUS, beobachten.

---

1   Autonomie (abgeleitet vom altgriechischen *autonomos*, d.h. Selbstverwaltung) ist die Form der natürlichen Organisation einer Gemeinschaft, die durch ein organisches Merkmal (national, religiös, beruflich, familiär usw.) verbunden ist. Eine Besonderheit der Autonomie ist, dass sie den Gemeinschaften in den Bereichen, die nicht mit den strategischen Interessen der Großräume, in denen sie existieren, zu tun haben, die größte Freiheit bietet. Die Autonomie steht im Gegensatz zur Souveränität — ein Merkmal der Organisationen von Völkern und Räumen, die für die Nationalstaaten in ihrer heutigen Form typisch sind. Bei der Souveränität geht es um das Recht auf freie und unabhängige Verwaltung des Territoriums, das einer Gemeinschaft untersteht. Die Autonomie setzt die Unabhängigkeit der Gemeinschaften in den Bereichen voraus, die die Organisation des kollektiven Lebens der Völker und Regionen betreffen, aber nicht mit der Verwaltung des Territoriums verbunden sind.

Heutige Staaten müssen zwischen den folgenden Optionen wählen:

- Selbstauflösung und Integration in einen einzigen planetarischen Raum unter amerikanischer Vorherrschaft (Atlantizismus, Globalisierung);

- Widerstand gegen die Globalisierung, wobei sie versuchen, ihre eigenen Verwaltungsstrukturen und ihre formale Souveränität trotzdem zu bewahren;

- der Eintritt in suprastaatliche Formationen regionaler Art (Großräume) auf der Grundlage historischer, zivilisatorischer und strategischer Gemeinsamkeiten.

Die dritte Option ist die eurasische Option. Aus der Sicht einer eurasianistischen Analyse ist dies der einzige Entwicklungsmodus, der in der Lage ist, das Wertvollste und Ursprünglichste zu bewahren, das die heutigen Staaten im Angesicht der Globalisierung zu schützen haben. Das rein konservative Bestreben, den Staat um jeden Preis zu erhalten, ist zum Scheitern verurteilt. Der bewusste Wunsch der politischen Führungen vieler Staaten, sich einfach im globalistischen Projekt aufzulösen, wird von den Eurasianisten als Verzicht auf jene Werte angesehen, deren Bewahrung seit jeher die Aufgabe der Führer der Nationalstaaten gegenüber ihren kollektiven Subjekten war.

Das einundzwanzigste Jahrhundert wird die Arena der schicksalhaften Entscheidungen der politischen Eliten sein, wenn sie zwischen diesen drei Optionen wählen. Der Kampf um die dritte Option ist die Grundlage für eine neue und breite internationale Koalition politischer Kräfte, die mit der eurasischen Weltanschauung im Einklang stehen.

Die Eurasianisten betrachten die Russische Föderation und die GUS als den Kern einer künftigen autonomen politischen Formation — die „Eurasische Union" („Kerneurasien") — sowie als einen der vier grundlegenden geoökonomischen Gürtel der Welt (den eurasischen Kontinentalblock).

Gleichzeitig befürworten die Eurasianisten nachdrücklich die
Entwicklung eines mehrdimensionalen Systems von Autonomien.

Wir betrachten das Prinzip der mehrdimensionalen Autonomie
als die optimale Organisationsstruktur für die Völker sowie die ethnischen und soziokulturellen Gruppen in der Russischen Föderation,
der Europäischen Union, dem eurasischen Kontinentalgürtel und
allen anderen Großräumen und geoökonomischen Gürteln (oder
Zonen).

Alle Territorien der neuen politisch-strategischen Großräume
müssen unter die direkte Verwaltung eines strategischen
Regierungszentrums gestellt werden. Innerhalb der Zuständigkeit der
Autonomie bleiben Fragen, die mit den nicht-territorialen Aspekten
der Verwaltung dieser Zonen verbunden sind.

Das eurasianistische Prinzip der Gewaltenteilung

Das eurasianistische Prinzip der politischen Verwaltung sieht zwei
verschiedene Regierungsebenen vor: die lokale und die strategische.

Auf der lokalen Ebene wird die Regierung durch die Autonomien
kontrolliert, die sich natürlich aus Vereinigungen unterschiedlicher
Art zusammensetzen, von solchen mit Millionen von Menschen bis
hin zu kleinen Kollektiven, die nur aus ein paar Arbeitern bestehen.
Diese Regierung ist in ihren Handlungen völlig frei und wird von
keiner übergeordneten Behörde reguliert. Das Modell für jede Art
von Autonomie wird frei gewählt und ergibt sich aus der Tradition,
der Neigung und der direkten demokratischen Willensbekundung
der organischen Gemeinschaften in ihr, einschließlich aller Arten von
Gesellschaften, Gruppierungen und religiösen Organisationen.

Den Autonomien wird die Verwaltung folgender Bereiche
übertragen:

- die zivilen und administrativen Angelegenheiten;

- der soziale Bereich;

- Bildung und medizinische Versorgung;

- alle Bereiche der wirtschaftlichen Tätigkeit.

Mit anderen Worten, alles wird in den Zuständigkeitsbereich der Autonomien fallen, mit Ausnahme der strategischen Bereiche und der Fragen, die die Sicherheit und die territoriale Integrität der Großräume betreffen.

Das Maß an Freiheit für die Bürger wird dank der Organisation der Gesellschaft nach dem eurasischen Prinzip der Autonomie ein noch nie dagewesenes Ausmaß annehmen. Jeder Einzelne wird Möglichkeiten zur Selbstverwirklichung und kreativen Entfaltung erhalten, die es in der Geschichte der Menschheit noch nie gegeben hat.

Die Fragen der strategischen Sicherheit und die Aktivitäten auf internationaler Ebene, die über den Rahmen eines einzigen kontinentalen Raums hinausgehen, wie z.b. wirtschaftliche Fragen auf Makroebene, die Kontrolle über strategische Ressourcen und die Kommunikation, werden unter der Leitung eines einzigen strategischen Zentrums[2] stehen.

Das Gleichgewicht zwischen der strategischen und der lokalen Machtebene wird streng abgegrenzt sein. Jeder Versuch, die Autonomie in die Fragen einzubringen, die in den Zuständigkeitsbereich des einzigen strategischen Zentrums fallen, muss ausgeschlossen werden. Umgekehrt gilt das Gleiche. Auf diese Weise verbinden die eurasischen Regierungsprinzipien auf organische Weise traditionelle und religiöse Rechte sowie nationale und lokale Traditionen und berücksichtigen den gesamten Reichtum der soziopolitischen Regime, die sich im Laufe der Geschichte der Region gebildet haben. Dieses System bietet daher eine solide Garantie für Stabilität, Sicherheit und territoriale Integrität.

---

2   Ein einziges strategisches Zentrum ist eine konventionelle Definition für alle Fälle, in denen die Kontrolle an die strategischen Regionalregierungen der Großräume delegiert wird. Es ist eine streng hierarchische Struktur, die Elemente des Militärs, der Justiz und der Verwaltung vereint. Es ist das Zentrum für geopolitische Planung und für die Regierung der Großräume.

Die eurasianistische Vision der Wirtschaft

Das Ziel der Atlantiker ist es, allen Völkern der Welt ein einziges Modell der Wirtschaftsordnung aufzuzwingen, indem sie die Erfahrungen der wirtschaftlichen Entwicklung des westlichen Teils der Weltzivilisation im neunzehnten und zwanzigsten Jahrhundert zu einem universellen Standard erheben. Im Gegensatz dazu sind die Eurasianisten davon überzeugt, dass Wirtschaftssysteme aus den historischen und kulturellen Merkmalen der Entwicklung der Völker und Gesellschaften, die sie betreffen, abgeleitet werden sollten; deshalb folgen die Eurasianisten im wirtschaftlichen Bereich dem Ideal der Vielfalt, der Pluralität der Systeme, der Notwendigkeit kreativer Forschung und freier Entwicklung.

Nur die großen Wirtschaftssektoren, die mit der Notwendigkeit verbunden sind, die Sicherheit einer Autonomie zu gewährleisten (der militärisch-industrielle Komplex, das Transportwesen, die natürlichen Ressourcen, die Energie und die Kommunikation), sollten einer strengen Kontrolle unterworfen werden. Alle anderen Sektoren müssen sich frei und organisch entwickeln, in Übereinstimmung mit den Bedingungen und Traditionen der konkreten Autonomie, in der diese wirtschaftliche Aktivität stattfindet.

Der Eurasianismus kommt zu dem Schluss, dass es im Bereich der Wirtschaft keine ultimative Wahrheit gibt — die Rezepte des Liberalismus[3] und des Marxismus[4] können nur teilweise angewendet

---

3 Der Liberalismus ist eine Wirtschaftsdoktrin, die behauptet, dass nur die absolute Freiheit des Marktes und die Privatisierung aller Elemente einer Wirtschaft die optimalen Bedingungen für wirtschaftliches Wachstum schaffen können. Der Liberalismus ist die dogmatische Wirtschaftsdoktrin der Atlantiker und der Globalisten.

4 Der Marxismus ist eine Wirtschaftslehre, die behauptet, dass nur durch eine gesellschaftliche Instanz, die die volle Kontrolle über den Wirtschaftsprozess ausübt, die Logik einer obligatorischen allgemeinen Planung und die gleichmäßige Verteilung der Überschussproduktion unter allen Mitgliedern einer Gesellschaft (Kollektivismus) die wirtschaftlichen Grundlagen für eine gerechte Welt geschaffen werden können. Der Marxismus lehnt den Markt und das Konzept des Privateigentums ab.

werden, je nach den tatsächlichen Bedingungen einer Gesellschaft. In der Praxis muss der Ansatz des freien Marktes mit der Kontrolle über die strategischen Sektoren der Wirtschaft kombiniert werden. Die Umverteilung der Gewinne muss entsprechend den nationalen und sozialen Zielen der Gesellschaft als Ganzes kontrolliert werden. Auf diese Weise entspricht der Eurasianismus dem Modell des „Dritten Weges[5]" in der Wirtschaft.

Die Wirtschaft des Eurasianismus muss nach den folgenden Prinzipien aufgebaut sein:

- die Unterordnung der Wirtschaft unter höhere zivilisatorische und geistige Werte;

- das Prinzip der makroökonomischen Integration und der Arbeitsteilung in der Größenordnung der Großräume (Zollunion);

- die Schaffung eines einheitlichen Finanz-, Transport-, Energie-, Produktivitäts- und Informationssystems im eurasischen Raum;

- die Schaffung von differenzierten Wirtschaftsgrenzen zu den benachbarten Großräumen und geoökonomischen Zonen;

- die strategische Kontrolle der Branchen, die die Grundlage der Wirtschaft bilden, durch das Zentrum bei gleichzeitiger maximaler Freiheit der wirtschaftlichen Tätigkeit auf der Ebene der mittleren und kleinen Unternehmen;

- die organische Verbindung der Formen des Wirtschaftsmanagements (der Marktstruktur) mit den sozialen, nationalen und kulturellen Traditionen der Regionen durch das Fehlen eines einheitlichen wirtschaftlichen Standards in mittleren und großen Unternehmen.

---

5   Die Ökonomie des „Dritten Weges" ist eine Reihe von Wirtschaftstheorien, die den Marktansatz mit dem Konzept der regulierten Wirtschaft auf der Grundlage überökonomischer Kriterien und Prinzipien kombinieren.

Die eurasianistische Vision der Finanzen

Das einheitliche strategische Zentrum der Eurasischen Union muss auch die Frage der Kontrolle über den Geldumlauf als strategisch relevant betrachten. Keine einzelne Währung darf sich anmaßen, die universelle Reservewährung für die ganze Welt zu sein. Es ist notwendig, eine eigene eurasische Reservewährung zu schaffen, die in den zur Eurasischen Union gehörenden Gebieten gesetzliches Zahlungsmittel sein wird. Keine andere Währung darf innerhalb der Eurasischen Union als Reservewährung verwendet werden.

Andererseits muss die Schaffung lokaler Zahlungs- und Tauschmittel, die in einer oder mehreren der benachbarten Autonomien gesetzliches Zahlungsmittel sind, in jeder Hinsicht gefördert werden. Diese Maßnahme verhindert die Akkumulation von Kapital zu Spekulationszwecken und regt den Kapitalverkehr an. Außerdem erhöht sie den Umfang der Investitionen in den realen Sektor der Wirtschaft. Die Mittel werden also in erster Linie dort investiert, wo sie produktiv eingesetzt werden können.

Im eurasischen Projekt wird die Finanzsphäre als ein Instrument der realen Produktion und des Austauschs gesehen, das auf die qualitative Seite der wirtschaftlichen Entwicklung ausgerichtet ist. Im Gegensatz zum atlantischen, globalistischen Projekt darf die Finanzsphäre keinerlei Autonomie haben (Finanzismus[6]).

Die regionale Vision der multipolaren Welt sieht verschiedene Ebenen der Währung vor:

---

6   Der Finanzismus ist das Wirtschaftssystem der kapitalistischen Gesellschaft in ihrer postindustriellen Phase. Er ist das logische Ergebnis der unbegrenzten Entwicklung der liberalen Prinzipien in der Wirtschaft. Seine Besonderheit besteht darin, dass der reale Sektor der Wirtschaft den virtuellen Finanzoperationen untergeordnet wird (Aktienmärkte, Märkte für Finanzpapiere, Portfolio-Investitionen, Operationen mit internationalen Verbindlichkeiten, Termingeschäfte, spekulative Vorhersagen von Finanztrends usw.). Der Finanzismus stützt sich auf eine monetaristische Politik, die den Währungsbereich (Weltreservewährungen und elektronisches Geld) von der Produktion trennt.

- eine geoökonomische Währung (Geld und Papierwerte als gesetzliches Zahlungsmittel innerhalb einer bestimmten geoökonomischen Zone, als Instrument der Finanzbeziehungen zwischen den strategischen Zentren einer Reihe von Großräumen);

- Großraumwährung (Geld und Papierwerte, die als gesetzliches Zahlungsmittel innerhalb eines bestimmten Großraums — insbesondere innerhalb der Eurasischen Union — als Instrument der Finanzbeziehungen zwischen den Autonomien dienen);

- Währung (verschiedene Formen des gleichwertigen Austauschs) auf der Ebene der Autonomien.

In Übereinstimmung mit diesem Schema müssen Emissions- und Finanzkreditinstitute (Banken), Regionalbanken, Banken der Großräume und Banken der Autonomien (und deren Äquivalente) organisiert werden.

Die eurasianistische Haltung zur Religion

In der Hingabe an das spirituelle Erbe der Vorfahren und in einem sinnvollen religiösen Leben sehen die Eurasianisten einen Schritt in Richtung einer authentischen Erneuerung und harmonischen gesellschaftlichen Entwicklung.

Die Atlantiker weigern sich grundsätzlich, etwas anderes als das Vergängliche, Vorläufige und Gegenwärtige zu sehen. Für sie gibt es im Grunde weder Vergangenheit noch Zukunft.

Die Philosophie des Eurasianismus hingegen verbindet ein tiefes und aufrichtiges Vertrauen in die Vergangenheit mit einer offenen Haltung gegenüber der Zukunft. Die Eurasianisten akzeptieren die Treue zu religiösen Traditionen ebenso wie die freie, kreative Forschung.

Für die Eurasianisten ist die spirituelle Entwicklung die wichtigste Priorität des Lebens, die nicht durch irgendwelche wirtschaftlichen oder sozialen Vorteile ersetzt werden kann.

Nach Ansicht der Eurasianisten ist jede lokale religiöse Tradition oder jedes Glaubenssystem, selbst das unbedeutendste, das Erbe der gesamten Menschheit. Die traditionellen Religionen der Völker, die mit den verschiedenen spirituellen und kulturellen Erben der Welt verbunden sind, verdienen die größte Sorgfalt und den größten Respekt. Die repräsentativen Organisationen der traditionellen Religionen müssen von den strategischen Zentren unterstützt werden. Schismatische Gruppen, extremistische religiöse Vereinigungen, totalitäre Sekten, Prediger nicht-traditioneller religiöser Doktrinen und Lehren sowie alle anderen Kräfte, die die Zerstörung der traditionellen Religionen fördern, müssen aktiv bekämpft werden.

Die eurasianistische Sicht der nationalen Frage

Die Eurasianisten glauben, dass alle Völker der Welt — von denen, die große Zivilisationen gegründet haben, bis hin zu den kleineren —, die ihre Traditionen sorgfältig bewahren, einen unschätzbaren Reichtum darstellen. Die Assimilierung eines Volkes durch äußere Einflüsse, der Verlust einer Sprache oder einer traditionellen Lebensweise oder das physische Aussterben eines der Völker der Erde ist ein unwiederbringlicher Verlust für die gesamte Menschheit.

Eurasianisten bezeichnen die Fülle von Völkern, Kulturen und Traditionen als „blühende Vielfalt", ein Zeichen für die gesunde, harmonische Entwicklung der menschlichen Zivilisation.

Die Großrussen stellen in diesem Zusammenhang einen einzigartigen Fall der Verschmelzung dreier ethnischer Komponenten — der slawischen, turkigen und finno-ugrischen — zu einem Volk mit einer ursprünglichen Tradition und einer reichen Kultur dar. Allein die Tatsache, dass die Großrussen aus der Synthese dreier ethnischer Gruppen hervorgegangen sind, birgt ein Integrationspotenzial von außergewöhnlichem Wert. Aus demselben Grund wurde Russland bei mehr als einer Gelegenheit zum Kern der Vereinigung vieler verschiedener Völker und Kulturen zu einer einzigen zivilisatorischen Verschmelzung. Die Eurasianisten glauben, dass Russland dazu bestimmt ist, im einundzwanzigsten Jahrhundert die gleiche Rolle zu spielen.

Die Eurasianisten sind keine Isolationisten, genauso wenig wie sie Anhänger einer Assimilation um jeden Preis sind. Das Leben und Schicksal der Völker ist ein organischer Prozess, der keine künstliche Einmischung duldet. Interethnische und internationale Fragen müssen nach ihrer inneren Logik entschieden werden. Jedes Volk auf der Erde sollte die Freiheit haben, unabhängig seine eigenen historischen Entscheidungen zu treffen. Niemand hat das Recht, ein Volk zu zwingen, seine Einzigartigkeit aufzugeben, indem es im „globalen Schmelztiegel" aufgeht, wie es die Atlantiker gerne hätten.

Die Rechte der Völker sind für die Eurasianisten nicht weniger wichtig als die Rechte des Einzelnen.

Eurasien als ein Planet

Der Eurasianismus ist eine Weltanschauung, eine Philosophie, ein geopolitisches Projekt, eine Wirtschaftstheorie, eine spirituelle Bewegung und ein Kern, um den herum sich ein breites Spektrum politischer Kräfte konsolidieren kann. Der Eurasianismus ist frei von Dogmatismus und von der blinden Unterwerfung unter die Autoritäten und Ideologien der Vergangenheit. Der Eurasianismus ist die ideale Plattform für die Bewohner der Neuen Welt, für die Streitigkeiten, Kriege, Konflikte und Mythen der Vergangenheit nicht mehr als ein historisches Interesse darstellen. Der Eurasianismus als Prinzip ist die neue Weltanschauung für die neuen Generationen des neuen Jahrtausends. Der Eurasianismus schöpft seine Inspiration aus verschiedenen philosophischen, politischen und spirituellen Lehren, die bisher unvereinbar schienen.

Darüber hinaus verfügt der Eurasianismus über eine Reihe von grundlegenden Ideen, von denen ein Eurasianist unter keinen Umständen abweichen darf. Eines der Hauptprinzipien des Eurasianismus ist der konsequente, aktive und umfassende Widerstand gegen das unipolare globalistische Projekt. Diese Opposition, die sich von einfacher Verneinung oder Konservatismus unterscheidet, hat einen kreativen Charakter. Wir sind uns der Unvermeidbarkeit bestimmter historischer Prozesse bewusst: Unser Ziel ist es, sie zu erkennen, an ihnen teilzunehmen und sie in die Richtung zu lenken, die unseren Idealen entspricht.

Man könnte sagen, dass der Eurasianismus eine Philosophie der multipolaren Globalisierung ist, die an alle Gesellschaften und Völker der Erde appelliert, eine ursprüngliche und authentische Welt zu schaffen, in der jede Komponente organisch aus historischen Traditionen und lokalen Kulturen hervorgeht.

Historisch gesehen tauchten die ersten eurasianistischen Theorien unter russischen Denkern zu Beginn des zwanzigsten Jahrhunderts auf. Diese Ideen entsprachen jedoch der spirituellen und philosophischen Suche aller Völker der Erde—zumindest derjenigen, die die Begrenztheit und Unzulänglichkeit banaler Dogmen erkannten sowie das Scheitern und die Sackgasse, in die die intellektuellen Klischees der damaligen Zeit führten. Sie sprachen von der Notwendigkeit, aus dem üblichen Rahmen auszubrechen und neue Horizonte zu erschließen. Heute können wir dem Eurasianismus eine neue, globale Bedeutung zuschreiben; wir können erkennen, dass unsere eurasianistische Arbeit nicht nur das Werk der russischen Schule ist, auch wenn sie oft als solche bezeichnet wird. Sie ist auch Teil einer riesigen kulturellen und intellektuellen Schicht, die allen Völkern der Erde gehört und nicht streng dem engen Rahmen dessen entspricht, was bis vor kurzem, im zwanzigsten Jahrhundert, als unveränderliche Orthodoxie galt—nämlich dem Glauben, dass alle politischen Ideale einem der liberalen, marxistischen oder nationalistischen Modelle entsprechen müssen.

In dieser höchsten und weitesten Bedeutung erlangt der Eurasianismus eine neue und außergewöhnliche Bedeutung. Jetzt ist er nicht nur die Form der nationalen Idee für das neue, postkommunistische Russland, wie sie von den Gründungsvätern der Bewegung und sogar von den zeitgenössischen Neo-Eurasianisten in ihrer Anfangsphase betrachtet wurde. Er ist ein umfassendes Programm von planetarischer und universeller Bedeutung, der die Grenzen

Russlands und des eurasischen Kontinents bei weitem überschrei-
tet. So wie der Begriff „Amerikanismus" heute auf geographische
Regionen außerhalb der Grenzen des amerikanischen Kontinents
angewandt werden kann, bezeichnet der Eurasianismus eine ein-
deutige zivilisatorische, kulturelle, philosophische und strategische
Entscheidung, die jeder Einzelne treffen kann, unabhängig davon, wo
auf der Erde er lebt oder welcher nationalen und geistigen Kultur er
angehört.

Um dieser Interpretation des Eurasianismus eine wirkliche
Bedeutung zu verleihen, muss noch viel getan werden. Und in dem
Maße, in dem sich neue kulturelle, nationale, philosophische und
religiöse Elemente unserem Projekt anschließen werden, wird diese
globale Bedeutung des Eurasianismus erweitert, bereichert und in
ihren Merkmalen verändert werden. Doch eine solche Entwicklung
des eurasischen Denkens darf nicht nur eine theoretische Frage bleiben. Viele Aspekte werden erst in der konkreten politischen Praxis
ihren Ausdruck und ihre Vollendung finden.

In der eurasianistischen Synthese kann weder das Wort ohne die
Tat gedacht werden, noch die Tat ohne das Wort.

Das Feld des geistigen Kampfes um den Sinn und Ausgang der
Geschichte ist die ganze Welt. Die Wahl des eigenen Lagers liegt bei
jedem Einzelnen. Die Zeit wird über den Rest entscheiden. Doch
früher oder später wird durch große Leistungen und um den Preis
dramatischer Schlachten die Stunde Eurasiens schlagen.

DIE EURASIANISTISCHE VISION II

Die Struktur der Internationalen Eurasianistischen Bewegung

DIE STRUKTUR der Internationalen Eurasianistischen Bewegung wird durch ihre Ziele für die Welt sowie durch die gegenwärtigen, noch nie dagewesenen historischen Bedingungen bestimmt. Das wichtigste strategische Ziel der Bewegung ist die Koordinierung aller eurasischen Mächte zu einer vereinten soziopolitischen Front. Das bedeutet die Koordinierung, Konsolidierung und Integration aller Bewegungen, Tendenzen, politischen und sozialen Organisationen, Institutionen, Fonds usw., die sich dem Ziel einer multipolaren Welt und einer blühenden Vielfalt gegen die unipolare Globalisierung und die Expansion des Atlantizismus verschrieben haben.

Diese eurasischen (im weitesten Sinne des Wortes) Mächte sind sehr unterschiedlich und reichen von mächtigen internationalen Organisationen (z.b. den Vereinten Nationen, die aufgrund der amerikanischen Hegemonie zum Verschwinden verurteilt sind), staatlichen Institutionen und politischen Parteien bis hin zu kleinen Gruppen von Menschen, die durch gemeinsame politische, kulturelle, nationale, religiöse und berufliche Kriterien vereint sind.

Da es eine solche Vielfalt an potenziellen Teilnehmern gibt, muss die Struktur der Bewegung flexibel sein und sich völlig von dem unterscheiden, was man normalerweise unter einer politischen Partei, einer Bewegung, einem Forschungszentrum, einer Regierungsinstitution oder einem wirtschaftlichen Konsortium versteht. Die Gründung einer multipolaren Welt ist eine noch nie dagewesene Aufgabe, vor der die Menschheit noch nie stand. Dieser neue internationale Kampf erfordert ein Management in allen Bereichen (globale Kommunikationsnetze, neue Technologien, Verkehr, soziale und wirtschaftliche Strukturen usw.), auch in organisatorischer Hinsicht.

Die Wirksamkeit unserer Aktionen liegt in der flexiblen und anpassungsfähigen Struktur der Bewegung. So korrelieren beispielsweise offene Demokratie und internationale Aktivitäten mit der Umsetzung der eurasischen Entwicklungsprojekte, religiöse Organisationen arbeiten mit politischen Strukturen auf der Grundlage von Kooperation und Dialog zusammen, Zentren der wirtschaftlichen Zusammenarbeit, die von eurasischen transnationalen Unternehmen geleitet werden, kooperieren mit militärischen Einrichtungen usw.

Alle Aspekte der Aktivitäten der Bewegung stellen ein diversifiziertes Beziehungssystem dar: Wirtschaft in Verbindung mit Politik, Technologie mit Ökologie, Informationssysteme mit Kultur, religiöse Probleme mit militärischen, strategisches Potenzial mit industriellen Fortschritten und Verwaltungsorganisation und der Fortschritt der Intellektuellen zusammen mit Mechanismen zur Elitenbildung. Ein solch komplexer Ansatz, der verschiedene Sphären menschlicher Aktivitäten miteinander verbindet, ist der zentrale und einzigartige Aspekt der Internationalen Eurasianistischen Bewegung als innovative Form der sozialen Existenz.

Die modernen atlantischen Strukturen — „wohltätige" Stiftungen, Forschungszentren und die vereinigten Massenmedien der Welt — stellen greifbare Instrumente des gegnerischen ideologischen Systems dar und haben ein Ziel: die Schaffung einer unipolaren Welt, angeführt von den Vereinigten Staaten und den anderen Ländern der „goldenen Milliarde". Wir erleben derzeit nicht nur allgemeine

Entwicklungsmuster, einen „spontanen Prozess" oder eine „Theorie ohne Praxis", sondern auch einen entwickelten, mächtigen und wirksamen Mechanismus zur Verwirklichung jedes Ziels, das sich die Adepten des Atlantizismus und der Globalisierung gesetzt haben. Der Atlantizismus ist nicht nur eine Theorie. Er umfasst die NATO, das wirtschaftliche Potenzial der meisten entwickelten Länder der Welt, die kontrollierten globalen Massenmedien, ein Netzwerk von Denkfabriken in der ganzen Welt, die ideologische Unterstützung leisten, und zahllose andere Einflussnehmer, die in internationalen Organisationen, politischen Parteien, religiösen Einrichtungen usw. vertreten sind. All dies sind die Instrumente, die zur Etablierung und Stärkung der unipolaren Welt eingesetzt werden.

Der Eurasianismus muss eine ähnlich effektive und ideologisch und organisatorisch zentralisierte Struktur entwickeln, um die Gegner der Globalisierung zu vereinen. Die Globalisierung hat die Grenzen der USA und der westlichen Welt überschritten: Heute können wir von einer „atlantischen Internationale" sprechen. Die historische Mission des Eurasianismus liegt in der Schaffung einer gemeinsamen Basis für den Kampf und dem Versuch, eine andere Vision der Zukunft zu schaffen — eine multipolare und gerechte. Wir müssen eine entsprechende Struktur einrichten — die Eurasische Internationale — mit dem langfristigen Ziel, die Aktivitäten zur Unterstützung der Multipolarität zu koordinieren.

Die Eurasianistische Bewegung und das Projekt des eurasischen Kontinentalgürtels

Die Internationale Eurasianistische Bewegung betrachtet die Russische Föderation als ihre wichtigste Startrampe und den Hauptstützpunkt für ihre Aktivitäten. Der Grund dafür ist, dass Russland seit Jahrhunderten nach einer Alternative zum westlichen Modell der gesellschaftlichen Entwicklung gesucht hat, angefangen beim Konflikt zwischen der russisch-orthodoxen Kirche und der katholischen und protestantischen Kirche, über weitere Gegensätze, die im Mittelalter begannen und bis zum Ende des neunzehnten Jahrhunderts andauerten, bis hin zur Konfrontation zwischen zwei globalen sozioökonomischen Systemen im zwanzigsten Jahrhundert. Im Laufe seiner Geschichte hat Russland immer wieder versucht, seine alternativen ethischen Ideale zu verwirklichen — manchmal mit tragischen Folgen. Die russische Geschichte ist noch nicht zu Ende, und das russische Volk bleibt seiner historischen Mission treu.

Deshalb ist Russland dazu bestimmt, die Führung einer neuen globalen, eurasischen Alternative zur westlichen Vision der Zukunft der Welt zu übernehmen. Der Eurasianismus bietet einen Plan für eine neue globale soziopolitische Organisation für alle Völker der Erde. Die Entwicklung der eurasischen Organisation kann überall auf der Welt gleichzeitig stattfinden, überall dort, wo die Globalisierung auf Widerstand stößt. Jede Manifestation eines solchen Widerstands ist für die russische Politik und den eurasischen Prozess insgesamt in der ganzen Welt von entscheidender Bedeutung. Darüber hinaus könnte die Umsetzung der eurasischen Reformen in der Russischen Föderation für die Anhänger der Multipolarität in der ganzen Welt sehr wichtig sein.

In der realen Politik muss die Internationale Eurasianistische Bewegung die Schaffung von vier geoökonomischen Zonen unterstützen. Die vierte geoökonomische Zone ist der eurasische Kontinentalgürtel. Die atlantische Geoökonomie schlägt nur drei Zonen vor und bezeichnet Eurasien als „schwarzes Loch" oder als ein Gebiet, das teilweise den anderen drei Zonen gehört. Daher ist die Integration dieses Gebiets die wichtigste Etappe bei der Umsetzung der eurasischen geoökonomischen und geopolitischen Voraussetzungen. Wenn also die anderen drei Zonen — die amerikanische, die euro-afrikanische und die pazifische — nach eurasischen Prinzipien umgestaltet werden sollen, muss zunächst der eurasische Kontinentalgürtel geschaffen werden.

Der eurasische Kontinentalgürtel schlägt die rasche wirtschaftliche und strategische Integration jedes der vier großen Räume der

Erde vor. Zunächst muss es zu einer politischen und wirtschaft-lichen Konsolidierung jeder dieser Räume kommen, die heute aus einem oder mehreren Nationalstaaten bestehen. Die Grenzen Indiens und Chinas reichen bis an die Grenzen ihrer Großräume, aber für Russland, die GUS-Länder und die muslimischen Länder des Kontinents (Iran, Pakistan, Afghanistan und möglicherweise die Türkei, Irak und Syrien) ist die Integration ein sehr komplizier-ter Prozess. Die Gründung dieser Großräume ist das Hauptziel der Eurasianistischen Bewegung. Die Integration der Großräume kann parallel zum Aufbau des eurasischen Kontinentalgürtels erfolgen. Der Erfolg in einer Richtung wird den Fortschritt in der anderen fördern.

Gemeinsame Aktivitäten — wirtschaftlich, strategisch, poli-tisch und diplomatisch — zwischen den Ländern des eurasischen Kontinents finden heute in großem Umfang statt, weshalb wir sehr bald in der Lage sein werden, das Projekt des eurasischen Kontinentalgürtels für ein vereintes geoökonomisches und strate-gisches System für kollektive kontinentale Sicherheit auszurufen. Außerdem sind alle seine Teilnehmer seit langem Anhänger der Idee einer multipolaren Welt. In der Vergangenheit bildeten sie den Rahmen des „sozialistischen Lagers" oder zählten zu den Ländern der Dritten Welt in der Bewegung der Blockfreien. Beide stehen für ihre eigene Zukunft und gegen die Aufnahme in das Projekt der unipolaren Globalisierung. Das Hauptziel der Internationalen Eurasianistischen Bewegung ist es, diesen Prozess zu fördern, ihn an-gemessen zu untermauern und das Fundament für die notwendigen politischen, strategischen und diplomatischen Institutionen sowie für internationale Wirtschaftsstrukturen, Fonds und Unternehmen zu stärken. Wir müssen auch die Zusammenarbeit zwischen diesen Nationen fördern und dabei ihre historischen, religiösen und ethni-schen Faktoren berücksichtigen.

Das eurasische Modell der politischen Integration in Großräume bietet die Möglichkeit, Konflikte zu lösen und auf der Grundlage von Verständnis und Harmonie zusammenzuarbeiten. Die erfolgreiche Anwendung des eurasischen Modells wird sowohl ethnische als auch andere Konflikte innerhalb der Russischen Föderation (insbesondere im Kaukasus) lösen und sich für die Länder der GUS (insbesondere Karabach, Kirgisien und Tadschikistan) als sehr nützlich erweisen. Die intensive Nutzung des eurasischen Modells in Russland und der GUS wird zur schnellen Schaffung der Eurasischen Union, der Großräume und des eurasischen Kontinentalgürtels führen.

Der amerikanische Gürtel

Der nordamerikanische Großraum — bestehend aus den USA und Kanada —, der die unbestrittene Vorherrschaft über eine zu schaffende panamerikanische geoökonomische Zone ausübt, muss durch einen Prozess der Integration Lateinamerikas — bestehend aus zwei Großräumen: Süd- und Mittelamerika — zur atlantischen Meridianzone ausgedehnt werden. Dieser Prozess muss die historischen, wirtschaftlichen und politischen Qualitäten der lateinamerikanischen Zivilisation bewahren, die sich von denen der Angelsachsen unterscheiden. Dies setzt eine größere zivilisatorische Unabhängigkeit der lateinamerikanischen Länder voraus, als sie traditionell von der Führungsmacht dieser Meridianzone, nämlich den USA, zugelassen wurde. Diese Theorie der eurasischen Integration enger Zivilisationen und Kulturräume wird den Nationen Lateinamerikas eine vollwertige Entwicklung garantieren können, die ihren geopolitischen Status fördern und harmonische Lösungen für ihre ethnischen, sozialen, technologischen, ökologischen, demographischen und wirtschaftlichen Probleme herbeiführen wird.

Im geoökonomischen Gürtel Amerikas unterstützt der Eurasianismus Folgendes:

- die Begrenzung der amerikanischen strategischen, politischen und wirtschaftlichen Interessen auf die Grenzen der amerikanischen Meridianzone; unsere Verbündeten in dieser Frage werden die amerikanischen Konservativen sein, die sowohl dem Isolationismus als auch dem Expansionismus im Sinne der Monroe-Doktrin anhängen;

- maximale Autonomie für demokratische, ökologische und national-kulturelle Bewegungen;

- die Integration der lateinamerikanischen Länder in die großen Räume Mittel- und Südamerikas, was ihre kulturelle Autonomie stärken wird.

Heute ist der Einfluss Amerikas die negativste Tendenz in der Welt, denn er bringt den Atlantizismus in alle Ecken der Erde. Dieses Urteil ist nachvollziehbar, wenn man versteht, dass Amerika die unipolare Globalisierung fördert und als Weltpolizist auftritt. Diese Situation wird sich jedoch ändern, wenn Amerika seine derzeitigen Pläne für die Weltherrschaft verwirft und sich bereit erklärt, eine regionale Supermacht allein innerhalb der Grenzen der amerikanischen Meridianzone zu werden. Wir können auch nicht ausschließen, dass andere Nationen nach der Beseitigung der kulturellen Unterdrückung die Werte der amerikanischen Zivilisation objektiv überdenken und die Elemente übernehmen, die sie für positiv halten. So können die USA ihre Anhängerschaft vervielfachen, ohne auf Unterdrückung oder Gewalt zurückgreifen zu müssen. Das eurasische Ziel für diese Meridianzone ist die Suche nach Befürwortern des eurasischen Standpunkts in den Vereinigten Staaten und Lateinamerika.

Der europäisch-afrikanische Gürtel

Die Europäische Union entwickelt sich rasch zur wirtschaftlichen Führungsmacht im euro-afrikanischen Großraum und plant, ihren strategischen und geopolitischen Status sowohl mittel- als auch langfristig zu fördern (Eurocorps, gemeinsame europäische Sicherheitspolitik usw.). Die Integration in Europa ist Ausdruck der eurasischen Logik. Das eurasische Projekt ist für die EU ein qualitativer Sprung in Richtung des europäisch-afrikanischen Großraums. Die Etappen der europäischen Integration sind sichere Zeichen des Eurasianismus: die Ablehnung der Nationalstaaten, ein gemeinsames Wirtschafts- und Währungssystem und die schrittweise Unabhängigkeit der EU von der amerikanischen Vorherrschaft.

Asien, mit seinen geringen materiellen Ressourcen, hat ein ureigenes Interesse an einer multipolaren Welt. Europa verfügt über ein integriertes geoökonomisches System, aber bis vor kurzem haben wir die Europäer sich noch nicht für eine multipolare Welt aussprechen hören. Die Internationale Eurasianistische Bewegung ist sehr an der weiteren Entwicklung der Integration eines geeinten Europas sowie an der Bewahrung der Prinzipien der inneren, organischen Multipolarität Europas interessiert. Aber Europa muss aufhören, die Idee des atomisierten Individuums zu fördern. Die europäischen Nationen müssen sich auf die Tradition besinnen und die große europäische Kultur erneuern, auch wenn sie in die primitiven Klischees des Amerikanismus eingetaucht ist.

Der Eurasianismus unterstützt die Stärkung des regionalen strategischen, wirtschaftlichen und politischen Status der EU und glaubt, dass sie in der Lage ist, die geopolitische Führung des euro-afrikanischen Gürtels zu übernehmen. Dieser Prozess hat zwei Vektoren: zum einen die Entwicklung der europäisch-muslimischen Beziehungen und zum anderen die europäisch-afrikanischen Beziehungen (insbesondere im Hinblick auf Subsahara-Afrika). Die Unabhängigkeit bei der Lösung euro-arabischer und euro-amerikanischer Fragen wird der EU die Möglichkeit geben, ein mächtiger Akteur in der multipolaren Welt zu werden.

Die Gründung der europäisch-afrikanischen Meridianzone wird die Ressourcenabhängigkeit beseitigen, aber wenn Europa versucht, die dominierende Macht im Süden zu werden, wird es mit den Interessen und der Hegemonie der Vereinigten Staaten kollidieren. Um die Kontrolle über Europa zu behalten, müssen die Amerikaner unbedingt verhindern, dass sich die EU in den Süden ausdehnt. Das eurasische Projekt zielt auf die Auflösung der transatlantischen Machtstruktur ab und fördert eine starke und für beide Seiten vorteilhafte Zusammenarbeit mit Afrika.

Die arabische Welt als zweiter Großraum erstreckt sich von den Ländern des Maghreb in den Nahen Osten und südlich hinein in das muslimisch-saharische Afrika. Dies ist eine sehr komplizierte Region, die in die historischen Grenzen des Osmanischen Reiches fällt. Diese Gebiete müssen in eine geopolitische Struktur integriert werden, die wirtschaftliche und politische Beziehungen zwischen Europa und der Sahara herstellt. Die Tatsache, dass diese Gebiete unter der Herrschaft islamischer Traditionen stehen, kann ein zusätzlicher Faktor bei der Integration sein. Es gibt einige Formen des islamischen Radikalismus — solche, die vorgeben, universell zu sein —, die sich den grundlegenden eurasischen Prinzipien der kulturellen Vielfalt und eines Systems von Autonomien widersetzen (eurasische blühende Vielfalt). So sind die wichtigsten eurasischen Verbündeten in der arabischen Welt, die sich zum Islam bekennen und auch die lokalen Traditionen respektieren, die Sufi-Tariqas, die Schiiten und die ethnischen Gruppen in der Region, die für geistige und kulturelle Vielfalt eintreten.

Eine weitere Gefahr sind die Versuche islamischer Extremisten, in nicht-arabische islamische Regionen vorzudringen, von der Türkei bis Kasachstan und den Philippinen. Diese Bemühungen werden in der Regel von atlantisch orientierten Regimen angeführt (z.b. Saudi-Arabien). Diese Tendenz muss entschieden bekämpft werden.

Ein sehr wichtiges Ziel des Eurasianismus ist die strategische Integration der Sahara und ihre Umwandlung in einen unabhängigen Großraum. Die Grenzen fast aller afrikanischen Länder sind ein Erbe aus der Kolonialzeit. Sie passen nicht zu den historischen, ethnischen, kulturellen oder wirtschaftlichen Gegebenheiten der afrikanischen Nationen. Das fragmentarische und künstliche Staatssystem ist die Ursache für viele der ethnischen Probleme und den Kryptokolonialismus in Afrika. Der psychologische Typ des afrikanischen Volkes passt besser zu den Ideen des Eurasianismus, denn die Eurasische Idee ist offen für ein Gefühl der Ganzheit und die organische Integration von Mensch, Geschichte, Gesellschaft und Natur. Die Befreiung von Afrikas postkolonialem Erbe ist nur durch

die Einbindung in eine einzige strategische Zivilisation möglich, die
mit der arabischen Welt befreundet und auf ein vereintes Europa
ausgerichtet ist, das an der Spitze der europäisch-afrikanischen
Meridianzone stehen wird. Besondere Aufmerksamkeit muss Israel
gewidmet werden, das eine wichtige Rolle als atlantischer Akteur in
der Region spielt. Wir müssen ein neues Modell zur Beendigung des
arabisch-israelischen Konflikts ausarbeiten und eine positive Formel
für seine Beteiligung am Aufbau dieser Zone vorschlagen.

Der pazifische Gürtel

Die strategische, politische und wirtschaftliche Führung des
Pazifikgürtels muss Japan übernehmen—eine einzigartige
Zivilisation, die aus einer kleinen Inselgruppe besteht und ein heraus-
ragendes Beispiel für die Konzentration eines Großraums in einem
sehr kleinen geographischen Gebiet darstellt. Japan verfügt über ein
enormes Expansionspotenzial, eine sehr strenge Gesellschaftsordnung
und eine große Lebenskraft. Das japanische Potenzial, das von den
USA künstlich zurückgehalten und nur im wirtschaftlichen Bereich
realisiert wurde, muss freigesetzt und für die Neuordnung des gesamten pazifischen Raums genutzt werden.

Japan ist, genau wie Europa in der euro-afrikanischen Zone,
die objektive Führungsmacht im Pazifik. Die Unabhängigkeit von
der amerikanischen Vorherrschaft im geopolitischen, politischen
und militärischen Sinne ist eine notwendige Voraussetzung für die
Verwirklichung einer echten Multipolarität.

Japan gehört derzeit wie Europa zur atlantischen Einflusssphäre,
hat aber ein großes Potenzial und die richtige Art von nationaler
Psychologie, um den Rahmen für die pazifische Meridianzone zu bilden. Dieses Land braucht die eurasische Unterstützung im wirtschaftlichen und strategischen Bereich. Jede Stärkung dieses Landes erhöht
automatisch das Gesamtpotenzial des Eurasianismus.

Andere potenzielle Großräume des pazifischen Gürtels sind
der malaiische Archipel und einige Länder auf der Halbinsel
Indochina. Sie repräsentieren aufgrund ihrer Einbindung in das

globale kapitalistische Netz ein komplexes System des technologischen Fortschritts, bewahren jedoch viele Elemente der traditionellen Gesellschaft.

Für die politischen Eliten dieser Region ist es sehr wichtig, die gegenwärtige Situation als „potenziellen Eurasianismus" zu betrachten, denn die eurasische Philosophie basiert auf einem organischen Festhalten an der Tradition in Verbindung mit technologischem Fortschritt und sozialer Entwicklung. Australien und Neuseeland müssen in den zivilisatorischen und geoökonomischen Kontext Großasiens integriert und von ihrem kolonialistischen Erbe aus dem zwanzigsten Jahrhundert befreit werden. Der australische Eurasianismus ist die Schaffung eines neuen Beziehungsmodells zwischen europäischen Angelsachsen und einer wachsenden Zahl von Einwanderern aus Asien (Chinesen, Vietnamesen, Malaien usw.).

Auf dem Weg zur Eurasischen Union durch den eurasischen Prozess

Der Übergang vom nationalstaatlichen Modell zum Modell des Großraums muss auf verschiedenen Ebenen auf der Grundlage einer multidimensionalen Integration erfolgen. Diese Ebenen sind die wirtschaftlichen, geopolitischen, strategischen, politischen, kulturellen, informationellen und sprachlichen. Jede dieser Ebenen bietet ein eigenes politisches Handlungsmodell für die Internationale Eurasianistische Bewegung.

Besondere Aufmerksamkeit muss dem Prozess der Umwandlung der GUS in die Eurasische Union gewidmet werden. Die GUS ist ein Beispiel für eine asymmetrische Gruppe von Nationalstaaten, in der einer von ihnen, die Russische Föderation, das Recht auf eine partielle geopolitische Souveränität hat, während die anderen dieses Recht nicht haben. Der Großraum, der auf der Grundlage dieser Gruppe von Nationalstaaten geschaffen werden muss, ist die Eurasische Union, die der Europäischen Union ähnlich sein wird—eine politische Organisationsstruktur mit zentralisierten wirtschaftlichen und strategischen Verwaltungssystemen.

Die Schaffung der Eurasischen Union ist das zentrale Anliegen der Internationalen Eurasianistischen Bewegung, die den eurasischen Prozess initiieren, steuern und koordinieren wird, um dieses Ziel zu erreichen. Der eurasische Prozess ist die multidimensionale Entwicklung der staatlichen, wirtschaftlichen, politischen, industriellen, strategischen und kulturellen Institutionen der einzelnen Mitgliedsstaaten der GUS zu einer neuen politischen und strategischen Formation, der Eurasischen Union.

Die Schaffung dieser Union ist von größter Bedeutung und ist nicht einfach eine Erklärung. Dem rechtlichen Rahmen der Union muss ein langwieriger, grundlegender Integrationsprozess vorausgehen. Bevor wir die Umsetzung einer neuen internationalen Machtstruktur ankündigen, müssen wir ein angemessenes, flexibles Verwaltungssystem schaffen, das den gesamten Prozess unterstützt. Wir werden dazu das Beispiel der Europäischen Union heranziehen.

Die Basis dieses Verwaltungssystems muss international sein, um die Integration zu koordinieren. Diese Integration muss von der Internationalen Eurasianistischen Bewegung und ihren Vertretungen in der GUS geleitet werden. Wir können sie vorübergehend als „Hauptquartier des eurasischen Prozesses" bezeichnen. Alle Aktivitäten müssen mit den Organen der Zentralregierungen koordiniert werden: dem Präsidenten, der Präsidialverwaltung, dem Parlament, der erweiterten Regierung, der Eurasischen Wirtschaftsgemeinschaft, dem Öffentlichen Abkommen für kollektive Sicherheit und so weiter.

Das Hauptziel dieser Zentrale wird die Ausarbeitung und Umsetzung von Integrationsprojekten sein, die nicht unbedingt als offizielle Initiativen der Regierung angesehen werden. Initiativen können von gesellschaftlichen Organisationen wie der Eurasianistischen Bewegung usw. ergriffen werden, die ihre Programme auf breiter Basis fördern und auf die sich alle staatlichen Regierungen und ihre Sicherheitsdienste verlassen können.

Die Eurasische Union ist weder ein einfacher Zusammenschluss verschiedener Staaten mit anschließender Auflösung der nationalen Verwaltungen noch eine vergrößerte Version der Russischen Föderation mit ihren Regierungs-, Verwaltungs- und politischen Institutionen. Sie setzt ein völlig neues Verwaltungssystem und die Weiterentwicklung alter, sowie die Schaffung neuer Organe voraus, weshalb die GUS-Regierungen nicht einmal in der Lage sind, die Ziele der eurasischen Integration zu formulieren.

Die Struktur der Internationalen Eurasianistischen Bewegung umfasst ein System von Fonds, Konsortien, Banken und Aktiensystemen, Medienbeteiligungen, Wissenschafts- und Bildungseinrichtungen sowie strategische und geopolitische Forschungszentren. Diese werden dazu beitragen, den Prozess der eurasischen Integration zu beschleunigen. Die Internationale Eurasianistische Bewegung, die für die Koordinierung der Integration von entscheidender Bedeutung ist, muss sich qualitativ von gewöhnlichen politischen Parteien, sozialen Organisationen, zwischenstaatlichen Kommissionen oder rein wirtschaftlichen Gemeinschaften unterscheiden. Bestehende Elemente der politischen Verwaltung können mit der Bewegung zusammenarbeiten, sie aber nicht ersetzen. Neue Herausforderungen erfordern neue Mittel, denn der Integrationsprozess wird die Umgestaltung der bestehenden Elemente der Nationalstaaten und der Gesellschaften erfordern.

AUTONOMIE ALS GRUNDPRINZIP DER EURASISCHEN NATIONALITÄT

Souveränität oder Autonomie

DIE DERZEITIGE Struktur der nationalen Macht in der Russischen Föderation, die auf dem Prinzip der Souveränität ihrer kollektiven Subjekte beruht, ist zutiefst mangelhaft. Die Situation wurde durch die von Jelzin favorisierte Politik des „Nimm so viel Souveränität wie möglich" verschärft, die im Laufe des letzten Jahrzehnts umgesetzt wurde und darauf abzielte, den föderalen Subjekten so viele Attribute der Souveränität wie möglich zu verleihen. Die lokalen Eliten interpretierten diese Politik als eine Einladung zu einer Art Laissez-faire-Gesetzlosigkeit. In Wirklichkeit würde dieser Ansatz Russland im Zuge einer unvermeidlichen „Parade der Souveränitäten" zum Zerfall verurteilen. Das haben die Beispiele Tschetschenien und Tatarstan, in einer milderen Version, anschaulich gezeigt.

Das Problem ist, dass Souveränität per Definition nicht in einer eingeschränkten Form aufrechterhalten werden kann: Sie tendiert immer zur Totalität (Unabhängigkeit im Bereich der Außenpolitik, des Militärs, der eigenen Währung usw.). Ein in der klassischen Politikwissenschaft akzeptiertes Konzept besagt, dass Souveränität ein entfremdetes Territorium und die letztendliche Herrschaft über ein solches voraussetzt. Unter den Bedingungen der Russischen Föderation bedeutet dies eine — wenn auch schrittweise — Abkehr vom Prinzip der Einheit und Unteilbarkeit Russlands. Das föderale Modell ist in der Tat nur in homogenen Gesellschaften effizient. Für ein so kompliziertes, asymmetrisches, heterogenes, ungleichmäßig bevölkertes und multikulturelles Gebilde wie Russland ist ein ganz anderes Prinzip erforderlich. Die Idee der Autonomie soll zu diesem Prinzip werden.

Parameter der Autonomie

Autonomie lässt keine Souveränität oder allgemein irgendwelche Attribute der Nationalität zu. Autonomie ist Selbstbestimmung, mehr nicht. Fragen der Strategie, der Außenbeziehungen und der strategischen Planung fallen nicht in den Zuständigkeitsbereich der Autonomie. Eine Vielzahl von Angelegenheiten, die derzeit in die Zuständigkeit der föderalen Behörden fallen und durch föderale Gesetzgebung geregelt werden (Zivil- und Verwaltungsrecht, das Justizsystem, die Verwaltung der Wirtschaft und andere Aktivitäten), könnten hingegen an die Autonomien delegiert werden.

Der Hauptunterschied zwischen den Autonomien und den heutigen Subjekten der Russischen Föderation besteht darin, dass es sich bei den Autonomien nicht um eine territoriale, quasi-nationale Einheit handelt, sondern um eine Gemeinschaft von Menschen, die durch ein gemeinsames Merkmal vereint sind.

Autonomien können eine beliebige Größe haben, von mehreren Familien bis hin zu ganzen Völkern. Große Autonomien können innerhalb ihrer Grenzen kleinere Autonomien umfassen. Insgesamt bildet die Idee der Gemeinschaft die Grundlage der gesellschaftlichen Struktur.

Arten von Autonomie

- **„Autonomie der Nationalitäten":** Entsteht im Rahmen eines Volkes, das zu einer historischen Einheit geformt wurde, bestimmte Traditionen der Selbstverwaltung besitzt und aus einem einzigen Körper besteht, der gegen Erosion unverwundbar ist.

- **„Ethnische Autonomie":** Geeignet für Völker, die keine Merkmale einer Nationalität aufweisen.

- **„Theokratische Autonomie":** Entsteht bei Völkern mit einem hohen Maß an religiösem Bewusstsein, in denen religiöse Institutionen an der internen Verwaltung der Gesellschaft beteiligt sind und somit teilweise die tatsächliche Macht innerhalb einer bestimmten Gesellschaft verkörpern (Justiz, Verwaltung usw.).

- **„Religiöse Autonomie":** Geeignet für religiös geprägte Gemeinschaften, in denen die Religion nicht in die interne Verwaltung der Gesellschaft eingebunden ist.

  Die vier oben erwähnten Autonomietypen können konvergieren und eine national-theokratische, eine ethnisch-religiöse oder eine andere Art von Autonomie bilden.

- **„Kulturell-historische Autonomie":** Umfasst historisch geprägte Gemeinschaften von Menschen, die durch eine gemeinsame Mentalität und Kultur geeint sind. Beispiele sind die Kosaken und die Pomoren in Nordrussland.

- **„Sozial-industrielle Autonomie":** Diese Form der Autonomie gilt vor allem für kürzlich besiedelte Gebiete. Sie entwickelt sich in der Regel um Unternehmen herum, die zur Bildung von Städten oder eines nationalen Industriekomplexes führen. Für die Zukunft ist es wünschenswert, dass sich solche Autonomien auf der Grundlage der sozioökonomischen Autonomien anderer traditioneller Typen entwickeln.

- **„Wirtschaftliche Autonomie":** Eine Art von Autonomie, die sich in Verbindung mit einer bestehenden Autonomie bildet, die eine besondere Behandlung in den Bereichen garantiert, die durch die föderale Gesetzgebung geregelt sind (gesetzliche Ausnahmen oder Modifikationen für die Bedürfnisse bestimmter Gebiete, Steuererleichterungen, gelockerte Zölle usw.).

- **„Linguistische Autonomie":** Dieser Typ spiegelt die sprachlichen Gemeinsamkeiten zwischen den Vertretern der verschiedenen Autonomien wider. Sie kann sowohl über die Autonomien anderer traditioneller Typen hinausgehen als auch diese umfassen.

- **„Kommunale Autonomie":** Eine Autonomie, die ansonsten keine integrierenden Merkmale aufweist, die jedoch Menschen zusammenbringt, die in denselben territorialen Grenzen zusammenleben und/oder im selben Bereich tätig sind. Beispiele hierfür sind traditionelle Stammesverbände oder ökologische Siedlungen, die aus ehemaligen Stadtbewohnern bestehen.

Einige Gebiete, in denen sich keinerlei Gemeinschaften gebildet haben (unbesiedeltes oder kaum besiedeltes Land), können zu föderalem Land erklärt werden, d.h. zu Gebieten, in denen nur föderale Gesetzgebung und föderale Regulierungsakte durchsetzbar sind.

Autonomien und das föderale Zentrum

Im Gegensatz zu den derzeitigen Subjekten der Russischen Föderation könnten die Autonomien wesentlich mehr Rechte im kulturellen Bereich, in alltäglichen Angelegenheiten, in der Verwaltung, in Rechtsfragen und in der Eigentumsverwaltung haben. Tatsächlich könnten die Funktionen der Gerichte, der Strafverfolgungsbehörden, der Verwaltung und der Kontrolle an die Autonomien delegiert werden. Die föderale Gesetzgebung sollte nur die kleinste Anzahl von Angelegenheiten regeln, die für alle Autonomien in ihrem Zuständigkeitsbereich gemeinsam sind. Föderale Gerichte und föderale Strafverfolgungsbehörden sollten nur mit Konflikten interkommunaler Natur befasst sein. Alle innergemeindlichen Angelegenheiten sollten intern gelöst werden, in Übereinstimmung mit den etablierten

Traditionen, die in die lokalen Gesetze aufgenommen werden. Im Gegenzug delegieren die Autonomien das Recht, über Fragen der nationalen Sicherheit, der internationalen Beziehungen und der strategischen Planung zu entscheiden, an die Bundesbehörden. Alle verbleibenden Überreste von Souveränität auf lokaler Ebene sollten beseitigt werden.

Die neue eurasische Struktur des Staates, die auf dem Prinzip der Autonomie beruht, impliziert auch eine gewisse Veränderung der föderalen Machtorgane.

Ein Kongress der Autonomien, der sich aus den besten Vertretern der wichtigsten Autonomien des Landes zusammensetzt, sollte die Institution werden, die die wichtigsten strategischen Entscheidungen des Staates trifft. Die föderalen Machtorgane (die eurasische Verwaltung) sollten sich aus den Führern und den angesehensten Vertretern der Autonomien zusammensetzen. Die Autonomien werden auch Vertreter für den Dienst in den gemeinsamen Streitkräften und den föderalen Strafverfolgungsbehörden entsenden. Da die meisten Fragen auf lokaler Ebene entschieden werden, wird der föderale bürokratische Apparat recht klein werden.

So wird das westliche System der formalen Wahldemokratie, das in Russland zu einem kriminellen System des Betrugs und der Korruption der Wählerschaft verkommen ist, durch eine organische Demokratie ersetzt werden, die eine kreative Beteiligung der besten Vertreter der Gemeinschaften an der nationalen Regierung vorsieht. Diese Art der Demokratie — Demokratie durch die Bürger, nicht durch den Pöbel — ist charakteristisch für das alte Griechenland und die moderne Schweiz.

Landnutzung in Autonomien

Ein wesentlicher Punkt ist die Landnutzung. Keine der Autonomien sollte das Recht haben, ein anderes Gebiet zu veräußern. Das Grundprinzip sollte lauten: Der Eigentümer des Landes ist der Schöpfer. Generell sollte das Land verehrt werden und eine Art Kult des Mutterlandes wiederbelebt werden. Das gesamte Land wird kollektives Eigentum des gesamten russischen Volkes sein und von der Führung Russlands verwaltet werden. Den Autonomien werden die Parzellen zur Verfügung gestellt, die derzeit von ihnen besetzt sind und die sie kostenlos nutzen können. Das Konzept einer „Grenze" innerhalb des russischen Staates (und, in einer größeren Perspektive, im gesamten eurasischen Universum) sollte durch das Konzept einer „Begrenzung" ersetzt werden. Eine Begrenzung ist eine nominelle Linie ohne rechtliche Bedeutung; eine Linie, entlang derer von einer Gemeinschaft genutzte Gebiete mit Gebieten verbunden sind, die von einer anderen Gemeinschaft genutzt werden. Begrenzungen sollen flexibel und nicht starr sein. Grenzen werden benutzt, um zu teilen; Begrenzungen sollen binden.

Das Prinzip der Autonomie selbst sieht im Gegensatz zum Prinzip der Souveränität die Subjekte nicht als Gebiete mit willkürlich gezogenen, oft umstrittenen Grenzen, sondern als Menschen mit einer eigenen nationalen und religiösen Identität — als vollwertige Mitglieder einer kollektiven Einheit. Die Ersetzung des Prinzips der Souveränität durch das der Autonomie macht separatistische Bewegungen und Grenzstreitigkeiten innerhalb der Russischen Föderation unmöglich. Der Begriff „Föderation" selbst kann dann abgeschafft werden. Der Staat gewinnt an Stabilität, und die Völker Russlands erhalten eine einzigartige Chance zur sozialen Entwicklung.

Autonomien und Megalopolen

Die Großstädte sind die problematischsten Gebiete für die Anwendung des Autonomieprinzips. Die Stadtbewohner sind am wenigsten mit ihren nationalen und religiösen Traditionen verbunden. Ihnen fehlt auch die Verbindung zum Land. Sie sind am stärksten von den Prozessen der Verwestlichung und Globalisierung betroffen. Außerdem sieht das Entstehen von Großstädten, wie es in Europa oder Japan, wo Land knapp ist, üblich ist, in Russland angesichts des Überflusses an unkultivierten Gebieten sehr seltsam aus. All dies spricht dafür, dass die Großstädte allmählich entvölkert werden sollten. Die wichtigsten Industriezweige sollten aus den

Städten verlagert werden. Was die Wohngebiete betrifft, so sollte ein System von Townships (*sloboda*) eingeführt werden. Townships sind ökologische Siedlungen, die durch saubere Wälder von den Städten getrennt sind und in denen Gemeinschaften nach ethnischen, religiösen, kulturhistorischen oder anderen Grundsätzen gebildet werden sollten (besonders zu erwähnen ist hier die Erfahrung der „Landsmannschaften"). So sollen die Verwaltungsorgane, die kulturellen Einrichtungen und der Dienstleistungssektor innerhalb der derzeitigen Stadtgrenzen bleiben. In Moskau sind bereits einige Beispiele für die Umsetzung des Sloboda-Prinzips zu sehen. Die Moskauer Führung fördert die Selbstverwaltung innerhalb eines einzelnen Wohngebäudes oder eines Blocks. Dies ermöglicht die effektive Lösung vieler Probleme, aber vor allem findet die Vergemeinschaftung einer Megalopolis statt: Die Menschen lernen, Teil einer bestimmten Gemeinschaft zu sein und an einem Strang zu ziehen. In Zukunft wird die Mehrzahl der Angelegenheiten in einer Sloboda intern entschieden werden.

Autonomien und „Hot Spots"

Wenn der Übergang von der Souveränität der kollektiven Subjekte zum Prinzip der Autonomie im größten Teil Russlands aufgeschoben oder vielleicht nur langsam vollzogen wird (was jedoch äußerst gefährlich ist), dann sollte ein solcher Übergang in den Krisenherden Russlands und in den Krisenherden der GUS sofort vollzogen werden.

Eine Analyse der Ursachen der blutigen interethnischen Konflikte in Russland, wie z.B. in Tschetschenien, in der Prigorodny-Region von Wladikawkas usw., zeigt deutlich die verhängnisvolle Rolle, die die schreckliche Idee der lokalen Souveränität spielt.

Die Regionen der verschiedenen ethnischen Bevölkerungen sind so kompliziert miteinander verbunden, dass eine korrekte Grenzziehung zwischen ihnen praktisch unmöglich ist. Die Idee der Souveränität führt dazu, dass die lokalen Eliten immer mehr Merkmale der Nationalität übernehmen, einschließlich strengerer Grenzen. All dies führt zu konfliktträchtigen Situationen, die mit dem alten Paradigma nicht gelöst werden können. Ein neues und qualitativ anderes Konzept ist notwendig. Das Konzept der Autonomie negiert die Souveränität und alle ihre Attribute. Stattdessen spielen Menschen und nicht Territorien mit ihren problematischen Grenzen die Rolle des Subjekts. Die Autonomie bietet somit eine einzigartige Gelegenheit, aus der Sackgasse herauszukommen.

Russland ist ein einzigartiges multinationales, multikonfessionelles und multikulturelles Universum mit riesigen unbewohnten Territorien, vielfältigen Landschaften und einer Vielzahl von Gemeinschaften mit eigenen historischen Traditionen, die sich in ihrer Mentalität und Lebensweise stark unterscheiden. Die Anwendung von Mustern, die in einem ganz anderen historischen Kontext entwickelt wurden, auf diese Realität kann alles andere als reibungslos und effizient sein. Die Umsetzung des klassischen, föderalen Modells in Russland ist eine Zeitbombe, die unser Land in blutige Stücke zerreißen könnte. Es muss ein Modell gefunden werden, das sich an die Besonderheiten Russlands anpasst, das eine gesunde nationale und kulturelle Entwicklung, eine religiöse Wiedergeburt sowie Frieden und Wohlstand für die Völker Russlands garantiert.

Unserer Ansicht nach ist die Ablösung des Prinzips der Souveränität durch das der Autonomie absolut dringend. Es kann keine Alternative zur Autonomie geben.

DIE INTERNATIONALE EURASIANISTISCHE BEWEGUNG

DIE INTERNATIONALE Eurasianistische Bewegung ist eine Nichtregierungsorganisation mit Zweigstellen in 22 Ländern, darunter in allen Ländern der GUS, in der EU (Deutschland, Frankreich, Italien und Großbritannien), in Amerika (Vereinigte Staaten und Chile), in den islamischen Ländern (Libanon, Syrien, Ägypten, Türkei, Iran und Pakistan), im Fernen Osten (Indien, Japan und Vietnam) und so weiter. In der Russischen Föderation gibt es 56 regionale Vertreter der Eurasianistischen Bewegung.

Die Internationale Eurasianistische Bewegung wurde offiziell auf einem konstituierenden Kongress am 20. November 2003 in Moskau gegründet und ist beim russischen Justizministerium als Internationale Soziale Bewegung registriert. Sie verwirklicht ihre Ziele auf globaler Ebene und in jedem Land, in dem die Aktivitäten einer internationalen Nichtregierungsorganisation anerkannt sind.

Die Hauptziele der Internationalen Eurasianistischen Bewegung sind:

- der gemeinsame Kampf für eine multipolare Welt, die auf der Zusammenarbeit verschiedener Völker, Zivilisationen und Kulturen für Frieden und gegenseitigen Wohlstand beruht;

- eine enge Partnerschaft zwischen den europäischen und asiatischen Ländern, wobei Russland als Hauptvermittler in diesem Prozess eine besondere Rolle zukommt;

- die Integration des postsowjetischen Raums bis hin zur Schaffung einer vereinten „Eurasischen Allianz" in den Bereichen Kultur, Wirtschaft, Information, Strategie und Politik;

- einen aktiven und multilateralen Dialog zwischen den traditionellen Konfessionen und den Ethnien Eurasiens sowie gegenseitiges Verständnis und Respekt zwischen den verschiedenen eurasischen Gesellschaften und ihren Eliten;

- die Bewahrung der kulturellen, religiösen und ethnischen Identität und die Weiterentwicklung der Einzigartigkeit und Originalität eines jeden Volkes;

- die Stärkung von Frieden und Ordnung auf der Grundlage der eurasischen Prinzipien — *Pax Eurasiatica*;

- Widerstand gegen die negativen Tendenzen in der Welt, einschließlich der unipolaren und eindimensionalen Globalisierung, der kulturellen Degradierung, des Terrorismus, des Drogenhandels, des Mangels an sozialer Gerechtigkeit und der ökologischen und demographischen Katastrophen.

Die Aktivitäten der Eurasianistischen Bewegung werden durch die Beschlüsse ihres Hohen Rates koordiniert.

Das ausführende Organ der Eurasianistischen Bewegung ist das Eurasische Komitee, das seinen Sitz in Moskau hat.

Der Präsident des Eurasischen Komitees und Führer der Eurasianistischen Bewegung ist Alexander Dugin, der Philosoph und Begründer des Neo-Eurasianismus und der Schöpfer der modernen russischen Schule der Geopolitik.

DER EURASISCHE WIRTSCHAFTSCLUB

Der Zweck der Aktivitäten des Eurasischen Wirtschaftsclubs

D AS ZIEL DER Aktivitäten des Eurasischen Wirtschaftsclubs sind:

- die Entwicklung wirtschaftlicher Partnerschaften zwischen den Wirtschaftsorganisationen des eurasischen Kontinents;

- die Entwicklung der Handelsbeziehungen zwischen diesen Ländern zu unterstützen;

- die Integration des eurasischen Kontinents in einen vereinten Wirtschaftsraum zu fördern.

Die Unterstützung von eurasischen Initiativen

Der Eurasische Wirtschaftsclub betrachtet den Eurasianismus als eine fruchtbare ideologische Grundlage, auf der das wirtschaftliche Netzwerk im Osten und Westen gestärkt werden kann. Das Hauptziel der Aktivitäten des Clubs ist es, eurasische Initiativen und Denkweisen in den Bereichen Wirtschaft, Kultur, Wissenschaft und interkonfessionelle Beziehungen zu unterstützen.

Die wichtigsten Grundsätze der Aktivitäten des Clubs

Der Eurasische Wirtschaftsclub hat sich die folgenden Ziele gesetzt:

- die Entwicklung einer Partnerschaft auf dem Gebiet der Energieressourcen (Öl, Gas usw.);

- die Planung und Umsetzung von Verkehrsprojekten;

- Zusammenarbeit im Finanzsektor, einschließlich des Bankwesens und der Emission von Wertpapieren;

- die Zusammenarbeit auf dem Gebiet der Kommunikations- und Informationssysteme;

- die Durchführung von gemeinsamen Bauprojekten;

- Rechtsberatung für geschäftliche Transaktionen und die Bewertung von Risiken, die jedes Land betreffen;

- Geschäftsberatung, die besondere geopolitische Faktoren berücksichtigt;

- Handel.

Die wichtigsten Regionen, die für den Eurasischen Wirtschaftsclub von Interesse sind

Der Club richtet sein besonderes Augenmerk auf die Länder der GUS und setzt sich vor allem für die Förderung wirtschaftlicher Interaktionen zwischen ihnen ein — Projekte wie den gemeinsamen eurasischen Markt, seine Zollunion usw.

Der Club hält die Bemühungen um eine größere wirtschaftliche Partnerschaft mit den Ländern der EU für äußerst wichtig.

Der Club möchte auch Geschäftspartnerschaften mit den Ländern Asiens fördern.

DAS PROJEKT GROSS-EUROPA

Ein geopolitischer Entwurf für eine zukünftige multipolare Welt

1. NACH DEM Niedergang und dem Verschwinden des sozialistischen osteuropäischen Blocks am Ende des letzten Jahrhunderts wurde eine neue Vision der Weltgeopolitik auf der Grundlage eines neuen Ansatzes zur Notwendigkeit. Doch die Trägheit des politischen Denkens und der Mangel an historischer Vorstellungskraft bei den politischen Eliten des siegreichen Westens haben zu einem vereinfachenden Kurs geführt: Die konzeptionelle Grundlage einer liberalen Demokratie nach westlichem Vorbild, einer Marktwirtschaft und der strategischen Vorherrschaft der Vereinigten Staaten in der ganzen Welt wurde zur einzigen Lösung für alle Arten von aufkommenden Herausforderungen und wurde als universelles Modell angesehen, das die gesamte Menschheit unbedingt akzeptieren sollte.

2. Vor unseren Augen zeichnet sich diese neue Realität ab: die Realität einer Welt, die ganz nach dem amerikanischen Paradigma organisiert ist. Eine einflussreiche neokonservative Denkfabrik in den USA spricht offen von einem passenderen Begriff — dem „globalen Imperium" (manchmal auch „wohlwollendes Imperium", wie Robert Kagan sagt). Dieses Imperium ist von Natur aus unipolar und konzentrisch. Im Zentrum befinden sich der „reiche Norden" und die atlantische Gemeinschaft. Der Rest der Welt wird

als Zone der unterentwickelten oder Entwicklungsländer abgetan und als peripher betrachtet. Man geht davon aus, dass sich diese Länder in die gleiche Richtung bewegen und den gleichen Kurs einschlagen, den die Kernländer des Westens schon lange vorher eingeschlagen haben.

3. Im Einklang mit dieser unipolaren Vision wird Europa als Vorort von Amerika, der Welthauptstadt, und als Brückenkopf des amerikanischen Westens auf dem eurasischen Kontinent gesehen. Europa wird als Teil des reichen Nordens betrachtet, jedoch nicht als Führungsmacht, sondern als Juniorpartner ohne eigene Interessen oder besondere Eigenschaften. Europa wird angesichts eines solchen Projekts als Objekt und nicht als Subjekt wahrgenommen und als geopolitische Einheit, die ihrer autonomen Identität und ihres Willens sowie ihrer echten und anerkannten Souveränität beraubt ist. Der größte Teil der kulturellen, politischen, ideologischen und geopolitischen Besonderheiten des europäischen Erbes wird als etwas Überholtes betrachtet: Alles, was einmal als nützlich angesehen wurde, ist bereits in das globale westliche Projekt integriert worden; was übrig geblieben ist, wird als irrelevant abgetan. Unter diesen Umständen wird Europa geopolitisch entblößt, seines eigenen und unabhängigen Selbstes beraubt. In der Nähe von Regionen mit vielfältigen, außereuropäischen Zivilisationen und mit einer eigenen Identität, die durch die Annäherung des globalen amerikanischen Imperiums geschwächt oder sogar völlig negiert wird, kann Europa leicht seine eigene kulturelle und politische Form verlieren.

4. Die liberale Demokratie und der freie Markt machen jedoch nur einen Teil des historischen Erbes Europas aus. Große europäische Denker, Wissenschaftler, Politiker, Ideologen und Künstler haben auch andere Möglichkeiten vorgeschlagen und sich mit anderen Themen befasst. Europas Identität ist viel breiter und tiefer als das vereinfachte amerikanische ideologische Fast-Food des globalen Imperiumskomplexes mit seiner karikaturistischen Mischung aus

Ultraliberalismus, Ideologie des freien Marktes und Demokratie, die auf Quantität statt Qualität beruht. In der Ära des Kalten Krieges hatte die Einheit der westlichen Welt auf beiden Seiten des Atlantiks eine mehr oder weniger solide Grundlage in Bezug auf die gegenseitige Verteidigung ihrer gemeinsamen Werte. Aber jetzt ist diese Bedrohung nicht mehr vorhanden und die alte Rhetorik funktioniert nicht mehr. Sie sollte überarbeitet werden und neue Argumente liefern. Es gibt keinen klaren gemeinsamen Feind mehr, der wirklich eine existenzielle Bedrohung für den Westen darstellt, und eine positive Grundlage für einen geeinten Westen in der Zukunft fehlt fast völlig. Infolgedessen beginnen die europäischen Länder, gesellschaftliche Entscheidungen zu treffen, die in krassem Gegensatz zu dem angelsächsischen — heute amerikanischen — Streben nach Ultraliberalismus stehen.

5. Das heutige Europa hat seine eigenen strategischen Interessen, die sich erheblich von den amerikanischen Interessen und von den Erfordernissen des westlichen Globalisierungsprojekts unterscheiden. Europa hat eine besondere und positive Einstellung zu seinen südlichen und östlichen Nachbarn. In einigen Fällen decken sich die wirtschaftlichen Bedürfnisse Europas, sein Bedarf an Energieressourcen und seine Strategie für eine gemeinsame Verteidigungsinitiative überhaupt nicht mit den amerikanischen Interessen.

6. Diese allgemeinen Überlegungen führen uns, die wir europäische Intellektuelle sind und uns große Sorgen um das Schicksal unseres kulturellen und historischen Mutterlandes Europa machen, zu der Schlussfolgerung, dass wir dringend eine alternative Vision der Zukunft der Welt brauchen, in der der Platz, die Rolle und die Mission Europas und der europäischen Zivilisation anders, größer, besser und sicherer wären als im Rahmen des Projekts des globalen Imperiums mit seinen allzu offensichtlichen Merkmalen des Imperialismus.

7. Die einzige machbare Alternative unter den gegenwärtigen Umständen ist im Kontext einer multipolaren Welt zu finden. Multipolarität kann jedem Land oder jeder Zivilisation auf dem Planeten das Recht und die Freiheit gewähren, sein eigenes Potenzial zu entwickeln, seine eigene innere Realität in Übereinstimmung mit der spezifischen Identität seiner Kultur und seines Volkes zu organisieren und eine verlässliche Grundlage für gerechte und ausgewogene internationale Beziehungen zwischen den Nationen der Welt vorzuschlagen. Die Multipolarität sollte auf dem Prinzip der Gleichheit zwischen den verschiedenen Arten politischer, sozialer und wirtschaftlicher Organisationen dieser Nationen und Staaten beruhen. Der technologische Fortschritt und die wachsende Offenheit zwischen den Ländern sollten den Dialog zwischen allen Völkern und Nationen und deren Wohlstand fördern, aber gleichzeitig sollten sie nicht ihre jeweiligen Identitäten gefährden. Unterschiede zwischen den Zivilisationen müssen nicht zwangsläufig in einem unvermeidlichen Zusammenstoß zwischen ihnen enden, im Gegensatz zu der vereinfachenden Logik einiger amerikanischer Schriftsteller. Der Dialog, oder besser gesagt der „Polylog", ist eine realistische und machbare Möglichkeit, die wir alle in dieser Hinsicht nutzen sollten.

8. Was Europa direkt betrifft, so schlagen wir Folgendes vor: im Gegensatz zu anderen Plänen zur Schaffung von etwas „Größerem" im altmodischen, imperialistischen Sinne des Wortes — sei es das Projekt „Großer Naher Osten" oder der pan-nationalistische Plan für ein Groß-Russland oder ein Groß-China — als konkrete Manifestation des multipolaren Ansatzes eine ausgewogene und offene Vision eines Groß-Europas als neues Konzept für die künftige Entwicklung unserer Zivilisation in ihrer strategischen, sozialen, kulturellen, wirtschaftlichen und geopolitischen Dimension.

9. Groß-Europa wird aus dem Gebiet bestehen, das innerhalb der Grenzen liegt, die mit den Grenzen der europäischen Zivilisation

übereinstimmen. Diese Art von Grenzen ist etwas völlig Neues, ebenso wie das Konzept des Zivilisationsstaates. Die Natur dieser Grenzen setzt einen allmählichen Übergang voraus — keine abrupte Abgrenzung. Daher sollte dieses Groß-Europa offen für die Interaktion mit seinen Nachbarn im Westen, Osten oder Süden sein.

10. Ein Groß-Europa im allgemeinen Kontext einer multipolaren Welt wird als von anderen großen Territorien umgeben angesehen, die ihre jeweilige Einheit auf der zivilisatorischen Affinität zwischen den Nationen, aus denen sie bestehen, gründen. Wir können also vorhersagen, dass es eines Tages ein Groß-Nordamerika, ein Groß-Eurasien, ein Groß-Pazifik-Asien und in fernerer Zukunft ein Groß-Südamerika und ein Groß-Afrika geben wird. Kein Land — mit Ausnahme der Vereinigten Staaten — kann es sich heute leisten, seine wahre Souveränität zu verteidigen, indem es sich nur auf seine eigenen Ressourcen in der Welt verlässt. Keines dieser Länder kann als autonomer Pol betrachtet werden, der ein Gegengewicht zur atlantischen Macht bilden könnte. Die Multipolarität erfordert also einen groß angelegten Integrationsprozess. Man könnte ihn als eine „Kette von Globalisierungen" bezeichnen — allerdings eine Globalisierung innerhalb konkreter Grenzen, die mit den ungefähren Grenzen der verschiedenen Zivilisationen übereinstimmen.

11. Wir stellen uns dieses Groß-Europa als souveräne geopolitische Macht vor, mit einer eigenen starken kulturellen Identität, mit eigenen sozialen und politischen Optionen, die auf den Grundsätzen der europäischen demokratischen Tradition beruhen, mit eigenen Verteidigungsfähigkeiten (einschließlich Atomwaffen) und mit einem eigenen strategischen Zugang zu Energie und Bodenschätzen. All dies würde es ihr ermöglichen, ihre eigenen Entscheidungen über Frieden oder Krieg mit anderen Ländern oder Zivilisationen völlig unabhängig zu treffen. All dies

hängt von einem gemeinsamen europäischen Willen und einem demokratischen Verfahren für die Entscheidungsfindung ab.

12. Um unser Projekt eines Groß-Europas und das Konzept der Multipolarität voranzutreiben, appellieren wir an alle verschiedenen politischen Kräfte in den europäischen Nationen sowie an die Russen, die Amerikaner und die Asiaten, über ihre üblichen politischen Optionen und über ihre kulturellen und religiösen Unterschiede hinaus unsere Initiative aktiv zu unterstützen. Wir rufen dazu auf, Komitees für ein Groß-Europa oder andere Arten von Organisationen zu gründen, die den multipolaren Ansatz teilen, und zwar überall dort, wo sie existieren können. Diese Organisationen müssen Unipolarität ablehnen und die wachsende Gefahr des amerikanischen Imperialismus erkennen und ein ähnliches Konzept für andere Zivilisationen ausarbeiten. Wenn wir zusammenarbeiten und unsere unterschiedlichen Identitäten bekräftigen, werden wir in der Lage sein, eine ausgewogene, gerechte und bessere Welt zu gründen, eine größere Welt, in der jede würdige Kultur, Gesellschaft, jeder Glaube, jede Tradition und jeder Akt menschlicher Kreativität seinen angemessenen und rechtmäßigen Platz findet.

EURASISCHE SCHLÜSSEL FÜR DIE ZUKUNFT

Auszug aus einem Interview, das 2012
in Ziaristi Online geführt wurde

An der Moskauer Staatsuniversität sind Sie auch Leiter des Zentrums für konservative Studien. Was ist der Zweck der Gründung eines solchen Zentrums? Wie wichtig ist Ihrer Meinung nach die Etablierung einer konservativen Ideologie in Russland?

ICH DENKE, der Konservatismus ist vor allem eine ausgeprägte psychologische Konstante der russischen Gesellschaft. Unsere Gesellschaft ist in allen Dingen konservativ, reagiert schlecht auf Veränderungen und ist bestrebt, einige ihrer wesentlichen Merkmale beizubehalten. Die Natur dieser Merkmale zu untersuchen und dieser Psychologie eine gewisse wissenschaftliche Strenge zu verleihen, indem sie in ihren umfassenden philosophischen, soziologischen und politischen Dimensionen untersucht wird, ist die Aufgabe des Zentrums für Konservative Studien. Der Konservatismus ist ein multidimensionales und sehr vielfältiges Phänomen; er ist weder eine Antwort noch ein Allheilmittel für die Probleme, vor denen wir stehen. Er ist lediglich eine Tendenz, die sich auf unterschiedliche Weise politisch und ideologisch manifestiert. In diesem Sinne hat das Zentrum ein breites Forschungsfeld. Diese gemeinnützige Initiative bringt akademische Forscher zusammen, die sich in praktisch allen wichtigen Institutionen Russlands mit diesem Problem befassen. Das Zentrum veröffentlicht Sammelbände zur Philosophie, darunter zur Vierten Politischen Theorie, zur Tradition, zur Geopolitik, zur Soziologie der Imagination und zu ethnischen Fragen. Das Zentrum für konservative Forschung ist eine Welt für sich, ein sehr komplexes intellektuelles und akademisches Umfeld, das eine große Vielfalt an Komponenten umfasst.

Vormoderne, Moderne, Postmoderne... Wie lässt sich dieses philosophische Konzept von Ihnen in einfacher Sprache ausdrücken? Das heißt, wo stehen Russland, die ehemalige Sowjetunion und die Region Schwarzes Meer-Kaspisches Meer in diesen drei historischen Paradigmen, und wo sollten sie Ihrer Meinung nach stehen?
Streng genommen sind Vormoderne, Moderne und Postmoderne Teil eines klassischen Systems zur Klassifizierung verschiedener Gesellschaftstypen. Was ich meine, ist etwas anderes — wie ein Diagramm der historischen Soziologie, das über verschiedene Gesellschaftstypen gelegt werden kann, um ihre Struktur zu bestimmen. Deshalb können vormoderne Gesellschaften auch in unserer Zeit existieren, genauso wie moderne und postmoderne Gesellschaften in unserer Zeit existieren können. Wenn wir von vormodernen, modernen und postmodernen Gesellschaften sprechen, sagen wir nicht, was war, was ist und was sein wird. Das ist eine falsche Vorstellung, denn all diese Gesellschaften existieren heute. Einige von ihnen gab es in der Vergangenheit, andere nicht, was bedeutet, dass es sich um ein komplexeres soziologisches Modell handelt.

Im Westen hat sich die Abfolge dieser Gesellschaftstypen auf natürliche, leicht zu beobachtende Weise vollzogen. Daher können wir am Beispiel der westlichen Gesellschaften sehen, wie sich diese Modelle historisch abwechselten und wie sie sich aus einander entwickelten. In der Tat ist dies ein Klassifizierungsschema, das nur vollständig auf die Struktur der westlichen Gesellschaft und ihre Geschichte passt. Wenn es um andere Gesellschaften geht, kann diese

Skala nur unter Vorbehalt und mit Änderungen verwendet werden. Dies ist sehr wichtig.

Der Westen befindet sich im Übergang von der Moderne — einem sehr gefestigten, vollständigen und gut durchdachten Zustand, der sich bis in die untersten Gesellschaftsschichten erstreckt — zur Postmoderne.

Wo liegt Russland? Wie viele andere Gesellschaften, außer den westlichen, sind wir natürlich grundlegend im Rückstand. Deshalb ist die Modernisierung für uns dringend notwendig. Das allein deutet schon darauf hin, dass wir uns an einem anderen Punkt unserer Entwicklung befinden: Die Fragen, die für uns relevant sind, sind nicht die, die für den Westen relevant sind. Daher haben wir ein anderes Verständnis davon, wie unsere Gesellschaft aufgebaut ist. Hier ist ein interessanter Punkt: Bei der Analyse der Methoden, wie wir den Platz unserer Gesellschaft und der Gesellschaften der meisten postsowjetischen Staaten in diesen Begriffen definieren sollten, kam ich zu dem Schluss, dass wir es mit einem komplexen, umstrittenen Modell zu tun haben, einer Mischform, die ich „archäomodern" nannte. Mit anderen Worten: Oberflächlich betrachtet weist unsere Gesellschaft viele Merkmale der modernen Gesellschaft auf. Aber hinter dieser Fassade und hinter den Kulissen des vermeintlich Modernen (die Tatsache, dass es eine Verfassung, Gesetze, Bürgerrechte, eine Börse, Demokratie und so weiter gibt) verbergen sich die wirklichen Mechanismen einer anderen Gesellschaft, einer Gesellschaft, die völlig veraltet ist und von anderen Gesetzen und anderen Normen bestimmt wird. Aber niemand spricht darüber und niemand gibt es zu. Als Folge davon ist ein gewisses System gesellschaftlicher Verschlagenheit entstanden, in dem die Dinge, auch in der Soziologie, in der Politik und bei den Werten, nicht beim Namen genannt werden.

Mit anderen Worten: Einerseits sind wir eindeutig nicht modern in einem vollwertigen Sinne. Für uns ist die Moderne noch nicht abgeschlossen. Andererseits ist unsere Gesellschaft voll von Elementen der Postmoderne: Xenija Sobtschak[1], das Internet, Twitter. Aber wir nutzen diese postmodernen Strukturen auf unsere eigene Weise. Für die russische und die postsowjetische Bevölkerung sind das Internet und das Bloggen etwas völlig anderes als für die Westeuropäer. Dementsprechend haben unsere Bürger ein doppeltes Bewusstsein entwickelt — das heißt, die Menschen in Russland, die glauben, modern zu sein, sind in Wirklichkeit archaisch, und diejenigen, die über nichts nachdenken, sind vielleicht in mancher Hinsicht postmodern und vielleicht weiter auf der Skala. In einer archäomodernen Gesellschaft sind temporäre Strukturen anders organisiert als in westlichen Gesellschaften. Die Vergangenheit liegt vielleicht sogar vor uns, während die Zukunft hinter uns liegt. Und die Gegenwart kann abwesend oder unzureichend sein — unzureichend also aus der Sicht der westlichen Soziologie.

Das wichtigste Gesetz der russischen Gesellschaft ist die Heterotelie. In der Soziologie spricht man von Heterotelie, wenn, um Wiktor Tschernomyrdin zu zitieren: „Wir wollen das Beste, aber es kommt wie immer." Das heißt, auf der Ebene des öffentlichen Sektors setzen sich die Menschen klar definierte und rationale Ziele, aber das Ergebnis ist am Ende ganz anders und eindeutig nicht das, was sie geplant hatten. In der Chruschtschow-Ära war beispielsweise geplant, dass sich der Kommunismus weiterentwickelt und bis 1980 sein Endstadium erreicht, aber das Ergebnis dieses Prozesses war schließlich die Zerstörung des Sozialismus. Das war ein Beispiel für Heterotelie. Die Archäomoderne ist also ein Bereich, in dem Heterotelie zum gesellschaftlichen Grundgesetz wird: Egal, was wir tun, wir werden garantiert ein anderes Ergebnis erzielen.

Welches Paradigma ist auf die ehemaligen kommunistischen Länder anwendbar, die Teil der Europäischen Union geworden sind? Wo stehen sie in Bezug auf die Heterotelie?

---

1   Xenija Sobtschak (geb. 1981) ist eine bekannte russische Fernsehpersönlichkeit, die auch in der liberalen Opposition gegen Wladimir Putin aktiv ist.

Zunächst einmal ist Europa eine Matrix der Modernisierung. Das Problem ist, dass diese Modernisierung archaischere Strukturen überlagert. In den Ländern Ost- und Südeuropas finden wir so etwas wie die Archäomoderne. Aber sobald sie Teil des EU-Raums werden, werden sie von der Matrix der Modernisierung stark beeinflusst. Das heißt, in Europa ist alles modern, bis hin zum Bildungssystem und den sprachlichen Praktiken. Wenn ein Land der Europäischen Union beitritt, ist der Einfluss der europäischen Matrix so stark, dass eine sehr intensive Modernisierung stattfindet, was absolut unmöglich ist, wenn man sich in einer gewissen Entfernung von Europa befindet oder wenn man so große Gebiete wie Russland, Kasachstan oder die Ukraine hat. Die Ukraine ist eine Dimension, die sich der europäischen Modernisierung widersetzt, selbst im Falle einer vollständigen Integration in Europa, einfach aufgrund ihrer Größe, ihrer kulturellen Traditionen und vieler anderer Dinge: Einige davon können von der modernen europäischen Gesellschaft, die sich im Übergang zur Postmoderne befindet, assimiliert werden, andere nicht.

Die Frage, welche Länder oder welche Räume, welche Kulturen und welche Gesellschaften modernisiert, wirklich europäisiert und in die Europäische Union aufgenommen werden können und welche nicht, bleibt offen. Die Türkei zum Beispiel passt aufgrund ihrer wirtschaftlichen und politischen Parameter eindeutig nicht in die Union. All die guten Dinge, die die Türken haben, haben sie ziemlich europäisch werden lassen. Aber insgesamt passen die Größe dieser Gesellschaft, ihre Kultur und ihre qualitativen Merkmale überhaupt nicht zu Europa. Daher wird die Türkei nie in die EU aufgenommen werden: Es ist wahrscheinlicher, dass die EU auseinanderfällt, als dass sie die Türkei in ihre Struktur aufnimmt. Was die postsowjetischen Länder wie die Ukraine und insbesondere Georgien oder Moldawien betrifft, so halte ich sie für eine verlorene Sache, denn in den archäomodernen Gesellschaften, in denen der archaische Charakter sehr stark ausgeprägt ist, wird sich die Modernisierung über Jahrhunderte hinziehen.

Was die allgemeine Modernisierung Russlands angeht, so bezweifle ich generell, dass dies auch nur theoretisch möglich ist, da das Land ein so großes Territorium und eine solche Kultur und Geschichte hat. Es ist einfach unmöglich. Es ist besser, dorthin zurückzukehren, wo ich angefangen habe — zum Eurasianismus. Lassen Sie uns unsere Einzigartigkeit, unsere archaischen Elemente und unser dauerhaft konservatives Element so akzeptieren, wie es ist: Wir sollten nicht davor weglaufen, es verstecken, uns dafür schämen oder versuchen, es zu modernisieren, sondern es als das erkennen, was es ist. Sobald es als solches erkannt ist, müssen wir uns selbst eine ehrliche Antwort darauf geben, wer wir sind. Wenn wir nichts weiter sind als ein untermodernisiertes Europa, ein verzerrtes Europa, eine Karikatur von Europa — dann würde niemand in einem solchen Land leben wollen. Wenn wir Träger eines besonderen Schicksals sind, wenn wir in diesem archaischen Charakter einige sehr ursprüngliche und tiefgreifende Dimensionen haben, die es zu verstehen gilt, so wie es die ersten Slawophilen und Eurasianisten dachten, dann macht das einen großen Unterschied. In diesem Fall bleibt uns nichts anderes übrig, als ihn zu enthüllen und ihn irgendwie zu rehabilitieren, um eine Apologie des russischen Charakters durch den Eurasianismus und innerhalb eines multipolaren Systems anzubieten. Es gibt ein europäisches Entwicklungsmodell, das durch diese drei Modelle definiert wird, aber es gibt auch ein anderes. Und wenn wir aufhören, alles nach den Maßstäben der anderen zu messen — mit dem sogenannten gemeinsamen, aber in Wirklichkeit europäischen Maßstab —, dann werden wir in uns selbst die unerwartetsten und ungewöhnlichsten Merkmale entdecken, die wir vorher nie bemerkt haben, weil wir uns mit den Augen der anderen betrachtet haben. Auf diese Weise, denke ich, können wir uns aus dieser Situation befreien.

Was die Möglichkeit der Integration einiger anderer postsowjetischer Länder in Europa angeht, so halte ich sie selbst für die Moldawier für unmöglich, weil sie noch archaischer sind als die Rumänen oder die Russen. Das ist gut, denn es spricht für die Einzigartigkeit ihres Landes und seiner Kultur. Es ist etwas Positives, es ist ihr Reichtum, und dieser Archaismus sollte keine Schande sein. Archaisch? Lassen Sie es archaisch sein. Es ist großartig! Es ist eine tiefe, kontemplative und schöne Kultur. Ich liebe sie sehr. Viele Rumänen werden bald wegen der sprachlichen Verbindungen nach Moldawien reisen, auf der Suche nach ihren Wurzeln und ihrer Identität, zumal Rumänien bald die Krise seines Europäertums erleben wird. Ja, ihr archaischer Charakter hat sich als zu tiefgehend erwiesen und widersetzt sich einer solchen Integration, im Gegensatz zu einigen anderen osteuropäischen Ländern. Wir müssen uns noch mit den Archäomodernen in Osteuropa auseinandersetzen.

DIE VIERTE POLITISCHE THEORIE

GEGEN DIE POSTMODERNE WELT

Das Übel der Unipolarität

DIE DERZEITIGE Weltordnung ist unipolar, mit dem globalen Westen im Zentrum und den Vereinigten Staaten im Kern. Diese Art der Unipolarität hat geopolitische und ideologische Aspekte. Die geopolitische Seite ist die strategische Dominanz der nordamerikanischen Hypermacht über die Erde und das Bestreben Washingtons, den Planeten so zu organisieren, dass es ihn im Sinne seiner eigenen nationalen, imperialistischen Interessen beherrschen kann. Das ist schlecht, denn es beraubt andere Staaten und Nationen ihrer echten Souveränität.

Wenn es nur noch einer einzigen Instanz überlassen wird, zu entscheiden, was richtig und was falsch ist und wer zu bestrafen ist, ist das eine globale Diktatur. Ich bin überzeugt, dass dies inakzeptabel ist. Wir sollten uns dagegen wehren. Wenn uns jemand unserer Freiheit beraubt, müssen wir reagieren. Und das werden wir. Das amerikanische Imperium sollte zerstört werden, und früher oder später wird es das auch.

Ideologisch gesehen basiert diese Unipolarität auf modernen und postmodernen Werten, die offen antitraditionell sind. Ich teile die Sichtweise von René Guénon und Julius Evola, die die Moderne und die von ihr abgeleiteten Ideologien — Individualismus, liberale Demokratie, Kapitalismus usw. — als Ursache für die kommende

Katastrophe der Menschheit und die globale Vorherrschaft westlicher Einstellungen als die endgültige Degradierung der Erde ansahen. Der Westen nähert sich seinem Ende, und wir sollten nicht zulassen, dass er den Rest von uns mit in den Abgrund reißt.

Spirituell gesehen ist die Globalisierung die Manifestation der Großen Parodie: das Reich des Antichristen. Die Vereinigten Staaten stehen im Zentrum seiner Ausbreitung. Die amerikanischen Werte geben vor, „universelle" Werte zu sein. In Wirklichkeit sind sie eine neue Form der ideologischen Aggression gegen die Vielfalt der Kulturen und Traditionen, die es in den anderen Teilen der Welt noch gibt. Ich bin entschieden gegen die westlichen Werte, die im Wesentlichen moderner und postmoderner Natur sind und die von den Vereinigten Staaten mit Gewalt oder durch Einflussnahme verbreitet werden (Afghanistan, Irak, Libyen und vielleicht morgen Syrien und Iran).

Daher sollten alle Traditionalisten gegen den Westen und die Globalisierung sowie gegen die imperialistische Politik der Vereinigten Staaten sein. Das ist die einzig logische und sinnvolle Position. Traditionalisten und andere Anhänger traditioneller Prinzipien und Werte sollten sich gegen den Westen stellen und den Rest verteidigen (wenn der Rest Anzeichen dafür zeigt, dass er die Tradition bewahrt, entweder in Teilen oder als Ganzes).

Es gibt Menschen im Westen und sogar in den USA, die mit dem gegenwärtigen Stand der Dinge nicht einverstanden sind und die die Moderne und Postmoderne nicht gutheißen. Sie sind die Verteidiger der spirituellen Tradition des vormodernen Westens. Sie sollten sich mit uns in unserem gemeinsamen Kampf vereinen. Sie sollten sich an unserer Revolte gegen die moderne Welt beteiligen. Wir würden zusammen gegen einen gemeinsamen Feind kämpfen.

Eine andere Frage betrifft die Struktur dieser möglichen antiglobalistischen und antiimperialistischen Front und ihre Teilnehmer. Ich denke, wir sollten alle Kräfte willkommen heißen, die gegen den Westen, die USA, die liberale Demokratie, die Moderne und die Postmoderne kämpfen. Unser gemeinsamer Feind macht alle Arten von politischen Allianzen notwendig. Muslime, Christen, Russen, Chinesen, Linke, Rechte, Hindus, Juden — alle, die den derzeitigen Zustand der Dinge und insbesondere die Globalisierung in Frage stellen, sollten unsere Freunde und Verbündeten sein. Unsere Ideale mögen unterschiedlich sein, aber wir haben eine sehr wichtige Sache gemeinsam: Wir hassen unsere gegenwärtige Realität. Unsere Ideale unterscheiden sich nur in Bezug auf die spezifische Vision, die jeder von uns erreichen möchte, etwas, das nur das Potenzial hat, Realität zu werden, aber die Herausforderung, vor der wir stehen, ist bereits sehr real. Dies sollte die Grundlage des neuen Bündnisses sein. Alle, die der Globalisierung, der Verwestlichung und der Postmoderne negativ gegenüberstehen, sollten ihre Bemühungen bei der Schaffung einer neuen Strategie des Widerstands gegen dieses allgegenwärtige Übel koordinieren. Sogar in den USA können wir diejenigen finden, die die Dinge genauso sehen — unter denen, die sich für die Tradition und gegen den gegenwärtigen Zustand der Dekadenz entscheiden.

Zur Vierten Politischen Theorie

An dieser Stelle sollten wir eine sehr wichtige Frage stellen: Welche Art von Ideologie sollten wir verwenden, um uns der Globalisierung und ihren Prinzipien zu widersetzen? Ich denke, dass alle antiliberalen Ideologien — Kommunismus, Sozialismus und Faschismus — nicht mehr relevant sind. Sie alle haben versucht, den liberalen Kapitalismus zu bekämpfen, und sie sind gescheitert. Das liegt zum Teil daran, dass sich am Ende der Zeit das Böse durchsetzt, zum Teil aber auch an ihren inneren Widersprüchen und Grenzen. Es ist an der Zeit, die antiliberalen Ideologien der Vergangenheit gründlich zu überdenken.

Was waren ihre positiven Aspekte? Sie sind darin zu sehen, dass sie antikapitalistisch und antiliberal, aber auch antiindividualistisch waren. Diese Eigenschaften sollten akzeptiert und in die Ideologie der Zukunft integriert werden. Die kommunistische Doktrin hingegen ist modern, atheistisch, materialistisch und kosmopolitisch. Sie sollte verworfen werden. Andererseits sind das Eintreten für soziale Solidarität, soziale Gerechtigkeit, den Sozialismus an sich und ein ganzheitlicher Ansatz für die Gesellschaft gute Aspekte dieser Doktrin. Wir müssen die materialistischen und modernistischen Aspekte aus dem Kommunismus und Sozialismus herauslösen und sie ablehnen.

In den Theorien des Dritten Weges — die einigen Traditionalisten, wie Julius Evola, bis zu einem gewissen Punkt lieb waren — gab es einige inakzeptable Elemente. Da wären zunächst einmal Rassismus, Fremdenfeindlichkeit und Chauvinismus. Diese spiegelten nicht nur moralische Mängel wider, sondern auch theoretisch und anthropologisch inkonsistente Haltungen. Der Unterschied zwischen Ethnien bedeutet weder Überlegenheit noch Unterlegenheit. Diese Unterschiede sollten ohne jede rassistische Anmaßung akzeptiert und bekräftigt werden. Es gibt kein gemeinsames Messsystem, um verschiedene ethnische Gruppen zu vergleichen und zu bewerten. Wenn eine Gesellschaft versucht, eine andere zu beurteilen, wendet sie ihre eigenen Kriterien an und begeht damit intellektuelle Gewalt. Dieselbe Haltung findet sich auch in den Verbrechen der Globalisierung und der Verwestlichung sowie in dem amerikanischen Imperialismus, der sie ermöglicht.

Wenn wir den Sozialismus von seinen materialistischen, atheistischen und modernistischen Zügen befreien und wenn wir die rassistischen und eng nationalistischen Aspekte des Dritten Weges zurückweisen, kommen wir zu einer völlig neuen Art von politischer Ideologie. Wir nennen sie die Vierte Politische Theorie — die erste ist der Liberalismus, den wir in Frage stellen; die zweite sind die klassischen Formen des Kommunismus und des Sozialismus; und die dritte sind Faschismus und Nationalsozialismus. Die Ausarbeitung der Vierten beginnt an dem Punkt, an dem sich die verschiedenen antiliberalen politischen Theorien der Vergangenheit kreuzen.

Dies bringt uns zum Nationalbolschewismus, der den Sozialismus ohne Materialismus, Atheismus, Progressismus und Modernismus sowie den Dritten Weg ohne Rassismus und Nationalismus darstellt. Aber das ist nur der erste Schritt. Die bloße Überarbeitung der antiliberalen Ideologien der Vergangenheit bringt uns nicht das endgültige

Ergebnis. Es ist nur eine erste Annäherung und ein vorläufiger Ansatz. Wir sollten weitergehen und uns auf die Tradition und auf vormoderne Quellen berufen, um uns inspirieren zu lassen. Dort finden wir die platonischen Ideale, die hierarchischen Gesellschaften des Mittelalters und theologische Visionen normativer sozialer und politischer Systeme, ob christlich, islamisch, buddhistisch, jüdisch, hinduistisch oder was auch immer. Die Vormoderne ist eine sehr wichtige Quelle für die nationalbolschewistische Synthese. Wir müssen einen neuen Namen für diese Art von Ideologie finden, und „Vierte Politische Theorie" ist dafür durchaus geeignet. Er sagt uns nicht, was diese Theorie ist, sondern eher, was sie nicht ist. Es handelt sich eher um eine Art Einladung oder einen Appell als um ein Dogma.

Politisch gesehen bietet uns dies eine interessante Grundlage für eine bewusste Zusammenarbeit zwischen Linken und Rechten sowie zwischen religiösen oder anderen antimodernen Bewegungen — den Ökologen zum Beispiel. Das Einzige, worauf wir bei der Schaffung eines solchen Bündnisses bestehen, ist, dass diejenigen, die daran teilnehmen, ihre antikommunistischen und antifaschistischen Vorurteile beiseite legen. Diese Vorurteile sind Waffen in den Händen der Liberalen und Globalisten, mit denen sie ihre Feinde spalten. Wir sollten sowohl den Antikommunismus als auch den Antifaschismus entschieden ablehnen. Beide sind konterrevolutionäre Werkzeuge in den Händen der globalen liberalen Eliten. Gleichzeitig sollten wir uns entschieden gegen jede Art von Konfrontation zwischen den Religionen wenden: Muslime gegen Christen, Juden gegen Muslime, Muslime gegen Hindus und so weiter. Diese interkonfessionellen Kriege und der Hass dienen der Sache des Reiches des Antichristen, der versucht, alle traditionellen Religionen zu spalten, um seine eigene Pseudoreligion, die eschatologische Parodie, durchzusetzen.

Wir müssen die Rechte, die Linke und die traditionellen Religionen in einem gemeinsamen Kampf gegen den gemeinsamen Feind vereinen. Soziale Gerechtigkeit, nationale Souveränität und traditionelle Werte sind die drei wichtigsten Grundsätze einer solchen

Ideologie. Es ist nicht einfach, all dies zusammenzubringen, aber wir sollten es versuchen, wenn wir den Feind besiegen wollen.

Im Französischen gibt es einen Slogan: *„La droite des valeurs et la gauche du travail"*[1] (Alain Soral). Auf Italienisch lautet er: *„La Destra sociale e la Sinistra identitaria"*[2]. Wie es auf Deutsch klingen soll, werden wir später sehen.

Wir könnten noch weitergehen und versuchen, das Subjekt, den Akteur der Vierten Politischen Theorie zu definieren. Im Falle des Kommunismus stand die Klasse im Mittelpunkt. Im Falle der Bewegungen des Dritten Weges war das Zentrum die Rasse oder die Nation. Im Falle der Religionen ist es die Gemeinschaft der Gläubigen. Wie sollte die Vierte Politische Theorie mit dieser Vielfalt und dieser Divergenz der Themen umgehen? Wir schlagen vor, dass das Subjekt der Vierten Politischen Theorie im Heideggerschen Begriff des *Daseins* zu finden ist. Es ist ein konkreter, aber äußerst tiefgründiger Begriff, der der gemeinsame Nenner für die weitere ontologische Entwicklung dieser Ideologie sein könnte. Entscheidend ist hier die Frage nach der Authentizität oder Nicht-Authentizität der Existenz des *Daseins*. Die Vierte Politische Theorie beharrt auf der Authentizität der Existenz. Daher ist sie die Antithese zu jeder Art von Entfremdung — sozial, wirtschaftlich, national, religiös oder metaphysisch.

Aber das *Dasein* ist ein konkretes Phänomen. Jedes Individuum und jede Kultur besitzt ihr eigenes *Dasein*. Diese Manifestationen sind unterschiedlich, aber sie sind immer vorhanden.

Wenn wir akzeptieren, dass wir eine gemeinsame Strategie ausarbeiten sollten, um eine Zukunft zu schaffen, die unseren Ansprüchen und unserer Vision gerecht wird, können Werte wie soziale Gerechtigkeit, nationale Souveränität und traditionelle Spiritualität als Wegweiser dienen.

Ich glaube aufrichtig, dass die Vierte Politische Theorie, der Nationalbolschewismus und der Eurasianismus für unsere Völker,

---

1   „Die [politische] Rechte der Werte und die [politische] Linke der Arbeit". — *Anm. d. Übers.*

2   „Die soziale Rechte und die identitäre Linke". — *Anm. d. Übers.*

unsere Länder und unsere Zivilisationen von großem Nutzen sein können. Das Schlüsselwort ist „Multipolarität" in allen Bedeutungen — geopolitisch, kulturell, axiologisch, wirtschaftlich und so weiter.

Die wichtige Idee des *nous* (Intellekt), wie sie von dem griechischen Philosophen Plotin definiert wurde, entspricht unserem Ideal. Der Intellekt ist einer und viele zugleich, weil er alle Arten von Unterschieden in sich birgt — nicht einheitlich oder vermischt, sondern als solche mit all ihren Eigenheiten genommen. Die zukünftige Welt sollte in gewisser Weise noetisch sein — Vielfalt und Verschiedenheit sollten als Reichtum und als Schatz verstanden werden und nicht als Grund für unvermeidliche Konflikte. Es sollte viele Zivilisationen, viele Pole, viele Zentren und viele Wertesysteme auf unserem einen Planeten und in unserer einen Menschheit geben.

Es gibt einige, die das anders sehen. Wer stellt sich gegen ein solches Projekt? Diejenigen, die Uniformität, *einen* (amerikanischen) *Way of Life* und *eine* Welt durchsetzen wollen. Sie tun dies mit Gewalt und durch Überredung. Sie sind gegen Multipolarität. Sie sind gegen uns.

DER DRITTE TOTALITARISMUS

Eine Kritik aus dem Blickwinkel der
Vierten Politischen Theorie

I N DER POLITIKWISSENSCHAFT wird das Konzept des Totalitarismus sowohl in der kommunistischen als auch in der faschistischen Ideologie verortet, die beide offen die Überlegenheit des Ganzen (im Kommunismus und Sozialismus die Klasse und die Gesellschaft, im Faschismus den Staat und im Nationalsozialismus die Rasse) über den privaten Bereich und das Individuum verkünden. Dem setzen die Politologen die Ideologie des Liberalismus entgegen, in der im Gegenteil das Individuum über das Ganze gestellt wird, als ob dieses Ganze nicht verstanden werden könnte. Folglich bekämpft der Liberalismus den Totalitarismus im Allgemeinen, auch den des Kommunismus und des Faschismus. So verrät schon der Begriff „Totalitarismus" seine Verbindung zur liberalen Ideologie — weder Kommunisten noch Faschisten würden sich darin wiederfinden. Jeder, der das Wort „Totalitarismus" verwendet, ist ein Liberaler, ob er es erkennt oder nicht.

Auf den ersten Blick ist dieses Bild völlig klar und lässt keinen Raum für Zweideutigkeiten: Der Kommunismus ist der erste Totalitarismus, und der Faschismus ist der zweite. Der Liberalismus ist sein Gegenpol, da er das Ganze leugnet und das Private über das Ganze stellt. Wenn wir hier stehenbleiben, erkennen wir, dass die Neuzeit nur zwei totalitäre Ideologien hervorgebracht hat: den Kommunismus (Sozialismus) und den Faschismus (Nationalsozialismus), mitsamt ihren Variationen und Nuancen. Aber der Liberalismus als politische Theorie erschien vor den beiden anderen und überdauerte sie. Er kann daher nicht als totalitär bezeichnet werden. Daher der Ausdruck „dritter Totalitarismus", der nahelegt, dass eine Erweiterung der Nomenklatur totalitärer Ideologien, die den Liberalismus einschließt, keinen Sinn macht.

Das Thema des „dritten Totalitarismus" kann jedoch durchaus im Kontext der klassischen französischen Soziologie (nämlich der Durkheim-Schule) und in der postmodernen Philosophie auftauchen. Durkheims Soziologie behauptet, dass die Inhalte des individuellen Bewusstseins vollständig auf der Grundlage des kollektiven Bewusstseins gebildet werden. Mit anderen Worten, der „totalitäre" Charakter jeder Gesellschaft, einschließlich individualistischer und liberaler Typen, kann nicht geändert werden. Wenn sich das individuelle Bewusstsein aus dem kollektiven ableitet, dann ist der bloße Akt, das Individuum zum höchsten Wert und zum Maß der Dinge zu erklären, wie im Liberalismus, eine Projektion der Gesellschaft — das heißt, eine Form des totalitären Einflusses und der ideologischen Konditionierung. Der Begriff des Individuums ist ein soziales Konzept. Ein Mensch, der außerhalb einer Gesellschaft lebt, weiß nicht, ob er ein Individuum ist oder nicht, oder ob Individualismus der höchste Wert ist oder nicht. Dem Individuum wird beigebracht, dass es nur in einer Gesellschaft ein Individuum ist, in der die liberale Ideologie dominiert und zu einer akzeptierten und daher unsichtbaren Funktion des sozialen Umfelds wird. Daher ist das, was die soziale Realität negiert und die des Individuums bejaht, an sich sozialer Natur. Der Liberalismus ist eine totalitäre Ideologie, die mit den klassischen Methoden der totalitären Propaganda darauf besteht, dass das Individuum den höchsten Wert hat.

Dies ist der Beginn einer soziologischen Kritik an der bürgerlichen Gesellschaft — nicht einer sozialistischen, sondern einer soziologischen Kritik (obwohl in Frankreich und im Westen im Allgemeinen Sozialismus und Soziologie oft fast ineinander übergegangen sind, wie zum Beispiel bei Pierre Bourdieu). In diesem Sinne ist der totalitäre

Charakter des Liberalismus wissenschaftlich erwiesen und der Begriff „dritter Totalitarismus" gewinnt an Logik und Kohärenz, anstatt nur ein schockierendes Paradoxon zu sein. Zu diesem Zweck sollte man viele der von der Soziologie erforschten Konzepte in Betracht ziehen, wie zum Beispiel die Idee der „einsamen Menge" (*la foule solitaire*, nach David Riesman) und andere.

Die liberale Gesellschaft, die sich gegen die kollektiven Gesellschaften des Sozialismus und des Faschismus stellt, ist selbst zu einem Kollektiv geworden—einem standardisierten und stereotypen Kollektiv. Je mehr ein Individuum danach strebt, im Rahmen des liberalen Paradigmas einzigartig zu sein, desto mehr wird es allen anderen ähnlich. Der Liberalismus bringt die Stereotypisierung und Homogenisierung der Welt mit sich, die alle Formen der Vielfalt und Differenzierung zerstört.

Auf der anderen Seite gibt es die postmoderne Philosophie. Im Geiste der Suche nach radikaler Immanenz, die für die gesamte Moderne charakteristisch ist, werfen die Postmodernen auch die Frage nach dem Individuum auf. Ihnen zufolge ist Individualismus gleichbedeutend mit Totalitarismus, allerdings auf eine Mikroebene übertragen. Das Individuum ist ein Mikro-Totalitarismus, der einen Unterdrückungsapparat projiziert, auf dem der gesellschaftliche Totalitarismus sowohl auf der individualistischen als auch auf der subindividualistischen Ebene aufgebaut ist. Im Geiste Freuds, der die Vernunft als Instrument der Unterdrückung und Entfremdung sowie als Projektion betrachtet, identifizieren die Postmodernen die Vernunft mit dem totalitären Staat—dem Staat, der die Freiheiten seiner Bürger unterdrückt, indem er ihnen seine Sichtweise aufzwingt. Das Individuum ist ein Konzept, das eine Projektion der Erniedrigung und Gewalt einer totalitären Gesellschaft auf ihrer untersten Ebene ist. Die Wünsche und kreativen Energien des Individuums werden kontinuierlich ausgelöscht. Die Postmodernen glauben vor allem, dass der gesellschaftliche Totalitarismus (Faschismus und Kommunismus) aus der strengen, hierarchischen und totalitären Struktur des rationalen Individuums hervorgeht. Daraus leitet das Konzept des liberalen

Totalitarismus als dritter Totalitarismus seine Bedeutung ab und er-
weist sich als völlig gerechtfertigt.

Der Liberalismus ist also eine totalitäre und gewalttätige
Ideologie — ein Mittel zur direkten und indirekten politischen
Unterdrückung, zur Konditionierung unter Druck und eine Form
von grausamer Propaganda, die sich ständig als nicht-totalitär aus-
gibt, d.h. ihr eigenes Wesen verschleiert. Dies ist eine wissenschaftliche Tatsache. Das Konzept des dritten Totalitarismus steht in völligem
Einklang mit dem Wesen des Liberalismus als politisches Konzept.

Die Vierte Politische Theorie akzeptiert dieses Konzept voll und
ganz, sobald man die Sichtweise versteht, die alle drei klassischen
politischen Theorien der Moderne (Liberalismus, Kommunismus
und Faschismus) als Einheit betrachtet. Sie alle sind totalitär, wenn
auch auf unterschiedliche Weise. Die Vierte Politische Theorie ent-
hüllt ebenfalls den rassistischen Charakter aller drei Theorien in
einem anderen Kontext: den biologischen Rassismus der Nazis, den
Klassenrassismus von Marx in seinen Vorstellungen von universellem
Fortschritt und Evolution und den zivilisatorischen, kulturellen und
kolonialen Rassismus der Liberalen. Letzterer war bis zur Mitte des
zwanzigsten Jahrhunderts explizit und wurde danach *sub rosa* (siehe John Hobsons *The Eurocentric Conception of World Politics*). Die
Vierte Politische Theorie lehnt alle Arten von Totalitarismus ab — ob
kommunistisch, faschistisch oder liberal. Der dritte Totalitarismus
von heute ist der gefährlichste, denn er ist der herrschende. Ihn zu
bekämpfen ist eine grundlegende Aufgabe.

Die Vierte Politische Theorie schlägt ein völlig neues Verständnis
des Ganzen und seiner Teile vor, außerhalb des Kontextes der drei
politischen Ideologien der Moderne. Dieses Verständnis kann man
ein existentielles *Mit-sein* nennen. Aber in diesem existenziellen
Verständnis des Seins (*Dasein*) gibt es weder eine atomisierte Existenz,
also Teile oder Individuen, noch eine Summe von Individuen wie
im Totalitarismus. In der Vierten Politischen Theorie bedeutet das
Leben in Gemeinschaft mit anderen zu existieren und konstituiert das
Sein — ein Leben im Angesicht des Todes. Wir sind nur zusammen,

wenn wir unserem eigenen Tod gegenüberstehen. Der Tod ist immer etwas Persönliches und gleichzeitig etwas, das uns allen gemeinsam ist. Es ist notwendig, dass wir nicht über Totalitarismus sprechen, der lediglich eine mechanische Vorstellung davon ist, wie man alle Teile mit dem Ganzen verbinden sollte, sondern über einen organischen und existentiellen Holismus. Sein Name ist das Volk. Das *Dasein* existiert völkisch. In klarer Opposition zum dritten Totalitarismus. Für ein Sein-vor-dem-Tod. *Mit-sein.* Wir sind das Volk.

EINIGE VORSCHLÄGE ZU DEN AUSSICHTEN FÜR DIE VIERTE POLITISCHE THEORIE IN EUROPA

U M ZUR VIERTEN Politischen Theorie zu gelangen, müssen wir von drei ideologischen Punkten ausgehen.

Vom Liberalismus zur Vierten Politischen Theorie: Der schwierigste Weg

Der Weg vom Liberalismus zur Vierten Politischen Theorie ist der schwierigste Weg, da sie das Gegenteil aller Formen des Liberalismus ist. Der Liberalismus ist die Essenz der Moderne, aber die Vierte Politische Theorie betrachtet die Moderne als ein absolutes Übel. Der Liberalismus, der in erster Linie das Individuum und alle davon ausgehenden Werte und Agenden zum Gegenstand hat, wird als Feind betrachtet. Um sich die Vierte Politische Theorie (4PT) zu eigen zu machen, muss sich ein Liberaler ideologisch verleugnen und den Liberalismus und seine Annahmen in ihrer Gesamtheit ablehnen.

Der Liberale ist ein Individualist. Er ist nur dann gefährlich, wenn er extrovertiert ist, denn dann zerstört er seine Gemeinschaft und die sozialen Bindungen. Ein introvertierter Liberaler ist weniger gefährlich, weil er nur sich selbst zerstört, und das ist auch gut so: ein Liberaler weniger.

Aber es gibt eine interessante Tatsache: Die 4PT unterscheidet sich von den modernen Versionen des Antiliberalismus (nämlich dem Sozialismus und dem Faschismus), indem sie nicht eine Kritik des Individuums von außen betrachtet vorschlägt, sondern vielmehr seine Implosion. Das bedeutet nicht, einen Schritt zurück in vorliberale Gesellschaftsformen oder einen Schritt seitwärts in die illiberalen Formen der Moderne zu machen, sondern vielmehr einen Schritt innerhalb der nihilistischen Natur des Individuums, wie sie vom Liberalismus konstruiert wurde. Daher entdeckt der Liberale seinen Weg zur 4PT, wenn er einen Schritt weiter geht und die Selbstbestätigung als die einzigartige und ultimative Instanz des Seins erreicht. Dies ist die letzte Konsequenz des radikalsten Solipsismus und kann zu einer Implosion des Egos und dem Erscheinen des wahren Selbst führen (was auch das Ziel der Praktiken ist, die mit Advaita Vedanta verbunden sind).

Nietzsche nannte seinen Übermenschen den „Besieger Gottes und des Nichts". Damit meinte er die Überwindung der alten Werte der Tradition, aber auch das Nichts, das an ihre Stelle tritt. Der Liberalismus hat die Überwindung Gottes und den Sieg des reinen Nichts vollbracht. Aber das ist die Mitternacht vor dem Anbruch der Morgendämmerung. Wenn ein Liberaler also einen Schritt weiter in die Mitternacht des europäischen Nihilismus geht, kommt er am Horizont der 4PT an, wenn er diese Identität hinter sich lassen will, die eher mit einem eigentümlich westlichen Schicksal des Niedergangs übereinstimmt (denn das Abendland selbst ist derzeit nichts anderes als Niedergang — dazu später mehr).

Die Moderne ist sicherlich ein europäisches Phänomen. Aber der Liberalismus als das Wesen der Moderne ist nicht so sehr europäisch, sondern angelsächsisch und transeuropäisch, speziell nordamerikanisch. Europa war die Vorstufe der Moderne, und daher umfasst Europa neben der rein liberalen auch die sozialistische (kommunistische) und die faschistische Identität. Europa ist das Mutterland aller drei politischen Theorien. Aber in Amerika ist nur eine von ihnen tief verwurzelt und voll entwickelt. Obwohl der Liberalismus in Europa geboren wurde, ist er in Amerika herangereift. Europa und die USA sind vergleichbar mit Vater und Kind. Das Kind hat nur eine der politischen Möglichkeiten von seinem Vater geerbt, wenn auch die wichtigste. Infolgedessen ist der Liberalismus in Europa zum Teil autochthon und zum Teil von Amerika aufgezwungen (re-exportiert). Das ist der Grund, warum die amerikanischen Anhänger der 4PT so wichtig sind. Wenn es ihnen gelingt, den Liberalismus im Fernen Westen zu überwinden, werden sie den europäischen Liberalen den Weg weisen, dem sie folgen können. Dies ist so etwas wie Julius Evolas Idee des differenzierten Menschen. Diese Bemerkung bezieht sich auf meinen Artikel über die 4PT in Europa und insbesondere auf die beiden letzten Vorschläge, die ich darin zur Überwindung des Individuums mache: durch die Methode der Selbsttranszendenz durch eine Willensanstrengung (eine Art polytheistische Anstrengung des reinen Willens) oder durch eine existenzielle Begegnung mit dem Tod und der absoluten Einsamkeit.

Der Weg vom Liberalismus zur 4PT in Europa führt also über Amerika und seine inneren Mystiker. Dies ist der dritte Versuch, Amerika einen Sinn zu geben: der erste war der von de Tocqueville, der zweite der von Jean Baudrillard. Der dritte ist dem Europäer vorbehalten, der sich dem Fernen Westen auf der Suche nach dem Geheimnis des Liberalismus aus der Perspektive der 4PT nähert.

Vom Kommunismus zur 4PT: Von den radikalen Kritikern zu den Hauptkritikern

Der Weg von der kommunistischen Position zur 4PT ist viel einfacher und kürzer. Es gibt einige Gemeinsamkeiten: zunächst einmal die radikale Ablehnung von Liberalismus, Kapitalismus und Individualismus. Es gibt einen klaren und eindeutigen gemeinsamen Feind. Das Problem ist, dass das positive Programm des Kommunismus tief in der Moderne verwurzelt ist und viele typisch moderne Vorstellungen teilt: die Universalität des sozialen Fortschritts, die lineare Zeit, die materialistische Wissenschaft, den Atheismus, den Eurozentrismus und so weiter. Der Kampf des Kommunismus gegen den Kapitalismus gehört der Vergangenheit an. Aber die 4PT ist derzeit der wichtigste ideologische Gegner des Liberalismus, so dass ein echter Kommunist sich leicht von der 4PT angezogen fühlen kann, wenn er ihre anti-liberalen Aspekte berücksichtigt.

Um diesen Schritt zu tun, muss man von den radikalen Kritikern der Moderne, wie Marx, zu den Hauptkritikern der Moderne, wie René Guénon, übergehen, wie es der französische Autor René Alleau hervorragend formuliert hat. Damit sind wir bei der Bedeutung des Nationalbolschewismus angelangt. Der Nationalbolschewismus ist eine Art Hermeneutik, die die qualitativen Merkmale in der quantitativen Vision des Sozialismus identifiziert. Für orthodoxe Marxisten basiert die Gesellschaft strikt auf Klassenprinzipien und die sozialistische Gemeinschaft wird überall nach einem bestimmten Modell gebildet. Aber die Nationalbolschewisten haben nach der Analyse der sowjetischen, deutschen und chinesischen Erfahrungen festgestellt, dass der Marxismus in der Praxis dazu beitragen kann, Gesellschaften mit klaren Merkmalen einer nationalen Kultur zu schaffen, die spezifische und einzigartige Identitäten besitzen. Obwohl sie theoretisch internationalistisch waren, waren die historischen kommunistischen Gesellschaften nationalistisch mit starken traditionellen Elementen. Daher kann der Sozialismus als Nebenprodukt der liberalen Moderne als eine extreme und häretische Form der Vormoderne und als eine eschatologische Form ekstatischer Religiosität betrachtet werden — nach dem Vorbild der Gnostiker, der Katharer, Brunos, Müntzers und so weiter. Das war auch die Meinung von Eric Voegelin, der dies die Immanentisierung des Eschaton nannte. (Dies ist eine ketzerische Vorstellung, aber dennoch traditionell.)

Der Weg zur 4PT führt für die europäische Linke über die historischen und geopolitischen Analysen der Nationalbolschewiken (Ernst Niekisch, Ernst Jünger und so weiter). Hervorragende Arbeit in dieser Hinsicht wurde von der Neuen Europäischen Rechten und insbesondere von Alain de Benoist geleistet.

Vom Dritten Weg zur 4PT: Der kürzeste Weg, aber dennoch problematisch

Vom europäischen Dritten Weg zur 4PT ist nur ein Schritt, denn die 3PT und die 4PT haben die Konservative Revolution der Weimarer Zeit und den Traditionalismus als gemeinsame Ausgangspunkte. Aber dieser Schritt ist nicht leicht zu gehen. Die 4PT ist strikt antimodern, ja sogar gegen-modern. Die Nation, die den Vertretern des Dritten Weges so sehr am Herzen liegt, ist im Wesentlichen ein moderner Begriff, ebenso wie die Konzepte von Staat und Rasse. Die 4PT ist gegen jede Art von Universalismus und lehnt jede Art von Eurozentrismus ab — sowohl den liberalen als auch den nationalistischen.

Die ethnischen Traditionen der europäischen Völker sind in ihren Wurzeln heilig und bilden einen Teil ihres geistigen Erbes. Doch die ethnische Identität ist etwas ganz anderes als der Nationalstaat als politisches Gebilde. Die europäische Geschichte basierte immer auf der Pluralität seiner Kulturen und der Einheit seiner geistigen Autoritäten. Dies wurde zerstört, zuerst durch die protestantische Reformation und dann durch die Moderne. Die Auflösung der europäischen geistigen Einheit war Teil des Ursprungs des europäischen Nationalismus. Daher unterstützt die 4PT die Idee eines neuen europäischen Reiches als traditionelles Reich mit einem geistigen Fundament und mit der dialektischen Koexistenz verschiedener ethnischer Gruppen. Anstelle von Nationalstaaten in Europa, ein heiliges Reich — indoeuropäisch, römisch und griechisch.

Dies ist die Trennlinie zwischen der europäischen 4PT und dem Dritten Weg: die Ablehnung jeder Art von Nationalismus, Chauvinismus, Eurozentrismus, Universalismus, Rassismus oder fremdenfeindlicher Haltung. Historische Anmaßungen und Feindseligkeiten zwischen den europäischen Ethnien gab es natürlich. Das sollte anerkannt werden. Aber es ist unverantwortlich, auf dieser Grundlage ein politisches Programm zu konstruieren. Europa sollte für geopolitische Einheit stehen, verbunden mit der Bewahrung der ethnischen und kulturellen Vielfalt der verschiedenen europäischen Ethnien.

Die 4PT bekräftigt, dass die Geopolitik das wichtigste Instrument ist, um die heutige Welt zu verstehen, daher sollte Europa als unabhängige geopolitische Macht wiederaufgebaut werden. All diese Punkte decken sich mit den wichtigsten Grundsätzen der französischen Neuen Rechten und mit dem Manifest der GRECE von Alain de Benoist (*Manifesto for a European Renaissance* [London: Arktos, 2011]). Daher sollten wir die Europäische Neue Rechte als eine Manifestation der 4PT betrachten.

Hier nähern wir uns der Philosophie Martin Heideggers, der für die 4PT zentral und der wichtigste Denker ist. Die 4PT macht den Heideggerschen Begriff des *Daseins* zu ihrem Hauptthema. Heidegger ist der metaphysische (fundamental-ontologische) Schritt vom Dritten Weg zum Vierten Weg. Die Aufgabe besteht darin, die implizite politische Philosophie Heideggers zu einer expliziten weiterzuentwickeln und so eine Doktrin der existenziellen Politik zu schaffen.

Letzter Punkt. Europa ist der Westen, und der Niedergang ist sein Wesen. Am tiefsten Punkt seines Abstiegs angelangt zu sein, ist das Schicksal Europas. Das ist zutiefst tragisch und nichts, worauf man stolz sein sollte. Die 4PT spricht sich für eine europäische Idee aus, in der Europa als eine Art tragische Gemeinschaft (im Sinne von Georges Bataille) verstanden wird: eine Kultur, die im Herzen der Hölle auf der Suche nach sich selbst ist.

DIE VIERTE POLITISCHE THEORIE IN AMERIKA

Einige Vorschläge für das amerikanische Volk

Das Volk als Existenz

DIE VIERTE Politische Theorie lehnt die drei großen Formen der politischen Moderne ab: Liberalismus (die erste politische Theorie), Kommunismus/Sozialismus (die zweite) und Faschismus/ Nationalsozialismus (die dritte). Die 4PT betrachtet sich selbst als im Wesentlichen nicht-modern oder gegen-modern. Das bedeutet, dass sie sowohl als vormodern als auch als postmodern betrachtet werden könnte (dies ist eine andere Postmoderne — nicht rein dekonstruktivistisch, sondern auch rekonstruktivistisch).

Die drei wichtigsten politischen Theorien der Moderne befassen sich jeweils mit einem zentralen Subjekt. Das Subjekt des Liberalismus ist das Individuum; das des Kommunismus ist die Klasse (oder besser gesagt zwei antagonistische Klassen); das des Faschismus ist der Nationalstaat oder die Rasse (wie im Nationalsozialismus). Die 4PT schlägt ein ganz anderes Subjekt vor — ein viertes Subjekt. Es kann als das Konzept des Volkes (in seiner einfachen, politischen Version) und als das Heideggersche *Dasein* (in seiner philosophischen Version) identifiziert werden. Alain de Benoist bevorzugt das Volk. Ich selbst neige zum *Dasein*. Aber der Sinn der beiden Begriffe im semantischen Kontext der 4PT ist nicht so unterschiedlich. Der Begriff des Volkes wird in der 4PT als eine existentielle Kategorie verstanden. Das Volk ist Existenz. Heidegger sagte: *Dasein* existiert völkisch (da/hier sein existiert als Volk, durch das Volk). Sein bedeutet für den konkreten Menschen zunächst einmal, Deutscher, Franzose, Russe, Amerikaner, Chinese, Afrikaner und so weiter zu sein. Ohne diese Identität ist der Mensch seiner Sprache, Kultur, Mentalität, Traditionen, seines sozialen Status und seiner Rollen beraubt. Das Volk ist die Realität, die dem eigentlichen Wesen des Menschen am nächsten kommt. Als Person zu denken, zu handeln, zu wollen, zu schaffen und zu kämpfen bedeutet, dass man immer als Deutscher, Franzose, Russe, Amerikaner, Chinese, Afrikaner und so weiter denkt, handelt, will, schafft und kämpft.

Der Begriff des Volkes in der 4PT ist keine formelle und explizite Kategorie wie der der Nation, sondern eine informelle und implizite Kategorie, die unterhalb jeder Konkretisierung liegt. Die 4PT befasst sich mit Menschen und betrachtet die Welt als eine Vielzahl von Völkern, von denen jedes einzelne einen besonderen und inkommensurablen Seins-Horizont repräsentiert.

Ein solcher Ansatz erinnert an das Problem der Identität, das im Zentrum der 4PT steht.

Drei Arten von Identität

Um die 4PT zu verdeutlichen, wollen wir uns mit dem Problem der Identität befassen. Wir schlagen ein methodologisches Schema vor. Wir können die Identität einer bestimmten Gesellschaft oder Gemeinschaft in drei Dimensionen darstellen:

1. **„Diffuse Identität":** Dies ist ein vages Gefühl der gemeinsamen Zugehörigkeit zu einem bestimmten Ganzen, das jedem Mitglied einer bestimmten Gesellschaft eigen ist. Sie ist irgendwie verworren, unsicher, unbewusst und schwach. Sie kann nur in Extremsituationen wie Kriegen, Revolutionen, Naturkatastrophen und so weiter aktiviert werden. Eine diffuse Identität hat keinen direkten Einfluss auf politische oder ideologische Entscheidungen

oder Wahlmöglichkeiten. Menschen mit der gleichen diffusen Identität können sich frei für ganz unterschiedliche Methoden, Werte, Lösungen und Strategien entscheiden, können verschiedenen und konkurrierenden Parteien angehören, können unterschiedliche Positionen zu konkreten Fragen vertreten usw. Eine solche Identität ist schwach, unbewusst und in Friedenszeiten so gut wie nicht vorhanden, weil sie die Person in ihrem Alltag nicht beeinflusst.

2. „Extreme Identität": Dies ist eine willkürliche und künstliche Schöpfung einer rationalen Formel, die vorgibt, die diffuse Identität im intellektuellen Bereich auszudrücken und zu manifestieren. Hier wird die Identität zu einer Ideologie, einem konzeptionellen Rahmen oder einer Theorie. Ein Beispiel für eine solche Identität ist der Nationalismus. Es kann aber auch andere Arten geben, wie soziale oder Klassenidentitäten, liberale kosmopolitische Identitäten und so weiter. Sie versucht, die Träger einer diffusen Identität davon zu überzeugen, dass diese ihr Wesen ausmacht. Sie ist in Zeiten des Friedens und des Wohlstands nicht so beliebt, gewinnt aber in Zeiten von Kriegen und Unruhen an Beliebtheit. Die extreme Identität ist oft eine pervertierte, entstellte und exotische Kreation, die im Gegensatz zur diffusen Identität steht, indem sie bestimmte Merkmale hervorhebt und andere vernachlässigt. Die extreme Identität ist oft die Karikatur der diffusen Identität. Diese Identität ist viel klarer und bewusster und beeinflusst formale Entscheidungen, Loyalitäten, Lösungen und Optionen für die Menschen, die sie akzeptieren und kultivieren.

3. „Tiefe Identität": Die dritte Art der Identität ist die privilegierte in der 4PT. Die tiefe Identität ist eine organische, existentielle, grundlegende Identität, die unter der diffusen Identität liegt und ihr Inhalt, Bedeutung und Struktur verleiht. Sie ist eine Art von Sprache (im strukturalistischen Kontext von Ferdinand de Saussure), die alle möglichen Diskurse enthält. Sie ist kein Überbau, der über der diffusen Identität (als extreme Identität)

errichtet wird, sondern eine Infrastruktur, die unter der diffusen Identität liegt und ihr Realität, Sinn und innere Harmonie verleiht. Tiefe Identität ist das, was ein Volk zu dem macht, was es ist. Sie ist die Essenz des Volkes, etwas, das über das Kollektiv in seinem eigentlichen Zustand hinausgeht. Das ist Transzendenz: Das Volk ist gleichzeitig immanent und in jeder anderen Person, die zu demselben Volk gehört, präsent. Das Volk ist nicht das, was zum jetzigen Zeitpunkt existiert. Seine Sprache, Kultur, Tradition, Gesten und psychologischen Merkmale erscheinen nicht in der Gegenwart, sie kommen aus der Vergangenheit und bewegen sich durch den gegenwärtigen Moment in die Zukunft. Ein tatsächlich existierendes Volk ist kein Volk als solches, sondern nur ein bestimmter Moment davon, und auch nur ein Teil davon. Zum Volk gehören die Toten und die Kinder, die noch geboren werden müssen. Es ist eine Art von Musik, die nur als solche wahrgenommen werden kann, wenn wir uns an die vorherige Note erinnern und die nächste vorwegnehmen. Die tiefe Identität ist das Ganze, das sich sowohl in der Zeit als auch im Raum abspielt. Die tiefe Identität ist der Mensch als Existenz.

Die 4PT befasst sich mit Menschen als Existenz, und daher ist die Frage nach der tiefen Identität eines jeden Volkes von größter Bedeutung.

Amerikanische tiefe Identität

Wenn wir darüber nachdenken, wie die 4PT in den Vereinigten Staaten angewandt werden kann, müssen wir zunächst seinen Gegenstand finden, die tiefe Identität dort entdecken und das amerikanische Volk als existierend bejahen. Hier stoßen wir sofort auf einige ernsthafte Probleme. Die USA wurden als eine rein konzeptionelle Gesellschaft gegründet, die das Wesen der Moderne verkörpert. Die moderne Anthropologie basiert auf der Gleichsetzung von Menschlichkeit und Individuum. Das Individuum ist ein Konzept, das aus einer atomistischen Vision von Natur und Gesellschaft hervorgeht. Das Individuum ist ein soziales Atom. Aber wir wissen jetzt, dass in der modernen Physik immer mehr subatomare Strukturen entdeckt werden. Die Bedeutung der Worte *Atom* (griechisch) und *Individuum* (lateinisch) ist genau das, „was nicht weiter unterteilt werden kann". Aber eine solche Entität gibt es in der Natur nicht. Sie ist nicht mehr als ein Konzept. Die Naturwissenschaft sucht daher weiter nach immer mehr subatomaren Ebenen. Die Sozialwissenschaften der Moderne sind auf der Ebene des Individuums stehengeblieben und haben dieses Konzept zum zentralen Punkt aller Wissenschaften gemacht. Die sozialistischen Doktrinen versuchten, in Bezug auf die sozialen Systeme in Individuen zu denken. Postmoderne Theorien dringen in subindividuelle Sphären vor. Aber die Moderne beschäftigt sich mit dem Menschen im Sinne einer individuellen Anthropologie. Im Liberalismus wurde dies zum Kern seiner politischen, wirtschaftlichen und juristischen Theorie.

Auch die amerikanische Gesellschaft wurde auf der Grundlage dieses Konzepts aufgebaut. Sie ist eine sehr individualistische Gesellschaft und in jeder Hinsicht sehr liberal. Sie ist absolut gleichaltrig mit der europäischen Moderne. Sie wurde modern geboren. Das ist wichtig. Von Geburt an modern zu sein bedeutet, dass die USA nie modern geworden sind; sie waren nie vormodern. Sie sind nicht relativ modern. Sie sind absolut modern. Die USA wissen nicht, wie es ist, unmodern zu sein. Die vormodernen Stämme der amerikanischen Indianer wurden von den europäischen Siedlern vollständig ausgerottet, viele von ihnen während des Revolutionskriegs (die Mehrheit der Indianer kämpfte auf der Seite der Briten). Für die Europäer war die Moderne eine Epoche, die sich erst nach dem vormodernen Mittelalter entwickelte; daher sind die Wurzeln der Europäer vormodern. Das ist ihre Vergangenheit und ihre semantische Vorstufe zur Moderne. Die Moderne ist die Negation der Vormoderne: Säkularismus gegen Theokratie, der Nationalstaat gegen das Imperium, das Menschliche gegen das Göttliche und das Individuum gegen den Staat, das Ethos, die Religionsgemeinschaft und so weiter. Die positiven modernen

Werte wurden auf der Verleugnung der überholten, obsoleten vormodernen Werte aufgebaut.

Amerika fehlt es völlig an Vormoderne. Es war nie ein Imperium,
eine Theokratie oder eine Kastengesellschaft. Infolgedessen fehlt es
ihm an solch tiefen Dimensionen. Dies ist ein Unterschied zwischen
den USA und Lateinamerika. Lateinamerika war nie so radikal von
Mutter Europa abgeschnitten. Es wurde als peripherer Teil Europas
konzipiert und unterhielt starke Bindungen zu Europa. Lateinamerika
war Teil der europäischen Geschichte und hat daher die europäische
Vormoderne geerbt — den Katholizismus, die Idee des Imperiums, die
Kastengesellschaft und so weiter. Die Moderne hat für Lateinamerika
dieselbe Bedeutung wie für Europa: Sie geht einen Schritt über ihre
vormodernen Wurzeln hinaus. Südamerika ist also viel europäischer
als Amerika, und seine tiefe Identität ist viel leichter zu entdecken.
Seine Wurzeln sind lateinisch: spanisch, portugiesisch, katholisch und
mediterran.

Die einzige Wurzel der amerikanischen Gesellschaft ist das
moderne Konzept des Individuums. Es gibt nichts, was unter dem
Individuum liegt. Es gibt keine vormoderne Dimension und keine
tiefen Wurzeln. Amerika ist zu spät entstanden, um in seinem Boden
wirklich verwurzelt zu sein.

Das stellt ein echtes Problem bei der Suche nach einer tiefen
Identität dar und macht die Anwendung der 4PT in der amerikanischen Gesellschaft schwierig.

Der Boden, dem es fehlt

Die Frage nach den Wurzeln bei der Suche nach einer tiefen Identität
erinnert an die Begriffe Boden, Raum und Landschaft. Die Menschen
leben in einem Raum. Heidegger schrieb: „Trotz allem ist das Dasein
auch räumlich." Das *Dasein* existiert als Raum und durch den
Raum. Ein Volk existiert durch den Raum. Die Landschaft ist das
lebendige Abbild des Landes und des Volkes, das dort wohnt. Der
Boden ist heilig für eine tiefe Identität als die grundlegendste, ve-
getative Ebene der Seele. Der Boden Europas ist eine Art sichtbare,

materielle Manifestation seiner Kultur. Der deutsche Archäologe und Anthropologe Leo Frobenius pflegte zu sagen: „Kultur ist die Erde, die sich durch den Menschen manifestiert." Die tiefe Identität ist mit dem Boden verbunden. Er ist die Dimension der Ewigkeit, der ewigen Stabilität und Unveränderlichkeit. Amerika hat keinen Boden, oder besser gesagt, der Boden, den es hat, gehört nicht den Amerikanern. Der Boden ist im Wesentlichen vormodern. Die amerikanische Gesellschaft wurde unter völliger Vernachlässigung des Bodens aufgebaut. Der eigentliche Lebensraum gehört denjenigen, die den Kontinent vor den Weißen bewohnt haben, den Indianern. Für sie ist der Boden von Bedeutung. Er ist die Grundlage der indianischen Seele. Das war bei den weißen Siedlern nicht der Fall. Sie ließen sich mitten im Nirgendwo nieder, um eine Utopie zu schaffen, einen Ort, der im Raum nicht existieren kann. Amerika war von Anfang an eine mobile, hochdynamische Gesellschaft von Nomaden, die sich auf der Oberfläche eines verkleinerten, fast nicht existierenden Raums bewegten. So etwas wie eine amerikanische Erde gibt es nicht. Es gibt keine Erde; es gibt nur Amerika, das Land ohne Boden, ohne Wurzeln, das für alle offen ist und niemandem einen Platz zum Leben lässt — nur einen Platz, der sich immer weiterbewegt, endlos und immer weiter entwickelt, voranschreitet und sich verändert. Es ist eine reine dromokratische Gesellschaft[1] (Paul Virilio), eine erfolgreich realisierte rhizomatische glatte Oberfläche, wie sie Gilles Deleuze liebte[2].

Deshalb lässt der amerikanische Raum keine Wurzeln wachsen. Es ist eine asphaltierte Welt. Der Raum Amerikas war von Beginn seiner

---

1 Virilio prägte den Begriff „dromokratisch", um das zu beschreiben, was er als das hervorstechendste Merkmal der Moderne ansah, nämlich das Streben nach immer größerer Geschwindigkeit durch technischen und wissenschaftlichen Fortschritt. Virilio glaubte, dass wir uns der Grenze dieser Geschwindigkeit nähern und dass das Erreichen dieser Grenze das Ende der Moderne bedeuten würde.

2 Für Deleuze war ein glatter Raum jeder soziologische Bereich, der es seinen Bewohnern erlaubt, sich ungehindert zu bewegen, im Gegensatz zu einem „gestreiften Raum", der unterteilt ist und eine einfache Bewegung verhindert.

Zivilisation an virtuell. Die Erfindung des Cyberspace war nur eine verzögerte Iteration dieser Realität, die schon vor langer Zeit erreicht wurde.

Negri und Hardt, die in den USA das deutlichste Beispiel für die Postmoderne als Errungenschaft der reinsten Form der Moderne sehen, haben völlig recht. Das amerikanische Empire ist zutiefst postmodern. Seine einzige Wurzel ist die Moderne, so dass es frei ist, ohne Wurzeln zu wachsen — ohne Raum inmitten einer völlig künstlichen Landschaft, unter einem elektrischen Himmel.

Die Abwesenheit von Boden ist ein dramatisches Hindernis bei der Suche nach tiefer Identität. Dies verhindert die Projektion der 4PT auf die amerikanische Gesellschaft. Wir müssen dieses Problem irgendwie lösen. Wenn wir akzeptieren, dass der Struktur der amerikanischen Gesellschaft die Dimension der existentiellen Tiefe fehlt, die in allen anderen Kulturen und Zivilisationen vorhanden ist, können wir dennoch einige Wege aufzeigen, die es zu erkunden gilt.

Der Liberalismus, der den Kern der amerikanischen Gesellschaft bildet, und der Individualismus, der ihre Grundwerte ausmacht, sollten als grundlegende Merkmale der amerikanischen Identität akzeptiert werden. Das ist das Geburtsmal der künstlichen Konstruktion der amerikanischen Gesellschaft als Laborprojekt der westlichen Moderne.

Liberalismus und Individualismus sind die beiden Hauptmerkmale der verbreiteten Identität. Amerikaner zu sein bedeutet, liberal, individualistisch, fortschrittlich und modern zu sein. Das ist kein fester Zustand, sondern ein Prozess. Die USA sind nicht am Sein, sondern am Werden. Über dieser diffusen Identität stehen zwei parallele ideologische Narrative des Mainstreams: Demokraten und Republikaner. Sie sind die Zusammenfassung der diffusen Identität, die sie in ihren rationalen Annäherungen gleichzeitig vermitteln und deformieren. Der Liberalismus ist die Mitte — die Demokraten sind ein wenig links, die Republikaner ein wenig rechts. Aber beide Formen der äußeren Identität beruhen auf Konsens. Alle anderen Vorschläge für die Formulierung einer neuen politischen Identität werden an den Rand gedrängt, weil es keine ausreichende gesellschaftliche Unterstützung für solche alternativen Formulierungen gibt. Die amerikanische zweiseitige politisch-ideologische Struktur ist fast ein mathematischer Ausdruck der amerikanischen Identität, die um ihre Hauptvektoren oszilliert—Liberalismus, Individualismus, Freiheit, Fortschritt, Prozess, Entwicklung, Effizienz und so weiter.

Unter solchen Bedingungen gibt es keine Tiefendimension. Asphalt und die glatte virtuelle Oberfläche lassen keine Tiefe zu. Amerika ist eine sehr oberflächliche, hohle Gesellschaft. Ihre Oberflächlichkeit ist der Grund für ihre Probleme, aber auch für ihre Siege.

Wenn wir es in seinem normalen Zustand betrachten, kommen wir zu dem Schluss, dass es dort keine tiefe Identität geben kann, weil den Amerikanern der Boden, ein vormodernes Erbe, Tiefe und Wurzeln fehlen. Daher ist die 4PT für die Amerikaner verschlossen. Es scheint, dass dies für die Mehrheit zutrifft, die mit dem Status quo völlig zufrieden ist. Gleichzeitig setzt die Existenz im Heideggerschen Sinne aber auch das Bewusstsein voraus, dort/hier zu sein. Ohne Wurzeln zu leben, bedeutet, sich dem Ritual zuzuwenden und sich zu entpersönlichen. Sich mit einem begrifflichen Individualismus zu begnügen und keinen Grund für sein *Dasein* zu haben, ist dasselbe, wie einer rein mechanischen Form der Existenz zuzustimmen: eine Maschine zu werden, kein Mensch. Ohne Tiefe gibt es keine Existenz, also kann es auch keinen Menschen geben. Das ist der Grund, warum die 4PT für die USA so wichtig ist. Es ist die einzige Möglichkeit, ihren menschlichen Kern zu retten, während sie den Prozess der totalen Dehumanisierung, Mechanisierung und postmodernen Transhumanisierung durchlaufen. Die 4PT ist das Schicksal der Menschen in Amerika, nicht das von individualistischen Robotern.

Wenn wir uns mit der amerikanischen Gesellschaft befassen, müssen wir uns vor Augen halten, dass wir es mit organischen Liberalen und Individualisten zu tun haben. Wir können sie nicht ändern. Wir müssen sie akzeptieren und versuchen, eine existenzielle Politik im Kern einer so einzigartigen und besonderen Gesellschaft zu installieren. Das Volk ist das Ganze, das mehr ist als die Summe seiner Teile. Die Amerikaner sind die Teile, die denken, dass sie in sich selbst ganz sind und kein anderes Ganzes brauchen. Die Amerikaner sind Teile ohne das Ganze. Das mag seltsam erscheinen, aber es ist so. Die Amerikaner sind liberal und individualistisch. Dies ist eine echte Herausforderung für die 4PT. Wie können wir diese schwierige Gleichung lösen?

Europäischer Boden

Es gibt drei Lösungen für das existenzielle Problem, dass es Amerika an Boden mangelt.

Die erste ist offensichtlich. Sie ist eine Einladung, die amerikanische Identität abzulegen und in ein anderes existenzielles Lager überzuwechseln. Der einfachste Weg ist, zu seinen europäischen Wurzeln zurückzukehren. Das bedeutet, dass der Amerikaner aufhört, sich als Amerikaner zu betrachten, und beginnt, seine Situation im Lichte von Mutter Europa zu sehen. So wird der Amerikaner erneut zum Europäer, aber zu einem Europäer, der sich zufällig außerhalb Europas befindet. Damit sind die USA nicht mehr die Neue Welt, sondern die westliche Peripherie der Alten Welt. Amerikaner zu sein, ist dasselbe wie ein Europäer im Exil zu sein. Man kann sich auf seine Vorfahren besinnen und seine nationale oder ethnische sowie die religiöse Identität seiner europäischen Vorfahren wiederbeleben. Man wird deutsch-amerikanisch, italienisch-amerikanisch, russisch-amerikanisch, polnisch-amerikanisch, und so weiter. Auf diese Weise kann man seine europäische Identität frei wählen. Eugene (Seraphim) Rose zum Beispiel, der rein angelsächsischer Abstammung war, konvertierte zur Orthodoxie und wäre beinahe ein russisch-orthodoxer Heiliger geworden. Er hat die traditionelle russische Identität voll akzeptiert. Das andere Beispiel ist der größte amerikanische Dichter, Ezra Pound, der sich mit der europäischen Kultur identifizierte, viele Jahre in Europa lebte und auf der Seite der mitteleuropäischen Mächte gegen die USA stand. Für einen Amerikaner ist es eigentlich ganz einfach, einen solchen Schritt zu tun, um ein europäisches kulturelles und intellektuelles Selbst zu reaktualisieren oder künstlich zu schaffen.

Dieser Schritt verändert sofort den eigenen existenziellen Horizont. Mit der Erlangung einer europäischen Identität erhält der Ex-Amerikaner die wichtigsten existenziellen Dimensionen: Wurzeln, Boden und Geschichte. Er erlangt Tiefe. Das ist das Wichtigste. In den Begriffen Heideggers bedeutet dies die Wiederaneignung der Geschichte des Seins, der *Seynsgeschichte*. Der Einzelne befindet sich sowohl im europäischen Raum (an dessen Peripherie) als auch im Fluss der europäischen Zeit. Er erhält sofort eine vormoderne Grundlage für seine eigene Existenz. Er wird zum Träger des europäischen Schicksals und zu einem Teil des europäischen Logos.

Diese Option assimiliert den Ex-Amerikaner mit anderen Europäern, und in diesem Fall basiert die 4PT auf dem Heideggerschen Konzept des *Daseins*, des Ereignisses und des letzten Gottes[3]. Die tiefe Identität Europas liegt darin, dass es der Westen, die dunkle Seite der Ontologie und der Ort des Niedergangs ist. Europa ist der Ort der letzten Tragödie oder der *Ragnarök*, der letzten Schlacht der Götter.

Europa ist der Ort, an dem die Eschatologie des Seins verzehrt wird: der Punkt der Wende (Kehre). Die 4PT ist in diesem Fall ganz klar: Es ist die Aufforderung, die Moderne zu zerstören, ihr nihilistisches Rätsel aufzulösen und zu einem neuen Anfang überzugehen. Das Individuum, die Klasse und die Nation (Rasse) sind allesamt künstliche Konstruktionen der pervertierten und nihilistischen Metaphysik der Aufklärung. Sie sind Formen einer unauthentischen Existenz, denn sie führen das wahre Selbst des Hierseins in die Irre und fördern die totalitäre Diktatur des Liberalismus und der unpersönlichen mechanischen Macht.

Daher ist die 4PT für Euro-Amerikaner genau dasselbe wie für gebürtige Europäer. Die Tatsache, dass der Euro-Amerikaner mehr

---

3 Heidegger glaubte, dass der letzte Gott wieder auftauchen würde, sobald der westliche Mensch über die rationalistische Metaphysik, die sein Denken in den letzten Jahrhunderten dominiert hat, hinausgeht und ihm erlauben würde, sich wieder mit einer authentischen Seinsweise zu verbinden.

auf den Westen ausgerichtet ist, und zwar auf den Fernen Westen, fügt diesem existenziellen Erwachen des authentischen *Daseins* eine eschatologische Spannung hinzu. Heidegger ist das Schicksal des europäischen Amerikas und sein wichtigster Autor.

In diesem Fall sind alle Perioden Heideggers gleichermaßen wertvoll, insbesondere seine frühen Texte: *Sein und Zeit* sowie *Beiträge zur Philosophie* und seine anderen Schriften zur Geschichte des Seins.

Himmlischer Boden

Der zweite Vorschlag ist viel schwieriger. Er erfordert einige philosophische Erklärungen.

Nehmen wir den rein liberalen, individualistischen Amerikaner. Seine diffuse Identität hat ihn vollständig geformt, und er hat keine Neigung, Europäer zu werden. Er möchte Amerikaner bleiben. Aber er fragt nach seiner tiefen Identität. Er ist mit dem vorgeschlagenen zweiseitigen Modell nicht zufrieden, hat sich von vielen marginalen Alternativen täuschen lassen und kann den mechanischen Lebensstil nicht akzeptieren, den er mit der amerikanischen Mehrheit teilt — die Unschuld der ultimativen Idiotie. Er versucht, Tiefe zu entdecken, aber eine solche Dimension gibt es in Amerika nicht. Alles ist mit Asphalt bedeckt. Keine Wurzeln, keine Natur, keine Vergangenheit. Die Künstlichkeit der ewigen Gegenwart ist allgegenwärtig. Ein solcher Mensch braucht Boden. Er fragt nach dem Grund für seine Existenz, aber er findet keine Antwort. Was kann man da tun?

Unter solchen Umständen kann man versuchen, die kartesische Erfahrung zu wiederholen. Es gibt ein Ego, ein Individuum, das denkt. Dieses Ego ist hier und ist gegenwärtig. In dieser Gesellschaft gibt es keine Vergangenheit, nur einen flüchtigen Moment. Es gibt keinen Boden unter den Füßen. Aber der Mensch existiert, also sollte es einen Grund und Boden geben. Er kann nicht aus dem Asphalt auftauchen. Jetzt beschließt er: Wenn es keinen Boden unter mir gibt, sollte es über mir Boden geben. Es ist die himmlische Erde (Henry

Corbin[4]), die sich der Mensch vorstellt oder die er rational entdeckt. Die amerikanische Kultur verlangt, dass der Mensch sich als Individuum begreift. Wenn man also Amerikaner ist und über die unmittelbare Ursache und den Grund für die eigene Existenz nachdenkt, kommt man zu dem Konzept des himmlischen Mutterlandes und eines individuellen Gottes (oder individuellen Geistes), der für die Existenz dieser Person verantwortlich ist. Die Mainstream-Kultur spricht nicht über solche Dinge, aber da man frei denken darf, ist es ganz logisch, dass man dies tut. Jeder Einzelne sollte diesen Gott und diesen himmlischen Boden für sich selbst entdecken. Das ist die Regel in der amerikanischen Gesellschaft. Wenn er nicht nach solchen Ursachen sucht, kann er in seiner Unwissenheit frei sein. Aber wenn er danach sucht, sollte er die Antwort für sich selbst finden.

Wir kommen zu einer sehr wichtigen Schlussfolgerung: Es gibt eine Prämisse für eine ganz besondere amerikanische Form der Theologie, einen umgekehrten individualistischen Platonismus, der die Transzendenz Gottes entdeckt, indem er sie für sich selbst erschafft.

Die amerikanische Theologie ist mit Regen vergleichbar — jeder Tropfen ist die amerikanische Seele, die durch den amerikanischen Regen geschaffen wird, der ein Regen des Geistes ist. Eine solche Theologie ist individuell monotheistisch, gesellschaftlich polytheistisch (es gibt viele Regentropfen) und normativ säkular oder atheistisch. Jeder Mensch kann seinen persönlichen Gott oder Geist entdecken. Eine solche Gelegenheit ist pragmatisch für jeden notwendig. Aber dieser Gott oder Geist kann nicht von außen aufgezwungen werden. Er sollte von innen heraus gesucht und gefunden werden.

Der individuelle Gott/Geist erschafft das Individuum, aber er bestimmt es nicht für immer. Das würde bedeuten, dass eine Veränderung unmöglich ist. Aber die diffuse amerikanische Identität

---

4 Für Corbin ist die himmlische Erde das Vorstellungsreich, in dem die Ideen durch spirituelle Disziplinen und Untersuchungen in ihrem Wesen erfasst werden, ähnlich wie das Reich der Ideen, das hinter der Welt der Sinne liegt, von der Platon sprach.

basiert auf Veränderung. Die amerikanische Theologie sollte daher eine Prozesstheologie sein. Die Vielzahl der streng individuellen Götter/Geister erschafft die Amerikaner immer wieder neu. Die amerikanische Individualität ist ein Werden und eine Dynamik. Es ist eine offene Individualität, nicht horizontal, sondern vertikal. Die USA sind eine Gemeinschaft von zutiefst individualistischen Mystikern. Das kann nicht bewiesen werden, aber es kann trotzdem nicht geleugnet werden. Es ist ein amerikanisches Geheimnis. Sie können davon ausgehen, dass Sie es mit einem Narren zu tun haben, aber vielleicht ist er ein Narr Gottes (oder des Geistes).

Die amerikanische Theologie präsentiert eine neue Version der Tiefendimension. Die 4PT spricht in diesem Fall nicht die oberflächliche Seite der amerikanischen Mentalität an (die rein mechanische), sondern spricht direkt zu dieser geheimen Seite der amerikanischen Persönlichkeit: ihre Dimension des Geistes. Der Amerikaner existiert, indem er seinen persönlichen Gott für sich selbst erschafft. Es ist ein Regen, der nach oben und nicht nach unten fällt. Diese freiwillige Transzendenz dient als eine Tiefe, die aus der Banalität der Ideologie der Moderne entstehen kann und soll. Es ist eine Art geheime Seite des Liberalismus, wo seine Grenzen durch die heroischen Anstrengungen der absoluten Einsamkeit überwunden werden. Die USA sind der einzige Ort, an dem eine solche absolute Einsamkeit möglich ist. Sie zu überwinden ist obligatorisch.

Der Mensch, der seinen Schöpfer erschafft, baut so die Dimension der Tiefe in seine persönliche Anthropologie ein. Sich die Vergangenheit und die Geschichte vorzustellen, ist sicherlich ein mögliches Ziel für die 4PT. Eine solche Anstrengung ist zu dramatisch für die Moderne. Daher wird die Individualität von der Moderne gebracht und aufgezwungen. Aber der Amerikaner, der unter solchen Bedingungen lebt und versucht, die Ursache und den Sinn seiner Existenz in Amerika zu begreifen (Amerika ist nicht die Welt — der Heideggersche Existentialismus sollte hier also zu In-Amerika-*sein* korrigiert werden), provoziert eine Selbstimplosion. Er erkennt auf tragische Weise die fehlende vertikale Achse in sich selbst und ist dann bereit, die 4PT zu empfangen.

Der amerikanische Weg des Todes

Der letzte Weg zu einer tiefen Identität in der amerikanischen Gesellschaft ist der des klassischen amerikanischen Existenzialismus, wie er in der amerikanischen Literatur und Kunst vertreten ist. In diesem Fall ist es der eines einsamen Individuums, das seine gewohnte Lebensweise verliert und den geschlossenen Kreis der bedeutungslosen Dynamik, der Amerika ist, verlässt. Der Amerikaner wird von Amerika zurückgewiesen. Jetzt ist er in Schwierigkeiten. Es gibt keinen Weg raus aus Amerika. Wenn Sie keinen Weg finden, Teil von Amerika zu sein, werden Sie dafür bezahlen. In Amerika zu sein ist schicksalhaft. Die Gesellschaft gibt Ihnen nur eines — eine absolute individuelle Freiheit, konfisziert aber alles andere. Sie sind frei von allem. Gleichzeitig sind Sie aber auch frei für nichts. Deshalb entdeckt ein Außenseiter sich selbst, ganz von selbst. Aber Amerika ist der universelle Außenseiter. Sich selbst außerhalb des Lagers des Seins zu finden und in Amerika zu leben, ist ein und dasselbe. Diejenigen, die das verstehen, sind amerikanischer als diejenigen, die es nicht verstehen. Der wahre Amerikaner ist der verlorene Amerikaner, der verwirrte Amerikaner, der gefallene Amerikaner...

Die Suche nach dem Boden in einer solchen Situation führt, wie wir bereits gesehen haben, ins Leere. Es gibt keinen Boden, keine Wurzeln und keine Vergangenheit. Der Amerikaner kann nur über die glatte Oberfläche der ewigen Gegenwart gleiten. Und wenn man fällt, gleitet man weiter — man fällt, man ist gefallen. Es gibt Fälle, in denen der Mensch nicht nach oben in Richtung der himmlischen Erde schauen kann. Nicht ein Tropfen Regen. Es gibt weder den Willen noch die Kraft, einen persönlichen Gott/Geist zu erschaffen. Dann bleibt nur eine Möglichkeit — der Tod. In Amerika ist der Tod individualistisch. Er ist unsozial. Er geht niemanden etwas an, außer denjenigen, der stirbt. All diejenigen, die auf Abwege geraten sind, beginnen, dem Tod gegenüberzustehen, ohne Hoffnung und ohne Sinn.

Das ist der reine, liberale Tod und die Essenz der Freiheit. Die Helden von J. D. Salinger, John Updike, William Faulkner oder die Beatniks sind Beispiele für solche Typen von amerikanischen Außenseitern, die eigentlich die einzigen echten Insider sind, weil sie den Kern der amerikanischen Identität erreicht haben, der der Tod selbst ist.

Die 4PT basiert auf einem *Dasein*, das authentisch existiert. Das bedeutet, dass wir vor dem Tod existieren und ihm direkt in die Augen schauen. Dies ist die notwendige Dimension. Indem wir uns mit dem Tod auseinandersetzen, erwecken wir den Inhalt unseres Wesens. Wir sind nicht immer menschlich, aber wir werden es, wenn wir unsere Sterblichkeit und Endlichkeit erkennen. Wenn unser Ende vor uns liegt, ist das ein Moment des Anfangs. Amerikanische Außenseiter sind bereite Subjekte für die 4PT. Sie entdecken die Keimzelle des Liberalismus und das Zentrum der Individualität — es ist der Tod. Aber der Tod, der Abstieg, der Niedergang sollte als Ausgangspunkt für die 4PT genommen werden. Der Tod des Subjekts aller klassischen politischen Theorien der Moderne ist die Geburt des wahren *Daseins* und seiner Manifestation.

Drei Wege für Amerika

Wir haben einen Überblick über drei Wege zur Entdeckung der tiefen Identität des amerikanischen Volkes gegeben. Der erste ist eine Aufforderung, seine moderne, amerikanische Identität aufzugeben und zur europäischen zurückzukehren. In diesem Fall wird das amerikanische Volk als eine Erweiterung des europäischen Volkes betrachtet.

Die zweite schlägt vor, eine spezielle amerikanische Theologie oder einen Regengeist mit einer künstlich geschaffenen Transzendenz zu bekräftigen, die ein neues Konzept für das amerikanische Volk als mystische Individualisten vorbereiten würde, die Götter/Geister erschaffen. Einige Beispiele für diese Art von Identität sind in verschiedenen amerikanischen religiösen Sekten zu finden: die Mormonen, die Prozesskirche⁵ und die Prozesstheologie, die vielen verschiedenen protestantischen Konfessionen und so weiter. Hier sehen wir die Implosion der Moderne, die den Weg für die Akzeptanz der gegenmodernen Essenz der 4PT bereitet.

Die dritte Methode ist die direkte Konfrontation mit dem Tod und die Entdeckung des Nichts, das im Zentrum des Individuums als solches liegt. Hier wird die nihilistische Essenz des Liberalismus deutlich, und ausgehend von diesem schwarzen Fleck können wir die Vorschläge der 4PT zu seiner Überwindung weiterdenken.

---

5 Die Prozesskirche des endgültigen Gerichts wurde in den 1960er und 70er Jahren in London und später in New Orleans gegründet. Auf der Grundlage der christlichen Theologie lehrte sie, dass der Gegensatz zwischen Christus und Satan in Wirklichkeit eine Einheit bildet und dass die göttlichen Wesen in jedem Menschen existieren. — *Anm. d. Übers.*

GLOBALE REVOLUTION

DAS MANIFEST DER GLOBALEN REVOLUTIONÄREN ALLIANZ

Programm, Grundsätze, Strategie

Unzufriedene auf der ganzen Welt, vereinigt euch!

Erster Teil: Die Situation des Endes

1. Wir leben am Ende des historischen Zyklus. Alle Prozesse, die den Fluss der Geschichte ausmachen, sind in eine logische Sackgasse geraten.

a. **„Das Ende des Kapitalismus":** Die Entwicklung des Kapitalismus hat ihre natürliche Grenze erreicht. Es gibt nur noch einen Weg für das Weltwirtschaftssystem — den Zusammenbruch in sich selbst. Das System des modernen Kapitalismus, das auf einer fortschreitenden Zunahme der reinen Finanzinstitutionen — zunächst der Banken und dann der komplexeren und ausgeklügelteren Aktienstrukturen — beruht, hat sich völlig von der Realität, vom Gleichgewicht zwischen Angebot und Nachfrage, vom Verhältnis zwischen Produktion und Verbrauch und von der Verbindung zum wirklichen Leben abgekoppelt. Der gesamte Reichtum der Welt ist durch komplexe Manipulationen künstlicher Finanzpyramiden in den Händen der weltweiten Finanzoligarchie konzentriert. Diese Oligarchie hat nicht nur die Arbeit entwertet, sondern auch das mit den Marktgrundlagen verbundene Kapital, das durch die Finanzrente gesichert wurde. Alle anderen wirtschaftlichen Kräfte sind dieser unpersönlichen, transnationalen, ultraliberalen Elite hörig. Unabhängig davon, wie wir über den Kapitalismus denken, ist es jetzt klar, dass er nicht nur eine weitere Krise durchmacht, sondern dass das gesamte System am Rande des totalen Zusammenbruchs steht. Ganz gleich, wie die globale Oligarchie versucht, den fortschreitenden Zusammenbruch vor der Masse der Weltbevölkerung zu verbergen — immer mehr Menschen beginnen zu ahnen, dass dieser unvermeidlich ist und dass die globale Finanzkrise, die durch den Zusammenbruch des amerikanischen Hypothekenmarktes und seiner Großbanken verursacht wurde, nur der Anfang einer globalen Katastrophe ist. Diese Katastrophe kann hinausgezögert, aber nicht verhindert oder vermieden werden. Die Weltwirtschaft ist in der Form, in der sie jetzt funktioniert, dem Untergang geweiht.

b. **„Das Ende der Ressourcen"**: In Anbetracht der derzeitigen demographischen Situation und des stetigen Wachstums der Weltbevölkerung, insbesondere in den Ländern der Dritten Welt, ist die Menschheit kurz davor, die natürlichen Ressourcen der Erde zu erschöpfen. Diese sind nicht nur notwendig, um unser derzeitiges Konsumniveau aufrechtzuerhalten, sondern auch für das schiere Überleben auf einem minimalen Niveau. Wir nähern uns schnell den Grenzen des Wirtschaftswachstums, und globaler Hunger, Entbehrungen und Epidemien werden die neue Norm werden. Wir haben die Tragfähigkeit der Erde überschritten. Daher stehen wir vor einer drohenden demographischen Katastrophe. Je mehr Kinder geboren werden, desto größer wird das Leid letztlich sein. Für dieses Problem gibt es keine einfache Lösung, aber so zu tun, als ob es nicht existierte, hieße, blind in das Extremszenario unseres globalen kollektiven Selbstmords als

Spezies durch unser eigenes Wirtschaftssystem und dessen unkontrolliertes Wachstum hineinzulaufen.

c. **„Das Ende der Gesellschaft"**: Unter dem Einfluss westlicher und amerikanischer Werte ist die Atomisierung der Gesellschaften der Welt, in der die Menschen nicht mehr durch irgendeine Form von sozialen Bindungen miteinander verbunden sind, in vollem Gange. Kosmopolitismus und ein neues Nomadentum sind zum gängigsten Lebensstil geworden, insbesondere bei der jüngeren Generation. Dies, gepaart mit wirtschaftlicher Instabilität und Umweltkatastrophen, führt zu nie dagewesenen Auswanderungsströmen, die ganze Gesellschaften zerstören. Kulturelle, nationale und religiöse Bindungen werden zerrissen, Gesellschaftsverträge werden gebrochen und organische Verbindungen werden durchtrennt. Wir leben in einer Welt der einsamen Massen — Gesellschaften, die durch den Kult des Individualismus atomisiert sind. Die kosmopolitische Einsamkeit wird zur Norm und kulturelle Identitäten implodieren. Gesellschaften werden durch Nomadentum und die Kälte des Internets ersetzt, die organische, historische Kollektive auflösen. Gleichzeitig verschwinden Kultur, Sprache, Moral, Tradition, Werte und die Familie als Institution.

d. **„Das Ende des Individuums"**: Die Aufspaltung des Individuums in seine Einzelteile wird zum vorherrschenden Trend. Die menschliche Identität breitet sich über virtuelle Netzwerke aus, nimmt die Form von Online-Persönlichkeiten an und verwandelt sich in ein Spiel aus ungeordneten Elementen. Paradoxerweise erhält derjenige, der seine Integrität aufgibt, mehr Freiheiten, aber auf Kosten von jemandem — seinem verlorenen Selbst —, der sie besser nutzen könnte. Die postmoderne Kultur exportiert die Menschen zwanghaft in die virtuellen Welten der elektronischen Bildschirme und entzieht sie der Realität, indem sie sie in einem Strom von subtil organisierten und geschickt manipulierten Halluzinationen gefangen hält. Diese Prozesse werden von der globalen Oligarchie gesteuert, die darauf abzielt, die Massen der Welt selbstgefällig, kontrollierbar und programmierbar zu machen. Noch nie wurde der Individualismus so sehr verherrlicht, doch gleichzeitig waren sich die Menschen auf der ganzen Welt in ihrem Verhalten, ihren Gewohnheiten, ihrem Aussehen, ihren Techniken und ihrem Geschmack so ähnlich wie nie zuvor. Im Streben nach individualistischen „Menschenrechten" hat sich die Menschheit selbst verloren. Bald wird der Mensch durch den Post-Menschen ersetzt werden: einen mutierten, geklonten Androiden.

e. **„Das Ende von Nationen und Völkern"**: Globalisierung und globale Ordnungspolitik mischen sich in die inneren Angelegenheiten souveräner Staaten ein, löschen sie einen nach dem anderen aus und zerstören systematisch jede nationale Identität. Die globale Oligarchie ist bestrebt, alle nationalen Grenzen aufzulösen, die ihre allgegenwärtige Präsenz behindern könnten. Transnationale Konzerne stellen ihre eigenen Interessen über nationale Interessen und staatliche Verwaltungen, was dazu führt, dass ein Staat von Systemen außerhalb seiner selbst abhängig wird und seine Unabhängigkeit verliert, um durch Interdependenz ersetzt zu werden. Das System der internationalen Beziehungen wird von den Strukturen der globalen Finanzoligarchie verdrängt. Die westlichen Länder und Monopole bilden den Kern dieser globalen Ordnungspolitik und integrieren nach und nach auch die wirtschaftlichen und politischen Eliten der nicht-westlichen Staaten. So sind die ehemaligen nationalen Eliten zu Komplizen der Globalisierungsprozesse geworden, die die Interessen ihrer Staaten und ihrer Mitbürger verraten und eine globale transnationale Klasse bilden, in der sie mehr miteinander gemeinsam haben als mit ihren ehemaligen Landsleuten.

f. **„Das Ende des Wissens"**: Die globalen Massenmedien schaffen ein System der totalen Desinformation, das im Einklang mit den Interessen der globalen Oligarchie organisiert ist. Nur das, was von den globalen Medien berichtet wird, ist „Realität". Das Wort der globalen Vierten Gewalt wird zu einer „selbstverständlichen Wahrheit", auch bekannt als „konventionelle Weisheit". Alternative Standpunkte können zwar immer noch in den Zwischenräumen der globalen Kommunikationsnetze verbreitet werden, aber sie werden an den Rand gedrängt, weil nur die Informationskanäle finanziell unterstützt werden, die den Interessen der globalen Oligarchie oder, anders gesagt, dem Kapital dienen. Wenn kritische Meinungen eine bestimmte Schwelle überschreiten und zu einer Bedrohung für das System werden, kommen die klassischen Instrumente der Unterdrückung zum Einsatz: finanzieller Druck, Enteignung, Dämonisierung sowie rechtliche und physische Schikanen. In einer solchen Gesellschaft wird das gesamte System, durch das Wissen aller Art verbreitet wird, zu etwas, das von dieser globalen, transnationalen Medienelite universell moderiert wird.

g. **„Das Ende des Fortschritts":** In den letzten Jahrhunderten hat die Menschheit im Glauben an den Fortschritt und in der Hoffnung auf eine bessere Zukunft gelebt. Dieses Versprechen zeigte sich in der Entwicklung der positivistischen Methodik, den Durchbrüchen in Wissen und Wissenschaft und dem Aufkommen und der Entwicklung der Begriffe Humanismus und soziale Gerechtigkeit. Der Fortschritt schien garantiert und selbstverständlich zu sein. Im einundzwanzigsten Jahrhundert wird dieser Glaube nur noch von den Naiven geteilt, die bewusst die Augen vor der Realität verschließen, um mit einem Leben in materiellen Privilegien und Seelenfrieden belohnt zu werden. Aber dieser Glaube an den Fortschritt widerlegt sich selbst. Sowohl der Einzelne als auch die Welt werden nicht besser, sondern verkommen im Gegenteil rapide — oder sie bleiben zumindest so grausam, zynisch und ungerecht wie immer. Die Entdeckung dieser Tatsache hat zum Zusammenbruch des humanistischen Weltbildes geführt. Nur die bewusst Blinden wollen nicht sehen, dass sich hinter der Doppelmoral der westlichen Welt und ihren eingängigen Slogans über Menschenrechte und Freiheit ein egoistischer

Wille zur Kolonialisierung und Kontrolle verbirgt. Fortschritt ist nicht nur nicht garantiert, sondern unwahrscheinlich. Wenn sich die Dinge weiterhin so entwickeln wie heute, werden die pessimistischsten, katastrophalsten und apokalyptischsten Prognosen für die Zukunft eintreffen.

2. Im Allgemeinen haben wir es mit dem Ende eines großen historischen Zyklus zu tun, dessen grundlegende Parameter erschöpft und gestört sind. Die Erwartungen, die dazu gehörten, werden ausgelöscht oder haben sich als Täuschung erwiesen. Das Ende der Welt geschieht nicht einfach, es entfaltet sich vor unseren Augen. Wir sind sowohl Beobachter als auch Teilnehmer an diesem Prozess. Läutet es das Ende der modernen Zivilisation oder das Ende der Menschheit ein? Niemand kann das mit Sicherheit vorhersagen. Aber das Ausmaß der Katastrophe ist so groß, dass wir die Möglichkeit nicht ausschließen können, dass der qualvolle Todeskampf der globalistischen, westlich orientierten Welt uns alle mit in den Abgrund reißt. Die Situation wird dadurch noch dramatischer, dass diese katastrophalen Prozesse unter den bestehenden Institutionen der globalen Ordnungspolitik und des internationalen Finanzwesens, mit denen die transnationale Oligarchie der Welt ihren Willen diktiert, nicht mehr so weitergehen können wie bisher, da ihre Schwelle erreicht ist. Die zunehmenden Krisen können nicht gestoppt werden, noch kann ihr Verlauf geändert werden, da das rasche Tempo dieser großen Trends keine abrupte Kursänderung zulässt.

3. Die derzeitige Situation ist unerträglich, nicht nur wie sie jetzt ist, sondern auch, weil sie sich weiterentwickeln wird. Heute eine Katastrophe, morgen ein artübergreifender Selbstmord. Die Menschheit hat sich selbst ihrer Zukunft beraubt. Aber der Mensch unterscheidet sich von den Tieren dadurch, dass er ein Verständnis für die Geschichte hat. Selbst wenn man in einem bestimmten Moment nicht alle Notwendigkeiten der Situation spürt, gibt das Wissen um die Vergangenheit und die Voraussicht

auf eine fabrizierte Zukunft sowohl optimistische als auch bedroh-
liche Perspektiven wieder — utopische und dystopische. Wenn wir
den Weg, den wir bereits beschritten haben, über unsere Schulter
sehen und den vor uns liegenden Weg betrachten, können wir
es uns nicht leisten, zu verkennen oder zu übersehen, dass der
Weg, auf dem wir uns befinden, zu unserem Untergang führt.
Nur diejenigen, die des historischen Denkens beraubt sind, die
durch einen nicht enden wollenden und aggressiven Strom von
Werbung, geistloser Unterhaltung und Desinformation auf eine
Existenz als „Konsumenten" reduziert sind und die von echter
Bildung und Kultur abgeschnitten sind, können den Schrecken
unserer tatsächlichen Situation ignorieren. Nur ein roher Mensch
oder ein konsumierender Automat — der Postmensch — kann die
Welt nicht als die Katastrophe erkennen, zu der sie geworden ist.

4. Diejenigen, die wenigstens ein Körnchen unabhängigen und freien
   Verstandes bewahrt haben, kommen nicht umhin, sich zu fragen:
   Was ist der Grund für unsere derzeitige Situation? Was sind die
   Ursprünge und Auslöser für diese Katastrophe? Es ist inzwischen
   klar, dass die Ursache in der westlichen Zivilisation liegt — ihrer
   technologischen Entwicklung, ihrem Individualismus, ihrem
   Streben nach Freiheit um jeden Preis, ihrem Materialismus, ihrem
   wirtschaftlichen Reduktionismus, ihrem Egoismus und ihrem
   Geldfetisch — das heißt, im Wesentlichen der gesamten bürger-
   lich-kapitalistischen liberalen Ideologie. Die Ursache liegt auch
   in dem rassistischen Glauben der westlichen Gesellschaften, dass
   ihre Werte und Überzeugungen universell und die besten sind
   und daher für den Rest der Menschheit verbindlich sind. Wenn
   diese Leidenschaft zunächst positive Ergebnisse brachte — neue
   Dynamik, Möglichkeiten für den Humanismus, eine erweiterte
   Zone der Freiheit, eine verbesserte materielle Situation für einige und die Eröffnung neuer Perspektiven —, dann begannen
   dieselben Trends, nachdem sie ihre Grenze erreicht hatten,
   das Gegenteil zu bewirken. Die Technik verwandelte sich von
   einem Instrument in ein autarkes Prinzip (die Aussicht auf eine

mechanisierte Revolte); der Individualismus wurde auf die Spitze getrieben, man wurde seiner eigenen Natur beraubt, die Freiheit verlor ihr Subjekt, die Vergötterung des Materiellen führte zu geistigem Verfall, die Gesellschaft wurde durch Egoismus zerstört, die absolute Macht des Geldes beutete die Arbeit aus und trieb den Unternehmergeist des Kapitalismus aus, und die liberale Ideologie zerstörte jede Form von sozialer, kultureller oder religiöser Solidarität. Im Westen ergab sich dieser Kurs aus der Logik seiner historischen Entwicklung, aber im Rest der Welt wurden dieselben Prinzipien durch koloniale und imperialistische Praktiken mit Gewalt durchgesetzt, ohne die Besonderheiten der lokalen Kulturen zu berücksichtigen. Der Westen, der diesen Weg in der Neuzeit eingeschlagen hat, hat nicht nur sich selbst zu einem bedauerlichen Ende gebracht, sondern auch allen anderen Nationen der Erde irreparablen Schaden zugefügt. Er ist *nicht* universell, im wahrsten Sinne des Wortes, aber er und sein katastrophaler Verlauf sind universell und global *gemacht worden*, so dass es nicht mehr möglich ist, sich von ihm zu trennen oder zu isolieren. Die einzig mögliche Veränderung besteht darin, das gesamte System und sein Paradigma mit der Wurzel auszureißen. Und obwohl die Situation in den nicht-westlichen Gesellschaften etwas anders ist, kann das einfache Ignorieren der Herausforderung durch den Westen nichts ändern. Die Wurzeln des Übels sind zu tief. Sie sollten klar verstanden, nachvollzogen, identifiziert und ins Rampenlicht gerückt werden. Man kann die Folgen nicht bekämpfen, ohne ihre Ursachen zu verstehen.

5. Genauso wie es Ursachen für die derzeitige katastrophale Situation gibt, gibt es auch diejenigen, deren Interessen vom Status quo abhängen — die wollen, dass er bestehen bleibt —, die davon profitieren, die dafür verantwortlich sind, die ihn unterstützen, stärken, schützen und bewachen und die verhindern, dass er seinen Entwicklungskurs ändert. Dies ist die globale oligarchische transnationale Klasse, die den politischen, finanziellen, wirtschaftlichen und militärisch-strategischen Kern der (meist westlichen)

Weltelite umfasst, sowie ein breites Netzwerk von Intellektuellen, die ihr dienen, und Führungskräfte und Medienmogule, die ihr loyales Gefolge bilden. Zusammengenommen bilden die globale Oligarchie und ihr Gefolge die herrschende Klasse des Globalismus. Sie umfasst die politischen Führer der Vereinigten Staaten, die Wirtschafts- und Finanzmogule und die Agenten der Globalisierung, die ihnen zu Diensten sind und das gigantische planetarische Netzwerk bilden, in dem die Ressourcen an diejenigen verteilt werden, die der Stoßrichtung der Globalisierung treu sind. Sie lenken auch den Informationsfluss, kontrollieren die politische, kulturelle, intellektuelle und ideologische Lobbyarbeit, sammeln Daten und infiltrieren die Strukturen der Staaten, die noch nicht vollständig ihrer Souveränität beraubt wurden, ganz zu schweigen von ihrem Einsatz von Korruption, Beeinflussung, Schikanen gegen Andersdenkende und so weiter. Dieses globalistische Netzwerk besteht aus mehreren Ebenen, darunter politische und diplomatische Vertretungen sowie multinationale Unternehmen und deren Management, Mediennetzwerke, globale Handels- und Industriestrukturen, Nichtregierungsorganisationen, Fonds und dergleichen. Die Katastrophe, in der wir uns alle befinden und die sich zuspitzt, ist vollständig menschengemacht. Es gibt Kräfte, die alles tun werden, um den Status quo zu erhalten. Sie sind die Architekten und Manager der globalen, egozentrischen, hyperkapitalistischen Welt. Sie sind für alles verantwortlich. Die globale Oligarchie und ihr Netzwerk von Agenten sind die Wurzel allen Übels. Das Böse ist in der globalen politischen Klasse personifiziert. Die Welt ist so, wie sie ist, weil jemand will, dass sie so ist, und viel Mühe darauf verwendet, sie so zu machen. Dieser Antrieb ist die Quintessenz des historischen Bösen. Aber wenn dies tatsächlich der Fall ist und jemand für die gegenwärtige Situation verantwortlich ist, dann erhält die Opposition und die Ablehnung des Status quo ihr Ziel. Die globale Oligarchie wird zum Feind der gesamten Menschheit. Aber gerade das Vorhandensein eines identifizierbaren Feindes gibt uns eine Chance, ihn zu besiegen, eine Chance auf Rettung und eine Chance, die Katastrophe zu überwinden.

Zweiter Teil: Das Bild einer normalen Welt

Durch versuchte Hypnose und Propaganda wird uns gesagt, dass die Dinge nicht anders sein können als sie jetzt sind und dass jede Alternative noch schlimmer wäre. Diese vertraute Melodie sagt uns, dass „die Demokratie viele Fehler hat, aber alle anderen politischen Regime so viel schlechter sind, dass es besser ist, das zu akzeptieren, was wir bereits haben." Das ist eine Unwahrheit und politische Propaganda. Die Welt, in der wir leben, ist inakzeptabel, unerträglich und führt zu unserem unvermeidlichen zivilisatorischen Selbstmord. Eine Alternative zu ihr zu finden, ist überlebenswichtig. Wenn wir den Status quo nicht stürzen, den Kurs der zivilisatorischen Entwicklung nicht ändern, die globale Oligarchie als System und als manipulative Kräfte, Gruppen, Institutionen, Unternehmen und sogar Einzelpersonen nicht entmachten und zerstören, werden wir nicht nur zu Opfern, sondern auch zu Mitschuldigen am bevorstehenden Ende. Die Behauptung, dass „alles nicht so schlimm ist", dass „es früher schlimmer war", dass „irgendwie alles besser werden wird" und so weiter, ist eine bewusste Form der hypnotischen Suggestion, die darauf abzielt, die Reste des freien Bewusstseins und der unabhängigen und nüchternen Analyse in Apathie zu wiegen. Die globale Oligarchie kann nicht zulassen, dass ihre Untergebenen es wagen, unabhängig und außerhalb des Rahmens ihrer heimlich auferlegten Standards zu denken. Diese Elite agiert nicht direkt, wie in den totalitären Regimen der Vergangenheit, sondern subtil und heimtückisch, indem sie die Menschen dazu bringt, ihre Dogmen als selbstverständlich hinzunehmen und sogar den Anschein erweckt, als würden sie von jedem Menschen freiwillig übernommen werden. Aber die Würde des Menschen hängt von der Fähigkeit ab, zwischen einem „Ja" und einem „Nein" zur aktuellen Situation zu wählen. Keine Instanz kann von einer Person ein „Ja" erzwingen, das dann auch noch menschlich ist. Man kann zu allem „Nein" sagen, jederzeit und unter allen Umständen. Indem die globale Elite uns dieses Grundrecht verweigert, spricht sie uns unsere Menschenwürde ab. Das heißt, sie wendet sich nicht nur gegen die Menschlichkeit, sondern gegen das Menschsein und die menschliche Natur. Das allein gibt uns das Recht, uns gegen sie aufzulehnen, radikal „Nein" zu ihr und zum gesamten Zustand der Dinge zu sagen, ihre Vorschläge zurückzuweisen, aus ihrer Hypnose zu erwachen und uns stattdessen eine andere Welt, einen anderen Weg, eine andere Ordnung, ein anderes System und eine andere Gegenwart und Zukunft vorzustellen. Die Welt, die uns umgibt, ist inakzeptabel. Sie ist aus jedem Blickwinkel schlecht. Sie ist ungerecht, katastrophal, unzuverlässig und trügerisch. Sie ist nicht frei. Sie muss zerschlagen und zerstört werden. Wir brauchen eine andere Welt. Sie wird nicht schlechter sein, wie uns die globale Oligarchie und ihre treuen Diener weismachen wollen, um uns Angst zu machen. Sie wird besser sein, und sie wird der Weg zur Erlösung sein.

Was ist in diesem Fall eine bessere Welt und die gewünschte Weltordnung? Auf welcher Grundlage können wir die bestehende Ordnung als pathologisch bezeichnen? Die Vorstellung von einer besseren und normaleren Welt kann sehr unterschiedlich sein, je nachdem, wer sie sich vorstellt, auch wenn alle diese Bilder gleichermaßen im Widerspruch zu unserer aktuellen Situation stehen. Wenn Sie sich mit den Einzelheiten jedes dieser alternativen Projekte befassen, wird es unweigerlich zu Kontroversen innerhalb des Lagers derjenigen kommen, die eine globale Alternative unterstützen. Ihre Einheit wird erschüttert, ihr Widerstandswille wird gelähmt, und die Konkurrenz zwischen ihren verschiedenen Projekten wird die Konsolidierung der antiglobalistischen Kräfte untergraben. Dieser Tendenz müssen wir widerstehen. Von einer normalen Welt, einer besseren Welt, darf also nur mit äußerster Vorsicht gesprochen werden. Dennoch gibt es einige sehr offensichtliche Prinzipien und Maßstäbe, die kaum jemand, der bei klarem Verstand ist, in Frage stellen kann. Lassen Sie uns versuchen, sie zu finden.

a. Wir brauchen ein anderes Wirtschaftsmodell, eine Alternative zu dem heute bestehenden System des spekulativen Finanzkapitalismus. Alternativen gibt es im „echten Industriekapitalismus", in der islamischen Ökonomie, im Sozialismus, in grünen Projekten und in Systemen, die mit der tatsächlichen Produktion verbunden sind. Wir müssen nach völlig neuen Wirtschaftsmechanismen suchen, einschließlich neuer Formen von Energie, Arbeitsorganisation usw. Die Wirtschaft einer normalen Welt wird nicht dieselbe sein wie die heutige.

b. In Anerkennung der Grenzen des Wachstums und der Endlichkeit der natürlichen Ressourcen muss das Verteilungsproblem auf der Grundlage eines Plans angegangen werden, der für die gesamte Menschheit gilt und ihr gemeinsam ist, und nicht auf der Grundlage eines egoistischen und darwinistischen Konkurrenzkampfes um die Nutzung und Kontrolle dieser Ressourcen. Ressourcenkriege — ob militärisch oder wirtschaftlich — müssen vollständig unterdrückt werden. Die Menschheit ist durch diesen Kampf bedroht, und angesichts dieser Tatsache müssen wir eine andere Haltung zu den Themen Demokratie und Ressourcen einnehmen. In diesem Spiel kann es keine Gewinner geben. Alle werden verlieren. In einer normalen Welt sollten alle Menschen auf der Welt gemeinsam auf diese Bedrohung reagieren, nicht jeder für sich.

c. Der normale und beste Zustand der menschlichen Existenz ist nicht die Zersplitterung und Auflösung in atomisierte Individuen, sondern die Erhaltung sozialer, kollektiver Strukturen, die die Weitergabe von Kultur, Wissen, Sprachen, Praktiken und Überzeugungen von einer Generation zur nächsten aufrechterhalten. Der Mensch ist in erster Linie ein soziales Wesen — deshalb ist der liberale Individualismus zerstörerisch und kriminell. Wir müssen die menschliche Gesellschaft um jeden Preis retten. Daraus folgt, dass sich eine soziale Orientierung gegenüber dem liberalen Individualismus durchsetzen muss.

d. In der Gesellschaft, die sich herausbilden soll, sollte der Mensch die Freiheit haben, seine Menschenwürde, seine Identität, sein Wesen und seine Ganzheit zu bewahren. Wir müssen auch die Strukturen bewahren, ohne die sich eine individuelle Persönlichkeit nicht entwickeln und verwurzeln kann — die Familie, die produktive Arbeit, die öffentlichen Institutionen, das Recht, über das eigene Schicksal zu bestimmen usw. Die Tendenzen, die zur Auflösung dessen führen, was uns als Mitglieder von Gesellschaften und Kulturen menschlich macht, und zu seiner Ersetzung durch neue, universelle Menschentypen oder posthumane Perversionen, sollten aufgehalten werden. Unser Menschsein in all seinen bestehenden Formen und seiner Vielfalt ist etwas, das bewahrt und sogar wieder so hergestellt werden sollte, wie es einmal war.

e. Eine normale Gesellschaft ist eine Gesellschaft, in der Völker, Nationen und Staaten als traditionelle Formen menschlicher Gemeinschaft bewahrt werden — als geschaffene Formen, geschaffen durch Geschichte und Tradition. Sie können sich verändern, aber sie sollten nicht abgeschafft oder gewaltsam zu einem einzigen globalen Schmelztiegel verschmolzen werden. Die Vielfalt der Völker und Nationen ist ein historischer Schatz der Menschheit. Sie abzuschaffen, käme der Abschaffung der Geschichte, der Freiheit und des kulturellen Reichtums gleich. Die von den Märkten angetriebene homogenisierende Globalisierung muss gestoppt und rückgängig gemacht werden.

f. Die normale Gesellschaft basiert auf der Möglichkeit, Wissen zu erwerben, Wissen zu vermitteln, auf einer Art Osmose mit unserer Welt und unserer Existenz als menschliche Wesen auf der Grundlage von Tradition, Erfahrung, Entdeckung und der Freiheit, nach Sinn zu suchen. Die Sphäre des Wissens sollte kein Feld virtueller Festspiele, der Hypnose durch die Massenmedien oder ein Raum für die Manipulation des Bewusstseins auf globaler Ebene sein. Die Massenmedien fungieren als virtuelles Surrogat, das die Realität ersetzt. An ihre Stelle muss eine nüchterne Selbstreflexion treten, die auf offenen Quellen, Intuition, Kreativität und Erfahrung beruht. Um dies zu erreichen, ist es notwendig, die derzeitige Diktatur der kommerziellen Massenmedien zu brechen und das Monopol der globalen Eliten, die derzeit das Massenbewusstsein bestimmen, zu zerschlagen.

g. Eine normale Gesellschaft sollte eine positive Vision der Zukunft haben. Um das angestrebte Ziel zu erreichen, muss man sich jedoch gleichzeitig von der Illusion verabschieden, dass sich die Dinge an sich gut entwickeln, oder im Gegenteil von der Annahme, dass die Katastrophe unvermeidlich ist. Der Sinn der menschlichen Geschichte ist, dass sie offen ist. Sie beinhaltet den menschlichen Willen und die Fähigkeit, die eigene Freiheit zu verwirklichen. Das macht die Zukunft zu einer Zone der Möglichkeiten: Sie kann besser oder schlechter sein, je nachdem, wie wir sie gestalten. Es hängt alles davon ab, was wir wählen und was wir tun. Wenn wir keine Entscheidung treffen oder wenn uns der Wille fehlt, sie durchzuziehen, kann es sein, dass die Zukunft gar nicht kommt, oder dass sie nicht die ist, die wir bevorzugen.

h. Eine normale Gesellschaft muss vielfältig, pluralistisch und polyzentrisch sein. Sie muss viele offene Möglichkeiten und viele Kulturen enthalten. Der Dialog muss frei sein, nicht erzwungen. Jede Gesellschaft muss für sich selbst das Gleichgewicht zwischen geistigen und materiellen Komponenten wählen. Doch wie die Geschichte zeigt, führt die starke Dominanz des Materialismus unweigerlich zur Katastrophe. Die Vernachlässigung der spirituellen Dimension unserer Existenz ist fatal und verleugnet das, was uns zu Menschen macht. Der derzeitige abrupte Ausschlag in Richtung eines übertriebenen Materialismus muss durch eine scharfe Hinwendung zum spirituellen Prinzip ausgeglichen werden. Die Herrschaft des Reichtums und sein Streben dürfen auf keinen Fall andere Werte verdrängen oder auf das höchste Podest einer Gesellschaft gestellt werden. Jede Gesellschaft, in der das Geld eine geringere Rolle spielt als bei uns, ist per Definition normaler, gerechter und akzeptabler als die Gesellschaft, in der wir heute leben. Jeder, der etwas anderes denkt, ist entweder krank oder ein Einflussnehmer der globalen Oligarchie. Gerechtigkeit und Harmonie sind wichtiger als persönlicher Erfolg und Gier. Gier und individualistisches Eigeninteresse gelten in fast allen menschlichen Kulturen und Religionen als Sünde oder Schwäche. Gerechtigkeit und die Sorge um das Gemeinwohl ist einer der am weitesten verbreiteten Werte. Eine gerechte Gesellschaft ist normaler als eine Gesellschaft, die auf Egoismus basiert. Eine normale Weltordnung erkennt das Gleichgewicht der Kräfte und das Recht der verschiedenen Gesellschaften und Kulturen an, ihren eigenen Weg zu finden. Das heißt, dies ist die Norm, und diese Norm, selbst in der allgemeinsten und ungefährsten Form, steht in radikalem Gegensatz zu dem, was wir um uns herum haben. Dieser Status quo ist nicht normal; er ist eine Pathologie. Wenn die Macht der globalen Oligarchie erst einmal gebrochen ist, werden sich alle Dinge wieder normalisieren.

3. In einer normalen Gesellschaft können wir auf Macht im Allgemeinen nicht verzichten. In der einen oder anderen Form war, ist und wird sie existieren. Sie ist auch in der heutigen globalen Gesellschaft vorhanden. Diese Macht gehört einer globalen Oligarchie, die ihre Machtausübung unter dem Deckmantel der freien Märkte, der Demokratie, der Komplizenschaft und der Fassade einer Vielfalt globaler Entscheidungszentren verbirgt. Die globale Oligarchie behält in jeder Hinsicht die Macht, aber nur indirekt, indem sie nicht durch Zwang, sondern mit subtilen Mitteln der Kontrolle handelt. Sie ist weniger grob als andere Formen der Macht, dafür aber heimtückischer, betrügerischer und hinterhältiger, aber nicht weniger brutal und totalitär. Gelegentlich nimmt sie die Form eines paradoxen totalitären Anarchismus an, der den Massen volle Freiheit gewährt, aber nur, wenn sie die vollständige Kontrolle über den Inhalt, den Kontext und die Parameter dieser Freiheit behält. Sie können alles tun, aber nur in Übereinstimmung mit den festgelegten Regeln. Die Regeln werden von der globalen

Oligarchie diktiert. In einer normalen Gesellschaft sollte die Macht nicht in den Händen einer anonymen politischen und finanziellen Elite liegen, die die Menschheit stetig an ihr Ende führt, sondern bei den Besten im meritokratischen Sinne — den Stärksten, Klügsten, Geistreichsten und Gerechtesten, den Helden und Weisen —, aber nicht bei einem System, das die niederste menschliche Emotion, die Gier, belohnt, wie es bei den korrupten Beamten auf der ganzen Welt, den Lügnern und Usurpatoren der Fall ist. Macht bedeutet immer die Projektion von mehreren Willen auf eine einzige Instanz. Die Bildung dieser Instanz sollte in Übereinstimmung mit den historischen, sozialen, kulturellen und manchmal auch religiösen Traditionen der jeweiligen Gesellschaft erfolgen. Es gibt keine allgemeine Formel für optimale Macht. Die Demokratie funktioniert in der einen Gesellschaft und ist in einer anderen ein Fiasko. Die Monarchie kann harmonisch sein oder zur Tyrannei werden. Kollektives Management liefert sowohl positive als auch negative Ergebnisse. Es gibt keine universellen Rezepte, die für alle geeignet sind. Aber jede Macht, und selbst das Fehlen einer solchen, ist besser als die, die heute existiert und die Kontrolle über die globale Menschheit an sich gerissen hat.

4. Der Standard als erstrebenswerte Norm stammt aus einer bestimmten Geschichte einer bestimmten menschlichen Gesellschaft, und er sollte nicht durch einen anderen ersetzt werden. Er muss ein evolutionärer und organischer Prozess der historischen und kulturellen Entwicklung sein. Die Normen, Ideale und Gesetze, die sich Gesellschaften und Völker durch kollektives Leiden, Versuche, Irrtümer, Dialog, Bewertung und Experimente aneignen, werden im Laufe von Jahrhunderten entwickelt. Deshalb hat jede einzelne Gesellschaft das unveräußerliche Recht auf ihre eigenen Normen und Werte. Kein Außenstehender hat das Recht, diese Normen auf der Grundlage seiner eigenen zu kritisieren, die sich von denen anderer unterscheiden. Wenn Völker und Nationen sich nicht in der gleichen Weise entwickeln wie ihre Nachbarn, bedeutet das nicht, dass sie es nicht können, sondern dass sie es in extenso

nicht wollen, dass sie die historische Zeit und die Beurteilung von Erfolgen und Misserfolgen nach anderen Kriterien berechnen. Dazu sollten wir uns ein für alle Mal bekennen und alle kolonialen und rassistischen Vorurteile kategorisch zurückweisen: Wenn eine Gesellschaft der unseren unähnlich ist, bedeutet das nicht, dass sie schlechter, rückständiger oder primitiver ist; sie ist einfach anders, und ihr Anderssein liegt in ihrer Natur. Dazu müssen wir stehen. Nur ein solcher Ansatz ist normal. Globalismus, Westzentrismus und Universalismus sind tiefgreifende Pathologien, die es auszurotten gilt. Vor allem ist es pathologisch oder sogar kriminell, wenn universelle Normen von einer illegitimen, selbsternannten globalen Elite definiert werden, die die globale Macht an sich gerissen hat. Es gibt so viele verschiedene Normen, wie es Gesellschaften gibt. Mit anderen Worten, nur eine Norm ist universell: die Abwesenheit eines einheitlichen Standards für alle, sowie die Freiheit und das Recht zu wählen.

Dritter Teil: Die Notwendigkeit der Revolution

1. Gegen die bestehende Ordnung, die wir als ein unerträgliches Übel, als eine Pathologie und als die Krise wahrnehmen, die unweigerlich zur Katastrophe und zum Selbstmord der Zivilisation führen wird, ist es notwendig, ein alternatives Schönheitsideal vorzuschlagen — den Standard und das Projekt dessen, was derzeit nicht existiert, sondern was sein sollte. Es handelt sich also um ein normatives Projekt. Aber die globale Oligarchie wird ihre Macht unter keinen Umständen bereitwillig aufgeben. Es wäre naiv, etwas anderes zu glauben. Daher besteht die Aufgabe darin, sie aus ihrer Position zu verdrängen, ihr die Macht zu entreißen und sie mit Gewalt zu übernehmen. Dies ist nur unter einer Bedingung möglich: wenn alle Kräfte, die mit der aktuellen Situation unzufrieden sind, gemeinsam handeln. Dieses Prinzip der konzertierten Aktion ist ein einzigartiges Phänomen der jüngeren Geschichte, das global geworden ist. Die globale Oligarchie

setzt ihre Dominanz auf die planetarische Ebene. Ihr globaler
Charakter ist keine zweitrangige Eigenschaft, sondern spiegelt ihr
Wesen wider. Diese globale Oligarchie greift alle Völker, Nationen,
Staaten, Kulturen, Religionen und Gesellschaften an. Es gibt keine bestimmten Arten von Gesellschaften, die sie angreift, nicht
nur bestimmte Arten von Regimen und auch keine anderen besonderen Einheiten. Diese Elite greift frontal und vollständig an
und versucht, alle Gebiete der Erde in die Zone ihrer Hegemonie
zu verwandeln. Das Problem ist, dass es in diesen Gebieten
unterschiedliche Gesellschaften, unterschiedliche Kulturen,
unterschiedliche Völker und unterschiedliche Religionen gibt,
die ihre Einzigartigkeit noch nicht vollständig verloren haben.
Die Globalisierung bedeutet für sie alle den kulturellen Tod, und
sie verstehen oder spüren es intuitiv. Aber in der gegenwärtigen
Situation hat kein Land allein genug Macht, um der globalen
Oligarchie wirksamen Widerstand zu leisten. Selbst wenn Sie
die Bemühungen der einen oder anderen Kultur oder der einen
oder anderen regionalen Gemeinschaft über die Grenzen eines
einzelnen Landes hinaus bündeln, sind ihre vereinten Kräfte der
Aufgabe noch lange nicht gewachsen. Nur wenn sich die gesamte
Menschheit der Notwendigkeit eines radikalen Widerstands gegen
den Globalismus bewusst wird, haben wir eine Chance, unseren
Kampf effektiv und erfolgreich zu führen. Gemeinsames Handeln
setzt nicht voraus, dass wir für die gleichen Ideale kämpfen oder
uns mit bestimmten Standards solidarisieren, die die gegenwärtige
Katastrophe und Pathologie ersetzen sollen. Diese Ideale können
unterschiedlich sein und sogar bis zu einem gewissen Grad im
Widerspruch zueinander stehen, aber wir alle müssen uns darüber
im Klaren sein, dass, wenn wir nicht in der Lage sind, die globale
Oligarchie zu beenden, all diese Projekte, was auch immer sie
sind, unrealisiert bleiben und wir untergehen werden. Wenn wir
genug Intelligenz, Willen, Nüchternheit und Mut in uns finden,
um im Rahmen einer globalen revolutionären Allianz gemeinsam
gegen die globale Oligarchie vorzugehen, haben wir eine Chance,

eine offene Möglichkeit, nicht nur auf gleicher Augenhöhe zu kämpfen, sondern auch zu gewinnen. Die Unterschiede zwischen unseren Gesellschaften und ihren Normen werden erst dann eine Rolle spielen, wenn wir die globale Oligarchie gestürzt haben. Der Widerstand gegen die Hegemonie ist das erste und einzige Gebot. Solange die Hegemonie nicht wirksam neutralisiert oder an den Rand gedrängt ist, werden die Widersprüche der verschiedenen gesellschaftlichen Projekte nur der globalen Oligarchie in die Hände spielen, die nach dem uralten Prinzip aller Imperien handelt — „teile und herrsche". Die globale Revolution hat zwei Aspekte: die Einheit dessen, was zerstört werden soll, und die Vielfältigkeit dessen, was an seiner Stelle aufgebaut werden soll.

2. Die Revolution des einundzwanzigsten Jahrhunderts kann nicht einfach eine Wiederholung der Revolutionen des neunzehnten oder zwanzigsten Jahrhunderts sein. Frühere Revolutionen haben manchmal die Fehler der Regime, gegen die sie sich richteten, richtig eingeschätzt, aber die historischen Umstände haben es ihnen nicht erlaubt, die vielseitigsten und tiefsten Wurzeln des Bösen zu erkennen. Die Angriffe auf die wirklich pathologischen Merkmale des modernen globalen soziopolitischen Gefüges wurden ungerecht beurteilt, entfremdeten und usurpierten die Macht und vermischten unbedeutende und zufällige historische und soziologische Elemente, die eine so harsche Ablehnung nicht verdienten. Frühere Revolutionen haben oft das Ziel verfehlt, anstatt das Böse zu treffen, und sie haben Dinge geschwächt oder zerstört, die im Gegenteil oft Bewahrung und Wiederherstellung verdient hätten. Dieses reine Böse war in seinen früheren Phasen versteckt und getarnt, und manchmal enthielten diese Revolutionen selbst Elemente seines Geistes, die dazu beitrugen, dass wir heute die globale oligarchische Tyrannei haben, die unter anderem im Finanz- und Mediensektor wirkt. Hinzu kommt, dass frühere Revolutionen meist im Rahmen lokaler Bedingungen stattfanden, und selbst wenn sie den Anspruch erhoben, global zu sein, hatten sie nie ein solches Ausmaß. Erst heute sind die Voraussetzungen

dafür gegeben, dass eine Revolution wirklich global wird, denn das System, gegen das sie sich richtet, ist bereits in der Praxis global, nicht nur in der Theorie. Ein weiteres Merkmal früherer Revolutionen bestand darin, dass sie klare alternative gesellschafts-politische Modelle vorstellten, die zumeist Universalität vorgaben oder anstrebten. Wenn wir diese Wege heute wiederholen, werden wir unweigerlich viele von der Revolution abstoßen, die durch das Prisma ihrer Gesellschaft, Geschichte oder Kultur nach einer Alternative suchen. Diese Menschen wollen eine andere Zukunft für sich selbst, aber auch anders als die anderen Revolutionäre, die gegen die globale Oligarchie angetreten sind. Daher muss die Revolution des einundzwanzigsten Jahrhunderts in ihren Endzielen wirklich planetarisch und pluralistisch sein. Alle Nationen der Erde müssen sich gemeinsam gegen die bestehende Weltordnung auflehnen. Sie müssen an einem Strang ziehen, aber im Namen unterschiedlicher Ideale und unter Berücksichtigung unterschiedlicher Normen. Um eine Zukunft zu haben, müssen wir sie als einen komplexen Strauß von Möglichkeiten begreifen, deren Verwirklichung durch die derzeitige Weltordnung und die globale Oligarchie verhindert wird. Wenn wir sie nicht alle ge-meinsam im Namen unserer unterschiedlichen Ziele und unter-schiedlichen Horizonte zerpflücken, werden wir weder den Strauß noch irgendeine andere Zukunft bekommen. Lassen Sie jede Gesellschaft für ihre eigene Vision von der Zukunft kämpfen. Die Revolution des einundzwanzigsten Jahrhunderts wird nur dann erfolgreich sein, wenn alle Nationen im Namen ihrer unterschied-lichen Ziele, aber innerhalb ihres Gesamtrahmens gegen den ge-meinsamen Feind kämpfen.

3. Die Spektakel, die wir heute in den sogenannten „Farbrevolutionen" sehen, haben nichts von einem echten re-volutionären Charakter. Sie sind von der globalen Oligarchie organisiert und werden von ihren Netzwerken vorbereitet und unterstützt. Die „Farbrevolutionen" richten sich fast immer gegen diejenigen Gesellschaften oder politische Regime, die sich aktiv

oder passiv der globalen Oligarchie widersetzen, ihre Interessen in Frage stellen und versuchen, sich eine gewisse Unabhängigkeit in Sachen Politik, Strategie, regionale Angelegenheiten und wirtschaftliche Maßnahmen zu bewahren. So kommt es punktuell zu „Farbrevolutionen", die über die Netzwerke der Massenmedien organisiert werden, die von der globalistischen Elite eingesetzt werden. Diese sind eine verdrehte Parodie der Revolution und dienen nur konterrevolutionären Zwecken.

4. Die neue Revolution sollte auf den radikalen Sturz der globalen Oligarchie und die Zerstörung der Weltelite sowie auf die Zerschlagung des gesamten mit ihr verbundenen Weltsystems (oder besser gesagt, ihrer kontrollierten Unordnung der Dinge) ausgerichtet sein. Die Zerstörung des Herzens der Bestie wird alle Völker und Gesellschaften von diesem parasitären Vampir der globalen Oligarchie befreien. Nur so kann sich die Aussicht auf eine alternative Zukunft eröffnen. Eine echte Revolution muss per Definition global sein. Die globale Oligarchie ist heute über die ganze Welt verstreut. Sie ist nicht nur in Form einer hierarchischen Struktur mit einem klar definierten Zentrum präsent, sondern in Form eines über die ganze Welt verteilten Netzwerks. Das Zentrum der Entscheidungsfindung befindet sich nicht unbedingt dort, wo die sichtbaren Zentren des politischen und strategischen Managements des Westens liegen — also in den USA und anderen Zentren der westlichen Welt. Die Besonderheit der globalen transnationalen Elite besteht darin, dass ihr Standort mobil und fließend ist und dass ihr Entscheidungszentrum mobil und verstreut ist. Daher ist es äußerst schwierig, den Kern der globalen Oligarchie zu treffen, wenn man sich nur auf ihre Territorialität konzentriert. Um dieses vernetzte Übel zu besiegen, muss seine Präsenz gleichzeitig in verschiedenen Teilen der Erde entwurzelt werden. Darüber hinaus ist es notwendig, das Netzwerk selbst zu infiltrieren, Panik zu verbreiten, es zum Absturz zu bringen und es mit Viren und anderen zerstörerischen Prozessen zu infizieren. Eine radikale Zerstörung der globalen Oligarchie erfordert, dass

die revolutionären Kräfte die Abläufe des Netzwerks beherrschen und seine Protokolle studieren. Die Menschheit muss den Feind auf seinem eigenen Territorium bekämpfen, denn heute wird der gesamte Globus auf die eine oder andere Weise vom Feind kontrolliert. Der Kampf für die Zerstörung der globalen Elite muss daher nicht nur gemeinsam geführt werden, sondern auch in verschiedenen Teilen der Welt synchronisiert werden, wenn auch asymmetrisch. Darüber hinaus erfordert die Revolution heute eine Strategie des Guerillakriegs in dem vom Feind besetzten Gebiet. Das bedeutet insbesondere, dass die Schlacht auch im Cyberspace geführt werden muss. Die Cyber-Revolution und die Praxis des radikalen Kampfes in der virtuellen Realität müssen ein integraler Bestandteil der Revolution des einundzwanzigsten Jahrhunderts sein.

5. Von allen Ideologien der Moderne hat bis heute nur eine überlebt, nämlich der Liberalismus oder der liberale Kapitalismus. Und genau darin ist die Weltanschauung und die ideologische Matrix der globalen Oligarchie konzentriert. Diese globale Oligarchie ist offen oder verdeckt liberal.

Der Liberalismus erfüllt eine doppelte Funktion: Einerseits dient er als philosophischer Deckmantel, der die Macht der globalen Oligarchie stärkt, bewahrt und ausweitet, d.h. er dient als Mittel, um die laufende globale Politik zu beeinflussen. Andererseits ermöglicht er die Rekrutierung von Freiwilligen und Kollaborateuren überall auf der Welt, die die Grundsätze und Werte des Liberalismus akzeptieren: politische Führer, Bürokraten, Industrielle, Händler, Intellektuelle, die wissenschaftliche Gemeinschaft und die Jugend, alle unabhängig von ihrer Staatsbürgerschaft oder Nationalität. Der Liberalismus schafft automatisch das Umfeld, in dem das Personal des Globalismus rekrutiert wird, über das Netzwerke aufgebaut werden, Informationen gesammelt werden, Einflusszentren organisiert werden, Lobbyarbeit zugunsten transnationaler Konzerne betrieben wird und andere strategische Operationen zur Errichtung der globalen Vorherrschaft der globalen Oligarchie durchgeführt werden. Deshalb sollte das Hauptaugenmerk der Revolution auf die Liberalen in all ihren Ausprägungen liegen—als Vertreter der ideologischen, politischen, wirtschaftlichen, philosophischen, kulturellen, strategischen und technologischen Dimension. Die Liberalen sind die Schale, unter der sich die globale Oligarchie verbirgt. Jeder Schlag gegen den Liberalismus und die Liberalen hat eine gute Chance, sensible Teile der globalen Oligarchie und ihre lebenswichtigen Organe zu treffen. Ein totaler Krieg gegen den Liberalismus und die Liberalen ist der wichtigste ideologische Vektor der globalen Revolution. Die Revolution muss einen strikt antiliberalen Charakter haben, denn der Liberalismus ist ein konzentrierter Knoten des Bösen. Alle anderen politischen Ideologien können als legitime Alternative betrachtet werden, und es gibt keine Einschränkungen. Die einzige Ausnahme ist der Liberalismus, der zerstört, zerschlagen, gestürzt und überflüssig gemacht werden muss.

Vierter Teil: Der Untergang des Westens—die Vereinigten Staaten als Land des absoluten Bösen

1. Die Ursprünge der gegenwärtigen Situation liegen tief in der Geschichte des Westens und den soziopolitischen Prozessen, die sich in diesem Teil der Welt abspielen. Die Geschichte Westeuropas hat seine Gesellschaften an den Punkt geführt, an dem Individualismus, Rationalismus, Materialismus und wirtschaftlicher Reduktionismus allmählich die Oberhand gewannen, woraufhin sich der Kapitalismus bildete und die Bourgeoisie triumphierte. Die Ideologie des Liberalismus wurde zum ultimativen Ausdruck des Bourgeois-Systems. Genau diese ideologische, philosophische, politische und wirtschaftliche Linie führte zu der heutigen Situation. Zur Zeit der Moderne war Europa die Wiege einer materialistischen liberalen Zivilisation,

die sie den anderen Völkern der Erde durch ihre kolonialistische und imperialistische Politik aufzwang. Zu diesem Zweck wurden die widerlichsten Formen der Nötigung angewandt: Im sechzehnten Jahrhundert beispielsweise führten die Europäer die Institution der Sklaverei wieder ein, die tausend Jahre zuvor unter dem Einfluss der christlichen Ethik abgeschafft worden war. Die Europäer wandten sich dieser abscheulichen Praxis genau zu dem Zeitpunkt zu, als der Westen begann, die Theorien des Humanismus, des freien Denkens und der Demokratie zu entwickeln. Die Sklaverei war also eine Erfindung des Kapitalismus und der bürgerlichen Ordnung. Das bürgerliche System wurde in den europäischen Kolonien eingeführt; in einigen von ihnen fand es seinen konsequentesten und lebendigsten Ausdruck und brachte den bürgerlich-demokratischen Weg zu seinem logischen Ende. Die Vereinigten Staaten von Amerika — ein Kolonialstaat, der auf Sklaverei, Individualismus, Egoismus und der Vorherrschaft des Geldes und des Materialismus beruhte — wurden zum Höhepunkt dieser bürgerlichen westlichen Zivilisation der Neuzeit. Nach und nach wurden die ehemaligen europäischen Kolonien zu unabhängigen Machtzentren und in der Mitte des zwanzigsten Jahrhunderts zum Zentrum der gesamten westlichen Zivilisation und dem Pol, um den sich das globale kapitalistische System dreht. Nach dem Zusammenbruch der Sowjetunion war die Macht der USA nicht mehr durch die des sozialistischen Blocks ausgeglichen und wurde zum unangefochtenen Zentrum des globalen bürgerlichen Systems. Die Mitglieder der amerikanischen Elite waren die Gründungsmitglieder der globalen Oligarchie und haben sie praktisch definiert. Obwohl die globale Oligarchie heute aus weit mehr als nur der amerikanischen politischen Klasse besteht — sie umfasst auch die europäische Oligarchie und die teilweise verwestlichten bürgerlichen Eliten aus anderen Teilen der Welt —, wurden die Vereinigten Staaten zum Rückgrat der modernen globalen Weltordnung, um die herum der Rest strukturiert wurde. Die amerikanische Militärmacht ist ein wichtiger strategischer Faktor in der Weltpolitik, das amerikanische Wirtschaftssystem ist ein Modell für den Rest der Welt, die amerikanischen Massenmedien sind tatsächlich ein globales Netzwerk, amerikanische kulturelle Klischees werden in der ganzen Welt nachgeahmt, und amerikanische technologische Fortschritte stehen an der Spitze der globalen technologischen Entwicklung. Auf diese Weise spielt die Bevölkerung der USA selbst die Rolle einer passiven Geisel, die von der globalen Elite kontrolliert wird, die sich der Instrumente des amerikanischen Staates bedient, um ihre globalen Ziele umzusetzen. Die Vereinigten Staaten sind ein riesiger Golem, der von der Oligarchie kontrolliert wird. Sie verkörpern den Geist der globalen Ordnung, die eine drohende Katastrophe in sich birgt und Ausdruck des Bösen, der Ungerechtigkeit, der Unterdrückung, der Ausbeutung, der Entfremdung, des Kolonialismus und des Imperialismus ist.

2. Die Vereinigten Staaten und ihre Politik in der ganzen Welt sind eine schreckliche Geißel und ein wichtiger Faktor für die Aufrechterhaltung und Stärkung der bestehenden Ordnung der Dinge. Alle katastrophalen Entwicklungen unserer Zeit haben ihren Ursprung in dieser Grundlage.

a. Die amerikanische Wirtschaft basiert auf der Dominanz des Finanzsektors, der den Wert der industriellen Produktion und der Landwirtschaft völlig verdrängt hat. Die große Mehrheit der amerikanischen Bürger ist im tertiären Dienstleistungssektor beschäftigt; sie produzieren nichts Konkretes. Amerikas finanzieller Parasitismus gilt für den gesamten Planeten, denn der Dollar, der von seinem Federal Reserve System uneingeschränkt gedruckt wird, ist die wichtigste globale Reservewährung. Die Weltwirtschaft ist US-zentriert und arbeitet zum Nutzen der US-Interessen, unabhängig davon, ob diese Wirtschaft effektiv und effizient ist oder nicht.

b. Die Vereinigten Staaten verbrauchen derzeit pro Kopf den größten Anteil der weltweiten Ressourcenreserven, verschmutzen die

Atmosphäre mit giftigen Abfällen und werfen Milliarden von
Tonnen Müll in die Umwelt. Die USA verbrauchen die Ressourcen
des Rests der Welt und üben durch ihre militärisch-strategische,
diplomatische und wirtschaftliche Dominanz die Kontrolle über
ihre Lieferanten aus. So können die USA die globalen Preise für einen Rohstoff festlegen, von dem sie in der Regel selbst profitieren.

Dieses Modell der amerikanischen Welthegemonie führt
zu einem großen Ungleichgewicht in der Weltwirtschaft, zu
Ungerechtigkeit und Ausbeutung und bringt uns dem unvermeidlichen Zusammenbruch der Ressourcen näher. Die Verteilung
der natürlichen Ressourcen in der Welt durch die USA richtet
sich ausschließlich nach den Interessen der USA oder der transnationalen Elite — eine Voraussetzung für die bevorstehende
globale Katastrophe. Die amerikanische Gesellschaft ist weiter als
jede andere westliche Gesellschaft auf dem Weg der Atomisierung,
der Individualisierung und der Zerrüttung sozialer Bindungen
gegangen. Die amerikanische Gesellschaft, die von Einwanderern
aus der ganzen Welt aufgebaut wurde, hat die Anfänge der
Anbetung der individuellen Identität eingeleitet. Losgelöst von
einem bestimmten Kollektiv und von seinen Wurzeln, konnte
das westeuropäische Modell auf dem amerikanischen Kontinent
unter perfekten Laborbedingungen seinen Höhepunkt erreichen.
Die amerikanische Gesellschaft zerfiel nicht nur allmählich in atomisierte Individuen, sondern bestand immer aus ihnen. Deshalb
hat der Individualismus in den USA seinen logischen Abschluss
gefunden und deshalb sind die sozialistischen Staaten in diesem
Prozess weit hinter den USA und dem Westen zurückgeblieben.

d. In den USA hat der Prozess der Individualisierung seine extremen
Grenzen erreicht und schreitet mit Experimenten zur Entwicklung
posthumaner Wesen, die als Transhumanismus bezeichnet werden, voran. Die Erfolge amerikanischer Wissenschaftler auf dem
Gebiet des Klonens, der Gentechnik und der Hybridisierung

lassen vermuten, dass wir eines Tages das Erscheinen echter posthumaner Wesen erleben werden.

e. Die amerikanische Gesellschaft basierte ursprünglich auf einer
Mischung von Kulturen, Nationen und ethnischen Gruppen nach
dem Prinzip des „Schmelztiegels". Das Fehlen organischer ethnischer Bindungen war das Ergebnis dieses Prozesses. Mit der
Ausbreitung ihres Einflusses auf den Rest der Welt fördern die
USA auch dieses kosmopolitische Prinzip und erklären es zu einer
universellen Norm. Darüber hinaus agieren die USA als treibende
Kraft, indem sie routinemäßig ein Land nach dem anderen seines
Rechts auf nationale Souveränität und Nichteinmischung in in-
nere Angelegenheiten berauben, wann immer es ihren Interessen
dient. Die Invasionen und Besetzungen durch die USA/NATO
in Serbien, Afghanistan, Irak und Libyen sind Beispiele für diese
Praxis. Die USA spielen die Hauptrolle bei der Förderung des
Kosmopolitismus und der Entsouveränisierung von Nationen und
Staaten.

f. Die globalen Massenmedien, denen die Schaffung absolut falscher
virtueller Bilder von der Welt im Einklang mit den Interessen
der globalen Oligarchie obliegt, sind größtenteils amerikanisch
und stellen eine Fortsetzung der amerikanischen Medien und
Politik dar. Sie handeln im Interesse der globalen transnationalen
Elite und stützen sich dabei auf das US-Informationsnetz. In der
amerikanischen Gesellschaft selbst ist die allgemeine Bevölkerung
extrem unwissend und weist einen Mangel an Kultur auf, gepaart
mit der Naivität, völlig falschen, trügerischen und erfundenen
Vorstellungen zu vertrauen, die von der Unterhaltungsindustrie,
den Medien und anderen Mitteln verbreitet werden. Dieser
Archetyp der Unwissenheit, der eine Karikatur der Welt, der
Gesellschaft, der Geschichte usw. darstellt, wird von den USA in
Verbindung mit dem Export amerikanischer Technologie und
amerikanischer Fertigkeiten in die Länder verbreitet, die ihrer
Hegemonie unterworfen sind. Das amerikanische Wissenssystem,

das ausschließlich auf pragmatische und materielle Interessen ausgerichtet ist, basiert in erster Linie auf der Ausbeutung von Intellektuellen und setzt sich fast ausschließlich aus Einwanderern aus anderen Ländern zusammen. Es stellt den Höhepunkt der Verzerrung der Sphäre des Wissens um der Propaganda willen sowie der pekuniären und utilitaristischen Vorteile willen dar.

g. Die Amerikaner haben eine ganz bestimmte Vorstellung von Fortschritt. Sie glauben an das unbegrenzte Wachstumspotenzial ihres Wirtschaftssystems und blicken zuversichtlich in die Zukunft, die aus ihrer Sicht „amerikanisch" sein sollte. Die meisten von ihnen glauben aufrichtig, dass die Ausbreitung des „American Way of Life" auf die gesamte Menschheit ein echter Segen und ein Ziel ist, und sind verblüfft, wenn sie mit Ablehnung und einer ganz anderen, negativen Reaktion konfrontiert werden (vor allem, wenn die Ausbreitung dieses Lebensstils mit einer militärischen Invasion und der Massenvernichtung der lokalen Bevölkerung, der gewaltsamen Entwurzelung traditioneller und religiöser Bräuche und anderen Freuden der direkten Besatzung einhergeht). Was die Amerikaner als „Fortschritt" bezeichnen — die „Demokratisierung", „Entwicklung" und „Zivilisierung" des Rests der Welt —, ist in Wirklichkeit eine Degradierung, Kolonisierung, Degeneration, Entartung und paradoxerweise eine besondere Form der liberalen Diktatur. Es ist keine Übertreibung zu sagen, dass die Vereinigten Staaten eine Hochburg des militanten Liberalismus sind, eine sichtbare Verkörperung und ein Stammvater all des Bösen, das die Menschheit heute plagt, und ein mächtiger Mechanismus, der die Menschheit unaufhaltsam in die endgültige Katastrophe führt. Dies ist das Imperium des absolut Bösen. Die Geiseln und Opfer des verhängnisvollen Kurses dieses Imperiums sind nicht nur alle anderen Nationen, sondern auch die gewöhnlichen Amerikaner, die sich nicht von den übrigen eroberten, ausgeplünderten, beraubten und verfolgten Völkern der Erde unterscheiden. Auch sie sind Teil des Gemetzels an den Nationen.

3. Es ist bezeichnend, dass die nationalen Symbole Amerikas eine ziemlich finstere Form haben. Die Freiheitsstatue ähnelt der griechischen Göttin der Hölle, Hekate, und ihre Fackel, die nachts leuchtet, spielt auf die Tatsache an, dass dies ein Land der Nacht ist. Das Dollarzeichen ähnelt den Säulen des Herkules, hinter denen sich nach Ansicht der alten Griechen die Region Atlantis befand — die Region der Titanen und Dämonen, die wegen ihres Stolzes, ihres Materialismus und ihrer Korruption unterging. Anstelle der Inschrift *Nec plus ultra* oder „nichts darüber hinaus", die auf einem Schild auf den Säulen angebracht war, haben die Amerikaner jedoch die Inschrift *Plus ultra* oder „weiter darüber hinaus" angebracht. Damit haben sie ein symbolisches Verbot gebrochen, um den Bau ihrer höllischen Zivilisation moralisch zu rechtfertigen. Die freimaurerische Pyramide erscheint auf dem Großen Siegel der Vereinigten Staaten, hat aber keine Spitze und symbolisiert eine Gesellschaft ohne vertikale Hierarchie, die von ihrer himmlischen Quelle abgeschnitten ist. Nicht weniger bedrohlich sind die anderen Symbole. Es handelt sich dabei um Details, die auf unterschiedliche Weise betrachtet werden können. Da wir aber wissen, welch große Rolle sie in der menschlichen Kultur spielen, dürfen wir diese bedeutenden Symbole nicht vernachlässigen.

4. Die USA führen andere Gesellschaften in den Ruin und gehen selbst zugrunde. Gleichzeitig ist das Ausmaß der katastrophalen Prozesse so groß, dass es naiv wäre zu erwarten, dass jemand in dieser Situation in der Lage wäre, sich allein unter der zerstörerischen Kraft des fallenden Götzen hervorzuwinden. Es geht nicht darum, den fallenden Götzen einfach zu stoßen, sondern ihn so weit zu schieben, dass wir außer Gefahr sind, damit er uns nicht erdrückt. Der amerikanische Turm zu Babel wird einstürzen, aber es ist sehr wahrscheinlich, dass alle anderen Länder unter seinen Trümmern begraben werden. Die USA sind schon vor langer Zeit zu einem globalen Phänomen geworden. Sie sind kein isoliertes Land. Daher kann der Kampf gegen die Vereinigten Staaten nicht

den gleichen Charakter haben wie jene historischen Kriege, die von einem Staat gegen andere oder gegen Koalitionen von Staaten geführt wurden. Amerika ist ein planetarisches Phänomen, die globale Hypermacht, und ein wirksamer Kampf gegen sie ist nur möglich, wenn er auf der ganzen Welt gleichzeitig stattfindet. Dazu gehört auch der Kampf auf dem Territorium der USA selbst, wo es, wie auch anderswo, nonkonformistische revolutionäre Kräfte gibt, die mit der Richtung der Vereinigten Staaten, der kapitalistischen Welt und des globalen Westens kategorisch nicht einverstanden sind. Bei diesen revolutionären Kräften innerhalb der USA kann es sich um die unterschiedlichsten Gruppen handeln — sowohl Rechte als auch Linke und Menschen mit unterschiedlichen religiösen, ethnischen und weltanschaulichen Ausrichtungen. Sie müssen als ein wertvolles Segment der planetarischen revolutionären Front betrachtet werden. In gewisser Weise gehören wir heute alle zum amerikanischen Imperium, entweder direkt oder indirekt, und es ist noch unklar, ob es einfacher und sicherer ist, an der Peripherie oder in den Ländern, die noch nicht formell unter direkte amerikanische Kontrolle gestellt wurden, dagegen zu kämpfen. Die globale Oligarchie, die fast immer gleichzeitig Agent des amerikanischen Einflusses und entweder versteckt oder offen liberal ist, ist wachsam gegenüber Demonstrationen von Nonkonformismus in der ganzen Welt. Mit der Verbreitung extrem effektiver Verfolgungsmethoden, enormer Datenspeicherkapazitäten und ultraschneller Informationsverarbeitung und -übertragung ist die kontinuierliche Beschattung jedes verdächtigen Elements überall auf der Welt und zu jeder Zeit bereits heute eine Selbstverständlichkeit und wird morgen schon zur Routine gehören. Es ist wichtig zu verstehen, dass wir in einem globalen Amerika leben, und in dieser Hinsicht unterscheiden sich diejenigen, die sich den Vereinigten Staaten und der amerikanischen Hegemonie sowie der globalen Oligarchie von außen widersetzen, nicht sehr von denen, die sich gegen dieselben Feinde von innerhalb ihrer angeblichen Grenzen verbünden. Wir befinden uns alle in der gleichen Lage.

5. Die Vereinigten Staaten und die Elemente, die hinter der körperlosen transnationalen Finanzwelt stehen, sind die Pole der katastrophalen Prozesse, die die Menschheit und das globale System unweigerlich in den Selbstmord treiben, und als solche sind sie die Grundlage dafür, dass sich alle Kräfte, die gegen den Status quo sind, zu einer einzigen, globalen antiamerikanischen Front zusammenschließen. Eine Bewegung, die die gesamte Menschheit umfasst, sollte geschaffen werden, deren Netzwerk und Struktur all diejenigen vereint, die den Sturz der USA wollen und bereit sind, sich an dem Kampf dafür zu beteiligen. Hier geht es nicht um Amerika als Land, sondern um den Amerikanismus als Prinzip. Es geht nicht um den amerikanischen Staat, sondern um den strukturellen Kern eines globalen Netzwerks der Unterwerfung, der Unterordnung, des Betrugs und des Parasitentums. Es geht nicht um die amerikanischen Massen, sondern um die globalen oligarchischen Eliten, die sie kontrollieren. Heutzutage sind die USA für alles verantwortlich. Daher müssen sie als historisches, politisches, soziales, militärisches und strategisches Phänomen vernichtet werden. Aber wie kann dies erreicht werden, wenn die USA in den Bereichen Militär, Finanzen, Technologie, Wirtschaft und aggressiver kultureller Expansion heute in allen Bereichen unangefochten an der Spitze der Welt stehen? Die Länder, die den Vereinigten Staaten kritisch gegenüberstehen, scheuen sich, eine direkte Konfrontation mit dem planetarischen Monster auch nur theoretisch zu diskutieren, solange es noch seine enorme Zerstörungskraft behält. Ein direkter Frontalangriff wird dieses Problem eindeutig nicht lösen. Der Krieg mit den Vereinigten Staaten sollte auf einer anderen Ebene geführt werden, nach neuen Regeln und unter Einsatz neuer Strategien, Technologien und Methoden.

Fünfter Teil: Übung für den Krieg

1. Die globale Oligarchie nutzt bequeme Konflikte aus und spaltet und hetzt ihre Feinde gegeneinander auf. Sie provoziert und führt aggressive Kriege und wird auch in Zukunft so handeln. Die Frage lautet nicht: „Kämpfen oder nicht kämpfen?" Wir werden in jedem Fall zum Kampf gezwungen sein. Die wichtigere Frage ist heute, wie man kämpft und mit wem. Der Krieg ist ein unauslöschlicher Teil der menschlichen Geschichte. Alle Versuche, sich ihm in der Praxis zu entziehen, haben nur zu neuen Kriegen geführt, die jedes Mal gewalttätiger waren als die vorherigen. Daher zwingt uns der Realismus, den Krieg gleichmäßig und unparteiisch zu behandeln. Die Menschheit hat immer Kriege geführt, führt sie jetzt und wird sie bis zu ihrem Ende führen. Viele der religiösen Prophezeiungen über das Ende der Welt beschreiben es in Form einer „letzten Schlacht". Der Krieg muss also als soziokulturelles Umfeld der menschlichen Existenz verstanden werden. Er ist unvermeidlich, und das sollte als selbstverständlich angesehen werden. Kriege werden die Menschheit zerreißen, aber wir müssen lernen, die in jedem Krieg involvierten Kräfte richtig zu analysieren. Diese Analyse ändert sich unter den heutigen Umständen qualitativ. Früher wurden Kriege zwischen ethnischen Gruppen, zwischen Religionen, zwischen Imperien oder zwischen Nationalstaaten geführt. Im zwanzigsten Jahrhundert wurden die Kriege zwischen ideologischen Blöcken geführt. Heute ist eine neue Ära der Kriegsführung angebrochen, in der der Protagonist immer die globale Oligarchie ist, die ihre Pläne entweder mit dem direkten Einsatz amerikanischer Streitkräfte und NATO-Truppen durchführt oder lokale Konflikte so organisiert, dass ihr Szenario, wenn auch indirekt, mit den Interessen dieser Elite übereinstimmt. In einigen Fällen werden Konflikte, Kriege und Unruhen unter Beteiligung vieler Gruppen provoziert, von denen keine direkt die Interessen der globalen Oligarchie vertritt; dann haben wir es mit einer Situation des kontrollierten Chaos zu tun, dessen Design und

Ziel die amerikanischen Strategen erstmals in den 1980er Jahren entwickelt haben. In anderen Fällen steht die globale Oligarchie gleichzeitig auf beiden Seiten der beiden Kriegsparteien und manipuliert sie zu ihrem Vorteil. Eine korrekte Analyse des modernen Krieges reduziert sich also darauf, den Algorithmus dieses Verhaltens zu definieren und die taktischen und strategischen Ziele der globalen Oligarchie und des amerikanischen Staates in jedem einzelnen Fall herauszuarbeiten. Diese Art der Analyse erfordert eine neue Methodik, die von einem revolutionären und globalen Bewusstsein ausgeht. Unabhängig davon, ob wir an einem Krieg teilnehmen oder ihn von außen beobachten, sollten wir immer versuchen, seine verborgene Struktur, sein wahres Wesen und seine Beweggründe zu verstehen, d.h. jeder einzelne Krieg weist die Eigenschaften praktisch aller heutigen Kriege auf, mit deren Hilfe die globale Oligarchie ihre Vorherrschaft aufrechterhält und versucht, ihr Ende hinauszuzögern.

2. Unter den Bedingungen einer solchen Kriegsführung muss eine antiamerikanische Front erstens die gegnerischen Kräfte und die dahinter verborgenen Interessen der globalen Oligarchie richtig analysieren und zweitens die Kunst beherrschen, ihre militärischen Aktionen gegen den wahren Schuldigen in jedem modernen Konflikt auszurichten — gegen die globale Oligarchie selbst, das liberale Umfeld, Amerikas Netzwerk von Einflussagenten und andere Komplizen. Heute gibt es keine Aggressoren und Opfer, nationale Interessen oder Konkurrenz mehr, die die Kriege der Vergangenheit erklärten. Die Kriege des einundzwanzigsten Jahrhunderts haben den Charakter von Episoden in einem einzigen, globalen Bürgerkrieg, von Aufständen und symmetrischen Vergeltungsaktionen. Eine antiamerikanische Front sollte durch ihre bloße Existenz als Mechanismus für die Neuausrichtung jedes militärischen Konflikts dienen, der ausbricht, damit er seinen wahren Zweck und seine wahren Schuldigen erkennt — die USA, den Globalismus und ihre Strukturen.

3. Die neue Realität der Kriegsführung erfordert, dass wir unsere Fähigkeiten in den klassischen Methoden des Kampfes verbessern und neue Wege und Mittel des Krieges beherrschen, einschließlich Netzwerke und virtueller Zonen. Die Beherrschung dieser Aspekte ist der wichtigste Bereich für die antiamerikanische Front, denn virtuelle Netzwerke ermöglichen es uns, asymmetrische Formen der Kriegsführung effektiv einzusetzen. Die globale Hierarchie und die US- und NATO-Kräfte sind, was die traditionelle, konventionelle Kriegsführung angeht, ihren potenziellen Gegnern weit überlegen, auch wenn diese Bündnisse eingehen. Diese haben auf rein militärischem Gebiet so gute wie keine Chance. Aber im Bereich der Netzwerkkriegsführung und der Cyberstrategien sind andere Faktoren entscheidend. Nicht zuletzt spielen Kreativität, unkonventionelle Denkweisen und Einfallsreichtum eine Rolle. Im Cyberspace können die Kräfte der globalen Oligarchie und der revolutionären Gegenelite ab einem bestimmten Stadium zumindest vorübergehend gleichberechtigt sein: Im Rahmen eines neuen Konfliktfeldes, vor allem in der Anfangsphase, kann die Kreativität eines Einzelkämpfers vergleichbar sein mit dem, was mit den enormen Budgets transnationaler Konzerne erreicht werden kann. Mit einer persönlichen Webseite oder einem stilvollen Blog kann eine begabte Einzelperson die Aufmerksamkeit der Öffentlichkeit auf sich ziehen und eine Wirkung erzielen, die mit den offiziellen Informationsquellen einer Regierung oder sogar mit einem groß angelegten Projekt vergleichbar ist, das vom Medienimperium eines Globalisten gut finanziert wird. Mit der Beherrschung von Netzwerkstrategien ist es möglich, einen exzellenten und dynamischen Cyberkrieg gegen die globale Oligarchie zu führen — einschließlich viraler Kampagnen, revolutionärem Trolling, Flaming, Flooding, Spamming und dem Einsatz von Bots sowie Socket-Puppet-Strategien. In dieser Hinsicht braucht eine antiamerikanische Front der globalen Gegenelite sowohl militärische Ausbilder und Veteranen traditioneller Konflikte als auch Hacker, Programmierer und Systemadministratoren für das

globale Netzwerk des Widerstands. Die Realität selbst ist jetzt das Schlachtfeld des Krieges — sowohl offline als auch online. Wir müssen darauf vorbereitet sein, einen umfassenden globalen Krieg zu führen und die Zone unserer Kampfhandlungen auf alle Ebenen auszudehnen — von alltäglichen Aspekten des Verhaltens, des Lebensstils, der Mode, der Arbeit und der Freizeit bis hin zu Ideologie, Informationsfluss, Technologie, Vernetzung und virtuellen Welten. Wir müssen versuchen, der globalen Oligarchie und den Interessen der USA und der NATO auf allen verfügbaren Ebenen — persönlich, militärisch, wirtschaftlich, kulturell, informatorisch, im Netzwerk, im Cyberspace und so weiter — den größtmöglichen Schaden zuzufügen. Der Feind muss sowohl frontal als auch im Verborgenen angegriffen werden. An jedem Punkt, an dem sich Widerstand gegen die Globalisierung regt, sollte die antiamerikanische Front die Rebellen unterstützen, indem sie Informationen verbreitet, militärische Hilfe leistet und alle möglichen Aktionen durchführt, die darauf abzielen, der globalen Oligarchie maximalen Schaden zuzufügen: moralisch, physisch, informationell, ideologisch, materiell, wirtschaftlich, in Bezug auf ihr Image und so weiter.

4. Die weltrevolutionäre Gegenelite muss mit allen Mitteln agieren, entweder militärisch oder friedlich, je nach den Umständen. Es sollte klar sein, dass wir es mit einem System des illegitimen liberalen Terrors zu tun haben — ein politisches System, das von einer kannibalistischen Junta internationaler Wahnsinniger geschaffen wurde, die unrechtmäßig die Kontrollhebel der Welt an sich gerissen haben und die Menschheit in den Selbstmord führen. Wenn wir ihre Regeln akzeptieren, sind uns Sklaverei, Erniedrigung, Entwürdigung, Auflösung und ein unrühmliches Ende garantiert. Die derzeitige Situation ist nicht nur vorübergehend und belastet durch unangenehme Zufälle und lästige Kosten, sondern sie hat eine fatale Diagnose: Eine Fortsetzung der gegenwärtigen Trends ist mit einem langfristigen Überleben nicht vereinbar. In einer solchen Situation wird es kein Recht, keine Grenzen,

keine moralischen Einstellungen und keine Verhaltenskodizes mehr geben. Wir werden über dieses Thema erst sprechen, wenn die Zerstörung der obszönen globalen Clique der Oligarchen und ihrer internationalen Söldner abgeschlossen ist. Im Kampf gegen das System ist also jedes Mittel zum Zweck akzeptabel und vertretbar. Wir müssen erkennen, dass die Macht der globalen Oligarchie nicht als legal oder legitim angesehen werden kann und dass alle, die mit ihr zusammenarbeiten oder sie unterstützen, illegitime Kollaborateure sind. Das einzig legitime Gesetz ist der globale revolutionäre Kampf für eine radikale Veränderung des Verlaufs der menschlichen Geschichte. Nur dieser Krieg ist legitim, gerecht und moralisch. Nur seine Regeln und Ziele sind gerechtfertigt und verdienen Respekt. Jeder, der sich in diesem Krieg nicht auf der Seite der Revolution engagiert, hilft bereits der globalen Oligarchie, ihre Macht zu erhalten und zu stärken. Das Gesetz der modernen globalen Gesellschaft ist die Gesetzlosigkeit, und alle Normen sind ins Gegenteil verkehrt worden. Der einzig richtige Weg ist heute die Revolte, der Widerstand und der Kampf gegen den Status quo und der Versuch, seiner Willkür ein Ende zu setzen. Solange die Macht in den Händen der globalen Oligarchie liegt, müssen wir uns an keine Gesetze halten, außer an die Gesetze des Krieges und der Revolution. Die globale Oligarchie schafft sich ihre eigenen Gesetze, indem sie Konflikte provoziert und dann versucht, sie zu manipulieren. Unter diesen Umständen haben wir es mit Kriminellen und Wahnsinnigen zu tun. Sie zu stoppen ist die Pflicht eines jeden normalen Menschen, der die Würde seiner Spezies im Auge hat. Der Krieg ist unsere Heimat, unser Element und unsere natürliche, ursprüngliche Umgebung, in der wir lernen müssen, effektiv und siegreich zu existieren.

Sechster Teil: Die Struktur der Globalen Revolutionären Allianz

1. Das Subjekt der neuen Weltrevolution muss die weltweite Gegenelite sein. Diese Gegenelite soll den Kern der Globalen Revolutionären Allianz bilden, als Kristallisationspunkt der Bemühungen um die Förderung subversiver und störender revolutionärer Aktivitäten auf der ganzen Welt, die auf die Zerstörung des gegenwärtigen globalen Systems und den Sturz der Macht der globalen Oligarchie und ihres Gefolges abzielen. Diese Globale Revolutionäre Allianz sollte eine neue Art von Organisation sein, die den Bedingungen des einundzwanzigsten Jahrhunderts entspricht. Sie sollte keine Partei, keine Bewegung, kein Orden, keine Loge, keine Sekte, keine Religionsgemeinschaft, keine ethnische Gruppe oder Kaste sein, wie es die kollektiven Körperschaften früherer Epochen waren; diese können nicht als Modell für die Struktur der Globalen Revolutionären Allianz dienen. Die Globale Revolutionäre Allianz sollte eine neue Art von Organisation in der Struktur eines Netzwerks sein, ohne ein einziges Autoritätszentrum oder eine feste Anzahl von ständigen Mitgliedern, noch sollte sie eine Lenkungsgruppe, eine ständige Einrichtung oder einen genau definierten Aktionsalgorithmus haben. Die Globale Revolutionäre Allianz sollte spontan und organisch in die Logik globaler Prozesse eingebettet sein, niemals etwas, das im Voraus geplant wird und nicht an einen bestimmten Zeitpunkt und Ort gebunden ist. Nur eine solche mobile Präsenz verleiht der Allianz Wirksamkeit und Immunität gegen das planetarische System der Unterdrückung und seine Vollstrecker. Die Aktivitäten der Allianz sollten auf dem Verständnis einer Reihe gemeinsamer Prinzipien, der Ziele des Kampfes, der Identität des Feindes und der Erkenntnis beruhen, dass der Status quo katastrophal und untragbar ist und die totale Zerstörung des Systems erfordert. Sie müssen sich auch auf ein Verständnis der Ursachen dieser Situation, der Stadien ihrer Entwicklung und der wesentlichen Prozesse stützen, die sie

möglich und sehr real machen. Jeder, der diese Dinge versteht, und jeder, der die gegenwärtige Situation nicht akzeptiert und bereit ist, in Übereinstimmung mit diesem Verständnis zu handeln, ist ein Mitglied der Globalen Revolutionären Allianz. Deshalb muss sie polyzentrisch sein. Sie sollte kein einziges territoriales, nationales, religiöses oder sonstiges Zentrum haben. Die Allianz sollte überall agieren, unabhängig von Grenzen, Rassen und Religionen, auf der Grundlage einer inneren Überzeugung und durch spontanes Öffnen von Fenstern der Möglichkeiten. Die Abwesenheit einer allgemeinen Strategie soll die Achse ihrer revolutionären Strategie sein, und die Abwesenheit einer festen, hierarchischen Kommandozentrale soll das primäre Modell für ihre Tätigkeit sein. Die Globale Revolutionäre Allianz sollte überall und nirgends sein und ihre rebellischen Aktionen kontinuierlich, aber nie zu einem bestimmten Zeitpunkt durchführen. Die Globale Revolutionäre Allianz sollte nur dann in Erscheinung treten, wenn und wo die globale Oligarchie sie am wenigsten erwartet. Dabei sollte die Globale Revolutionäre Allianz den Aufführungen der Avantgarde, den Praktiken des Zen-Buddhismus oder einem spannenden Spiel ähneln; einem Spiel, von dem nichts weniger als das Schicksal der Menschheit abhängt. Die Regeln dieses Spiels können im Laufe der Entwicklung leicht geändert werden. Die Spieler können ihre Gesichter, ihre Identität, ihre persönliche Geschichte und andere persönliche Merkmale ändern, einschließlich ihrer Wohnsitze und Ausweispapiere. Die Globale Revolutionäre Allianz soll einen Systemausfall provozieren, einen Kurzschluss in der Funktionsweise der globalen Hierarchie und ihres Unterstützungssystems. Dies kann nicht auf eine gut geplante, sorgfältig vorbereitete Weise geschehen; die globale Oligarchie wird es sofort entdecken und Präventivmaßnahmen ergreifen. Deshalb sollten wir uns auf die völlige Unvorhersehbarkeit konzentrieren und heroische Aktionen von Einzelpersonen mit kollektiven Aktionen in allen Aspekten kombinieren.

2. Die Globale Revolutionäre Allianz sollte bewusst asymmetrisch sein — potenziell könnten sich Staaten, gesellschaftliche Kräfte, politische Parteien, Bewegungen, Gruppen und sogar Einzelpersonen daran beteiligen. Alles, was sich der Macht der globalen Oligarchie stark oder mäßig, direkt oder tangential widersetzt, muss als ein Gebiet der Globalen Revolutionären Allianz betrachtet werden. Dieses Gebiet kann bedingt oder konkret, national oder kybernetisch, organisch oder ein Netzwerk sein.

a. Wenn irgendein Land der Welt, ob groß oder klein, gegen die globale Vorherrschaft der USA, der NATO, des globalen Westens und des liberalen Weltfinanzsystems vorgeht, dann sollte dieser Staat als Teil der Globalen Revolutionären Allianz betrachtet und in jeder Hinsicht unterstützt werden, unabhängig davon, ob wir die Werte dieses Staates teilen, ob seine Herrscher attraktiv oder abstoßend sind oder ob sein gegenwärtiges politisches System gerecht oder korrupt ist. Nichts sollte uns daran hindern, einen solchen Staat zu unterstützen. Angesichts der gegenwärtigen Kräfteverhältnisse in der Welt kann jede Kritik, Anschwärzung oder Dämonisierung eines solchen Staates nur schwarze Propaganda sein, die von den globalen Eliten ausgeht und versucht, ihre Gegner zu diskreditieren. Die Globale Revolutionäre Allianz verbietet ihren Anhängern und Teilnehmern kategorisch jede Kritik an antiamerikanischen Regimen und sogar an Ländern, deren Politik sich zumindest in einigen Punkten deutlich von der Strategie der globalen Elite unterscheidet. Diejenigen, die der Masche des globalistischen Systems der totalen Desinformation erliegen und den Unterstellungen gegen solche antiamerikanischen Regime Glauben schenken, verdienen es, verurteilt zu werden. In solchen Fällen können wir nicht ausschließen, dass diese Kritik von Provokateuren stammt, die die Reihen der Gegenelite spalten wollen. Die Einhaltung oder Verletzung dieser Regel kann ein Mittel sein, um die Angemessenheit derjenigen zu bestimmen, die behaupten, an der Globalen Revolutionären Allianz teilzunehmen.

b. Das gleiche Prinzip gilt für die Bewertung von Bewegungen, Parteien und religiösen, nationalen oder politischen Organisationen. Es spielt keine Rolle, wofür sie eintreten. Ob ihre Ziele gut oder schlecht sind, ob wir ihre Führer mögen oder nicht, oder ob ihre Werte, Einstellungen und Motive klar sind oder nicht, ist unwichtig. Nur eines ist wichtig: ob sie gegen die USA und die globale Oligarchie kämpfen und ob sie versuchen, das bestehende System zu zerstören, oder ob sie es im Gegenteil aufrechterhalten, ihm dienen und sein Funktionieren unterstützen. Erstere werden automatisch als Elemente der Globalen Revolutionären Allianz betrachtet; letztere fallen in das Lager des Bösen in der Welt und sind Satelliten der globalen Oligarchie, und in diesem Fall sollten sie keine Gnade erwarten. Hier sollten besondere Kriterien für unsere Ausrichtung auf das Chaos festgelegt werden: Jene Bewegungen, politische Parteien, religiöse Gruppen und andere Vereinigungen, die ihre Konkurrenz und Konflikte mit anderen Bewegungen ähnlicher Gesinnung über ihr Gebot der Opposition gegen die globale Oligarchie stellen, sind indirekte Komplizen der Oligarchie selbst und sind ihre unbewussten Instrumente. Die globale Oligarchie hetzt böswillig eine Gruppe gegen eine andere auf, um beide von dem abzulenken, was ihr primärer Kampf sein sollte. Deshalb sollten nur solche Gruppen (große, als Träger bestimmter Weltreligionen, und kleine, als unabhängige Vereinigungen von Bürgern auf einer gemeinsamen Plattform) in die Reihen der Globalen Revolutionären Allianz aufgenommen werden, die sich der Tatsache bewusst sind, dass in allen lokalen und regionalen Auseinandersetzungen der Hauptfeind in der Regel verborgen ist. Es ist die globale Oligarchie. Um sie zu besiegen, müssen sie sich notfalls sogar mit ihren ärgsten Feinden (auf lokaler Ebene) zusammenschließen, wenn diese ebenfalls gegen diese Oligarchie gerichtet sind. Diejenigen, die dieses Prinzip in Frage stellen, spielen der globalen Oligarchie in die Hände und können als Komplizen beschuldigt werden. In diesem Bereich kann man den Massenmedien auch nicht trauen, wenn sie bestimmte politische, nationale, ideologische oder religiöse Organisationen, die sich gegen die globale Oligarchie stellen, diskreditieren: Mit Sicherheit werden alle Informationen über sie falsch sein, und ihnen zu trauen, sollte als Fehler, wenn nicht gar als Verbrechen angesehen werden. Diejenigen, die von den globalen Medien verunglimpft werden, sind mit ziemlicher Sicherheit die politischen, religiösen, ideologischen und sozialen Gruppen und Bewegungen, die es am meisten verdienen, von der Globalen Revolutionären Allianz unterstützt zu werden.

c. Das Gleiche sollte für diejenigen gelten, die die globale Oligarchie ablehnen oder kritisieren. Diese sind bereits von sich aus Mitglieder der Globalen Revolutionären Allianz, ob sie sich dessen bewusst sind oder nicht, es erklären oder verheimlichen, bekennen oder leugnen. Es ist nicht notwendig, von diesen Menschen eine klare Position zu verlangen: Aus verschiedenen Gründen wäre es in bestimmten Situationen für sie (und damit für uns alle) von Nachteil. Es ist lediglich notwendig, den Schaden zu bewerten, den sie in der Praxis der globalen Oligarchie zufügen. Das spezifische Programm, für das sie kämpfen, ist völlig unerheblich. Es kann dem unseren sehr ähnlich sein, oder es kann völlig anders sein. Es ist notwendig, diese Menschen nach dem Ausmaß und der Effektivität ihres Widerstands, ihrer Subversion und ihrer Zerstörungskraft für den gegenwärtigen Status quo zu bewerten. Wenn dieses Niveau hoch ist, verdienen sie volle und bedingungslose Unterstützung. Auch in diesem Fall wäre es ein Fehler, ja sogar ein Verbrechen, die abfälligen Verleumdungen zu berücksichtigen, die von den globalen Medien und ihren nationalen Satelliten gegen sie verbreitet werden. Wenn die globale Oligarchie eine bestimmte Person auf ihre schwarze Liste setzt, muss die Globale Revolutionäre Allianz sie einfach unterstützen. Meistens ist alles, was gegen diese Person vorgebracht wird, von Anfang bis Ende eine bewusste Lüge. Aber das spielt keine Rolle — selbst wenn alle Andeutungen der Globalisten die reine Wahrheit wären, würde das nichts ändern. Wir leben unter Kriegsrecht und ein Held ist derjenige, der in der Lage ist, dem Feind maximalen Schaden zuzufügen, aber nicht unbedingt jemand, der über eine vorbildliche Moral oder andere Qualitäten verfügt, die ihm in Zeiten des Friedens einen guten Ruf einbringen. Ein Revolutionär hat seine eigene Moral: Sie ist die Wirksamkeit und der Erfolg seines Kampfes gegen die globale Despotie.

3. Was auch immer die Motive sind, die bestimmte Mächte dazu veranlassen, den Status quo abzulehnen und die Oligarchie, die Globalisierung, den Liberalismus und die USA herauszufordern, sie sollten auf jeden Fall in das Bündnis aufgenommen werden. Der Rest wird sich nach unserem Sieg über den Feind und dem Zusammenbruch des neuen Babylons entscheiden. Dies ist das wichtigste Prinzip, das der Globalen Revolutionären Allianz zugrunde gelegt werden sollte. Die globale Oligarchie schützt ihre Macht, indem sie sich darauf verlässt, dass die verschiedenen Projekte der revolutionären Kräfte, die sich ihr entgegenstellen, alle voneinander abweichen, von einer Gesellschaft zur anderen, von einer Konfession — oder sogar zwischen Strängen einer Konfession — zur anderen, von einer Partei zur anderen und schließlich von einem Individuum zum anderen. Diese Widersprüche in den Zielen und Werten spalten das Lager derjenigen, die sich dem Status quo widersetzen, und schaffen so die Voraussetzungen für eine fortgesetzte Vorherrschaft der globalen Eliten. Dieses Prinzip ist das strategische Rückgrat ihrer despotischen Macht. Es hat sich immer wieder gezeigt, dass selbst schwache Versuche, verschiedene Parteien, Bewegungen, ethnische Gruppen, Staaten oder Einzelpersonen auf einer allgemeinen antiglobalistischen und antioligarchischen Plattform zu vereinen, eine hysterische Reaktion bei der globalen Oligarchie und ihren Verbündeten ausgelöst haben, die zu Repressionen und Präventivmaßnahmen geführt hat, um solche Bemühungen auszurotten und zu verhindern. Indem wir das Thema der Schaffung einer Globalen Revolutionären Allianz diskutieren und dabei die Unterschiede in den Zielen auf der Grundlage unserer Einheit

gegen einen gemeinsamen Feind ignorieren, treffen wir die verwundbarste Stelle des Systems, brechen seinen Code auf und untergraben die Grundlage seiner imperialen Strategie. Die Geschichte des zwanzigsten Jahrhunderts zeigt, dass jeder Zusammenschluss, der auf gemeinsamen Zielen beruht, selbst in seiner massivsten Form (wie im Falle des globalen Systems des Kommunismus, das in praktisch allen Ländern der Welt funktionierte), seine eigenen Grenzen hat und nicht über eine bestimmte Grenze hinausgehen kann. Der Zusammenbruch des Weltsozialismus hängt damit zusammen: Nachdem die Kommunisten alle möglichen Leute um antikapitalistische Initiativen mit klar definierten, positiven Zielen vereint hatten, die dogmatische Grundlagen besaßen, die keine anderen Interpretationen zuließen, erschöpften sie alle revolutionären Ressourcen des Marxismus und erreichten nicht die kritische Masse, die für einen entscheidenden Sieg über den Kapitalismus notwendig war. Außerhalb der marxistischen Bewegung gab es feurige Strömungen konservativer, religiöser und nationalistischer Bewegungen, die ebenso unnachgiebig gegenüber dem globalen Kapitalismus waren, aber nicht ihre spezifische Vision einer kommunistischen Utopie teilten. Unter Ausnutzung dieser Spaltung gelang es dem Westen, den Sowjetblock zu besiegen. Dieses Schicksal muss von den Revolutionären des einundzwanzigsten Jahrhunderts sehr ernst genommen werden. Wenn wir heute weiterhin auf einer absoluten Einigung auf ein einziges Ziel bestehen, das wir als Alternative zu einer globalen kapitalistischen Oligarchie und der Weltherrschaft der USA vorschlagen, sind wir zum unausweichlichen Scheitern verurteilt und geben dem Feind selbst eine Waffe in die Hand, die er gegen uns einsetzen kann.

4. Die Globale Revolutionäre Allianz sollte sich in erster Linie aus dem Geist der Freiheit und Unabhängigkeit speisen und erst in zweiter Linie nach materiellen Ressourcen für die Durchführung bestimmter Aktionen und Projekte suchen. Beginnen Sie niemals mit materiellen Belangen oder Fragen der Ressourcen. Sie sollten vom Willen ausgehen. Das ist der Sinn der Menschenwürde.

Dies ist die wichtigste Regel für die Entwicklung der Globalen Revolutionären Allianz. Der Geist sollte im Mittelpunkt stehen. Es gibt Situationen, in denen man mit äußeren Umständen, mit Naturgewalten oder mit der Macht des Schicksals nicht zurechtkommt. Manchmal ist man mit Hindernissen konfrontiert, die unmöglich zu überwinden sind. Aber das Wesen der Menschlichkeit liegt darin, dass man selbst dann, wenn man sich der rohen Gewalt oder dem Druck der Umstände beugt, man immer noch entweder „Ja" oder „Nein" zu diesen Umständen sagen kann. Und wenn man „Nein" sagt, dann verurteilt man die Umstände mit seinem entscheidenden Urteil und bereitet so die Plattform für weitere Entschlossenheit vor. Indem er der objektiven Welt widerspricht, verwandelt der menschliche Geist sie bereits, und selbst wenn die Konsequenzen seines Urteils nicht sofort und nicht für ihn eintreten, ist es nie ohne Wert und Bedeutung. Es ist genau dieser Geist, der die Geschichte, die Gesellschaft und das menschliche Leben aufrechterhält. Jeder materielle Reichtum und jedes Potenzial, das nicht von diesem Geist getragen wird, sowie der damit verbundene Wille und die moralische Zustimmung, sind nutzlos und machtlos. Wir kennen Beispiele, in denen ganze Zivilisationen eine Verbindung zwischen Materialismus und wahren Werten geleugnet haben und die im Gegenteil die wahren Werte im geistigen Bereich verorten — in den Welten der Kontemplation, der Gottheit, des Glaubens und der Askese. Umgekehrt ist der Wille mit der Fähigkeit, moralische Entscheidungen zu treffen, in der Lage, einen völligen Mangel an Ressourcen und Mitteln in sein Gegenteil zu verwandeln — mit einem minimalen Startkapital ein riesiges Imperium zu errichten, das ein großes Gebiet der materiellen Welt umfasst. Der menschliche Geist ist zu allem fähig. Deshalb sollte die Globale Revolutionäre Allianz bereit sein, den Kampf gegen die globale Oligarchie auf jeder Basis aufzunehmen — von einem einzelnen Individuum oder einer kleinen Gruppe von Menschen bis hin zu Bewegungen, Parteien und dergleichen, und sogar bis zur Ebene ganzer Religionsgemeinschaften, Gesellschaften, Nationen oder Zivilisationen. Sie können mit einem Verständnis der aktuellen Situation und einem Geist radikaler Unzufriedenheit mit dem, was um Sie herum geschieht, mit nichts in die Schlacht ziehen. Sie können sich auf bestehende Strukturen in jeder Größenordnung verlassen, die Ihnen Unterstützung bieten. Ressourcen für die Durchführung globaler revolutionärer Aktivitäten und für einen totalen planetarischen Krieg sollten von überall her geholt werden, ohne sich um ihre Quellen oder ihr Schicksal zu kümmern. Hier kann alles nützlich sein, groß und klein — traditionelle Waffen und neue Technologien, die Infrastrukturen ganzer Staaten oder internationaler Organisationen sowie die Kreativität von Einzelpersonen, die sich heldenhaft dem Kampf gegen die globale oligarchische Bestie anschließen.

5. Nur der Geist bestimmt die menschliche Geschichte. Im Geist, in seiner Krankheit, in seiner Schwäche, in seinem Niedergang und in seiner Verblödung sollten wir die Wurzel unserer gegenwärtigen Pathologie suchen. Sie kann nur durch den Geist geheilt werden.

Siebter Teil: Visionen von der Zukunft: Die Dialektik der multiplen Normen

1. Die Zukunft wird möglich sein, wenn es uns gelingt, die bestehende Welt zu zerstören und unsere Normen durchzusetzen. Jedes Segment der antiamerikanischen Front und jedes Element der Globalen Revolutionären Allianz hat seine eigene Vision von der Zukunft und seine eigenen Normen. Es muss davon ausgegangen werden, dass diese Bilder und Normen unterschiedlich, disparat und sich sogar gegenseitig ausschließend sind. Diese Situation wird nur dann zu Problemen führen, wenn jede dieser Normen und Zukunftsvisionen von ihren Anhängern als etwas Universelles und Obligatorisches angesehen wird, das das ausschließt, was der gesamten Menschheit gemeinsam ist. Wenn dies geschieht,

wird eine Spaltung innerhalb der Globalen Revolutionären Allianz früher oder später unvermeidlich sein. Dies würde ihre Aktivitäten zum Scheitern verurteilen. Die Muslime, Atheisten, Christen, Sozialisten, Anarchisten, Konservativen, Libertären, Fundamentalisten, Sektierer, Progressiven, Ökologen oder Traditionalisten werden niemals miteinander auskommen, wenn sie versuchen, ihre Vision der Zukunft ihren Nachbarn und darüber hinaus der gesamten Menschheit aufzuzwingen. Die globale Oligarchie wird dies sofort ausnutzen und einen Keil zwischen die einzelnen Gruppen innerhalb der Allianz treiben, ihre Solidarität spalten und jede ihrem Untergang überlassen. Die primitive Einfachheit einer solchen Strategie hat denjenigen, die sie im Laufe der Jahrtausende angewandt haben, stets und ständig ein positives Ergebnis gebracht. Die Globale Revolutionäre Allianz hat kein Recht, sich auf eine solche vorprogrammierte und vorweggenommene Taktik einzulassen. Die Fähigkeit, Wissen aus der Geschichte zu ziehen und eine auf rationalem Denken basierende Strategie zu entwickeln, ist ein wesentliches Merkmal eines intelligenten Menschen. Um in ihrem Krieg erfolgreich zu sein, muss die Globale Revolutionäre Allianz daher diese drohende Falle vermeiden. Wir müssen lernen, unsere vielfältigen und unterschiedlichen Zukunftsvisionen nur in ihren lokalen und nicht in einem universellen Kontext umzusetzen. Der Islam für die Muslime, das Christentum für die Christen, der Sozialismus für die Sozialisten, die Ökologie für die Ökologen, der Fundamentalismus für die Fundamentalisten, die Nation für die Nationalisten, die Anarchie für die Anarchisten und so weiter — das sollte unsere Art sein, die Zukunft zu gestalten. Das bedeutet, dass wir die Vielfältigkeit und Pluralität der Zukunft und ihre vielen Variationen anerkennen müssen, ebenso wie die mögliche Koexistenz verschiedener Zukunftsentwürfe auf verschiedenen zusammenhängenden oder nicht zusammenhängenden Territorien. Die Globale Revolutionäre Allianz ist gegen die Vorstellung einer einzigen, gemeinsamen revolutionären Zukunft für alle. Sie plädiert für einen Blumenstrauß der Zukunft, dafür, dass die Menschheit durch eine Vielfalt von Schattierungen und Farben, Wegen und Variationen, Horizonten und Zielen für einen Schritt nach vorn oder eine Rückkehr zu den eigenen Wurzeln ergänzt wird. Doch damit einige dieser alternativen Zukunftsvisionen entstehen können, bedarf es der Hilfe anderer Kräfte, die sich ihre Zukunft sicher anders vorstellen. Dies ist die wichtigste Neuerung der revolutionären Strategie des einundzwanzigsten Jahrhunderts. Niemand bekommt seine Zukunft, wenn es kein anderer tut, oder wenn er das Recht der anderen auf eine eigene Zukunft ablehnt, die sich von allen anderen unterscheidet und eigene Normen und Horizonte hat. Die Zukunft wird nur dann real und frei werden, wenn alle Nationen und Kulturen, alle Zivilisationen und politischen Bewegungen, alle Staaten und Individuen dieses fundamentale Recht auf Unterschiedlichkeit akzeptieren und so zu einer Einheit in der Vielfalt finden und es schaffen, die amerikanische Hegemonie, die globale Oligarchie und das neoliberale Finanzsystem zu stürzen. Dies kann nur durch die Bündelung der Anstrengungen aller Unzufriedenen gelingen. Niemand sollte von der Globalen Revolutionären Allianz ausgeschlossen werden. Alle, die gegen den Status quo sind und die die Wurzel des Übels im Liberalismus, Globalismus und Amerikanismus sehen, sollten als bevollmächtigte Teilnehmer unserer gemeinsamen Front behandelt werden.

2. Die Zukunft muss auf dem Prinzip der Solidarität und auf Gesellschaften als organischen, ganzheitlichen Einheiten beruhen. Jede Kultur wird ihre Werte in einer bestimmten spirituellen und religiösen Form verankern. Diese Form wird bei jeder anders sein, aber sie haben alle etwas gemeinsam: Es kann keine echten Kulturen, Religionen und Staaten geben, die Materialismus, Geld, physischen Komfort, mechanische Effizienz und vegetatives Vergnügen als ihre höchsten Werte betrachten. Die Materie allein kann niemals ihre eigene Form reproduzieren — sie ist formlos. Aber eine solche absolut materialistische Zivilisation wird im globalen Maßstab von der globalen Oligarchie aufgebaut, die die

niedersten, greifbarsten Anreize und die primitivsten Impulse des Menschen ausnutzt. Im tiefsten Inneren der Seele schlummern schändliche, halb animalische, halb dämonische Energien, die sich zur materiellen Welt hingezogen fühlen, um mit organischen, physischen Wesen zu verschmelzen. Diese trägen Energien, die gegen Feuer, Licht, Konzentration und Erhebung resistent sind, sind das Rückgrat der Machenschaften, die das globale System ausnutzt. Es kultiviert diese Dinge und schmeichelt denen, die sich darin tummeln. Dieser Bodensatz der Seele oder die Stimme des Materialismus ruiniert jede kulturelle Form, jedes Ideal und jede Norm, ganz gleich, was es ist. Das bedeutet, dass der Lauf der Geschichte zum Stillstand kommt und die ewige Wiederkehr des Zyklus des Konsums beginnt, ebenso wie der Wettlauf um materielle Vergnügungen und der Konsum von verführerischen und geistlosen Bildern. Auf diese Weise verlieren die Gesellschaften ihre Zukunft. Jede Kultur wehrt sich gegen diese niederen Begierden und Energien der geistigen Entropie und des Verfalls, aber sie tut dies auf ihre eigene Weise und setzt einen Wegweiser für ihre Normen, Ideen und ihren Geist. Trotz der Tatsache, dass die Ausprägungen und Konfigurationen dieser Formen und Ideale unterschiedlich sind, haben sie alle eines gemeinsam — und zwar überall dort, wo es um die Form und nicht um die Substanz geht; um die Idee und nicht um die Körperlichkeit; und um Normen und Anstrengung, nicht aber um Unterhaltung und Ausschweifung. Daher ist die Vision der Zukunft, für die alle Elemente der Globalen Revolutionären Allianz gegen die globale Oligarchie kämpfen, in all ihrer Vielfalt eine gemeinsame. In allen Fällen ist es die Form und nicht die Deformation; eine Idee, aber nicht die Materie; etwas, das den menschlichen Geist erhebt, und nicht etwas, das ihn in den Abgrund der leeren, entropischen Körperlichkeit versinken lässt. Im Mittelpunkt jeder Norm stehen ein gemeinsames Gut, Wahrheit und Schönheit. Jede Nation hat ihre eigenen Ideale, die oft sehr unterschiedlich sind. Sie teilen die Ansicht, dass es Ideale gibt und nicht etwas anderes. Die globale

Oligarchie zerstört all diese Ideale und leugnet ihre Existenz. Auf diese Weise beraubt sie alle Gesellschaften der Zukunft.

3. Unser Wille wird im Krieg entdeckt werden und sich im Feuer der Revolution verhärten. Er wird nicht einfach von selbst entstehen. Deshalb ist die Revolution gegen die amerikanische Vision einer globalisierten Welt nicht nur ein Detail oder ein Zufall, sondern sie ist der Sinn des Werkes der Geschichte, dessen Bewegung durch bestimmte Kräfte blockiert wird. Diese Kräfte werden nicht von selbst verschwinden, sie werden nicht zur Seite treten und den Energien der Existenz nicht weichen. Wir befinden uns in einer zivilisatorischen und historischen Sackgasse, und die Struktur dieser Sackgasse ist so beschaffen, dass sie sowohl eine objektive als auch eine subjektive Dimension hat; das heißt, die Sackgasse wird von bestimmten historischen und zugleich antihistorischen Phänomenen bewusst und eigennützig aufrechterhalten: der globalen Oligarchie. Um die Tore zur Zukunft zu öffnen, muss der Damm, der ihr im Wege steht, gesprengt werden. Kein Krieg — kein Sieg. Kein Sieg — keine Zukunft. Anders als in der Natur, wo die Sonne jeden Morgen aufgeht, hängt der Beginn der Morgendämmerung der menschlichen Geschichte direkt von der Wirksamkeit und dem Erfolg des Kampfes gegen die dunklen Mächte ab: die Weltoligarchie, die USA und den globalen Kapitalismus. Nur wenn die bestehende globale Elite entwurzelt wird, kann der Lauf der Geschichte von dort, wo er heute feststeckt, weitergehen. Die Zukunft kann nur im Krieg erschaffen und aus dem Feuer der globalen Revolution geboren werden. Der Krieg und die Revolution sind ein Erwachen. Die Tageszeit ist die Zeit der Erwachten. In der Zwischenzeit tut die globale Oligarchie alles, was sie kann, um sicherzustellen, dass die Menschheit weiterschläft, und versucht, dafür zu sorgen, dass sie niemals erwacht. Zu diesem Zweck wird eine künstliche, virtuelle Welt geschaffen, in der die Nacht ewig dauert und der Tag nur in einer exquisiten elektronischen Simulation sichtbar ist. Diese Welt sollte zerstört und ersetzt werden.

4. Das Design der Zukunft muss offen erdacht und gestaltet werden. Die Völker und Gesellschaften müssen es selbst auswählen, anstatt dass es ihnen aufgezwungen wird. Daher sollte sich die Globale Revolutionäre Allianz an alle und jeden wenden und alles über ihre Ziele, ihre Horizonte und ihre Pläne offenlegen. Die Globale Revolutionäre Allianz sollte niemandem etwas aufzwingen, und sie versucht auch nicht, Zwang auszuüben. Die Globale Revolutionäre Allianz verspricht nichts, lockt nicht und führt nicht zu einem Ziel, das ihren Anhängern klar ist, aber für alle anderen ein Geheimnis bleibt. Solche Taktiken werden nicht zum gewünschten Ergebnis führen. Die Globale Revolutionäre Allianz besteht auf einem universellen Erwachen, auf einer totalen Mobilisierung und auf einem durchdringenden und allgemeinen Bewusstsein für die Katastrophe, die uns überrollt hat und die immer mehr an Fahrt gewinnt. Auf dieser tragischen Grundlage müssen wir eine neue, transparente Welt aufbauen, die allen Menschen offen steht. Wir müssen den Menschen die Wahrheit sagen: Der Zustand der Menschheit ist schrecklich; die Selbstdiagnose ist höchst enttäuschend. Ja, dies ist eine Krankheit, eine schwere Krankheit, tief und unerbittlich. Aber... noch heilbar. Sie ist heilbar, wenn sie als das erkannt wird, was sie ist: eine Krankheit, die als solche betrachtet wird, und wenn der Wille vorhanden ist, die Situation zu ändern und das zu tun, was für die Genesung notwendig ist. Um gesund zu werden, müssen wir genesen. Um zu genesen, müssen wir erkennen, dass wir ernsthaft krank sind. Der erste Schritt zur Genesung besteht darin, herauszufinden, was die Krankheit mit uns macht und was ihre Hauptträger sind. Wir können die Fallbeispiele der westlichen Kultur in der Neuzeit und in der historischen Vorgeschichte der Moderne studieren. Der Träger der Krankheit, die die Entwicklung der Moderne ebenso parasitär befällt wie Tumorzellen gesundes Gewebe, ist die globale Oligarchie, das Staatsmonster der USA, die Ideologie des Liberalismus. Sie ist bösartig in ihren Grundfesten, dem weltweiten Netzwerk ihrer Einflussagenten, die den Interessen des Imperiums des Bösen in

allen Gesellschaften dienen, auch in denen, die zumindest eine teilweise Immunität gegen diese bösartigen, zersetzenden Viren bewahren konnten. Die Ärzte wissen, dass es ohne den Willen des Patienten, gesund zu werden, nicht geht und keine Tricks oder andere, externe Methoden helfen werden. Daher sind die wichtigsten Verbündeten der kommenden Globalen Revolutionären Allianz die Menschen an sich: Gesellschaften, Kulturen und die gesamte Menschheit, die einfach aufwachen und den blutsaugenden amerikanischen oligarchischen, liberalen Abschaum abschütteln muss. Es ist an der Zeit, einen Neustart zu wagen und ein erfülltes Leben zu führen, nach dem eigenen Willen und im Vertrauen auf den eigenen Verstand. Dann wird die Mission der Globalen Revolutionären Allianz erfüllt sein und es wird keine Notwendigkeit mehr für sie bestehen. An ihre Stelle wird die Zukunft treten, eine Zukunft, die die Menschheit für sich selbst gewählt hat und die sie frei mit ihren eigenen Händen gestalten wird. Sie wird sich selbst erschaffen, durch sich selbst und nur für sich selbst.

Über den „Weißen Nationalismus" und andere potenzielle Verbündete in der globalen Revolution

Es gibt verschiedene Tendenzen in der neuen Generation revolutionärer, nonkonformistischer Bewegungen in Europa (sowohl auf der Rechten als auch auf der Linken), und einige von ihnen haben es geschafft, in ihren jeweiligen Ländern hohe politische Positionen zu erreichen. Die Krise des Westens wird sich von Tag zu Tag ausweiten und vertiefen, so dass wir eine Zunahme der Macht und des Einflusses unserer eurasischen Widerstandsbewegung gegen die gegenwärtige globale Ordnung, die eine Diktatur der schlimmsten Elemente der westlichen Gesellschaften ist, erwarten sollten.

Diejenigen von der Rechten oder der Linken, die die amerikanische Hegemonie, den Ultraliberalismus, den strategischen Atlantizismus, die Vorherrschaft der oligarchischen und kosmopolitischen Finanzeliten, die individualistische Anthropologie und die Ideologie der Menschenrechte sowie den typisch westlichen Rassismus in allen Bereichen—wirtschaftlich, kulturell, ethisch, moralisch, biologisch und so weiter—ablehnen und bereit sind, mit den eurasischen Kräften bei der Verteidigung der Multipolarität, des sozioökonomischen Pluralismus und des Dialogs zwischen den Zivilisationen zusammenzuarbeiten, betrachten wir als Verbündete und Freunde.

Diejenigen auf der Rechten, die die Vereinigten Staaten und den weißen Rassismus gegen die Dritte Welt unterstützen, die antisozialistisch und pro-liberal sind und die bereit sind, mit den Atlantikern zusammenzuarbeiten, sowie diejenigen auf der Linken, die die Tradition, die organischen Werte der Religion und der Familie angreifen und andere Arten von sozialen Abweichungen fördern, sind beide im Lager der Feinde.

Um gegen unseren gemeinsamen Feind zu gewinnen, müssen wir den alten Hass zwischen unseren Völkern überwinden, ebenso wie den zwischen den veralteten politischen Ideologien, die uns immer noch trennen. Solche Probleme können wir nach unserem Sieg untereinander lösen.

Gegenwärtig werden wir *alle* herausgefordert und *alle* werden von den Kräften der herrschenden globalen Ordnung beherrscht.

Bevor wir uns mit diesen anderen Problemen befassen, müssen wir uns zunächst selbst befreien.

Ich bin sehr froh, dass Gábor Vona, den ich kennengelernt habe und der Vorsitzender der Jobbik-Partei in Ungarn ist, dies genau verstanden hat. Wir müssen uns bei der Schaffung einer gemeinsamen eurasischen Front einig sein.

In Griechenland könnten unsere Partner schließlich die Linken von Syriza sein, die den Atlantizismus, den Liberalismus und die Vorherrschaft der Kräfte der globalen Finanzwelt ablehnen. Soweit ich weiß, ist Syriza antikapitalistisch und steht der globalen Oligarchie, der Griechenland und Zypern zum Opfer gefallen sind, kritisch gegenüber. Der Fall Syriza ist wegen seiner linksradikalen Haltung gegenüber dem liberalen globalen System interessant. Es ist ein gutes Zeichen, dass solche nonkonformistischen Kräfte auf der Bildfläche erschienen sind. Dimitris Konstantakopoulos schreibt ausgezeichnete Artikel und seine strategischen Analysen finde ich in vielen Fällen sehr richtig und tiefgründig.

Es gibt auch viele andere Gruppen und Bewegungen, mit denen wir zusammenarbeiten können. Der Fall der Goldenen Morgenröte (Chrysi Avgi) ist interessant, weil er Teil des wachsenden (und in der Tat sehr spannenden) Wiederauftauchens rechtsradikaler Parteien in der europäischen politischen Landschaft ist. Wir müssen mit allen Kräften zusammenarbeiten, ob rechts oder links, die unsere Prinzipien teilen.

Der wichtigste Faktor sollte nicht sein, ob diese Gruppen pro-russisch sind oder nicht. Viel wichtiger ist, was sie ablehnen. Der Feind meines Feindes ist mein Freund. Das ist einfach und leicht zu verstehen. Wenn wir eine solche Haltung einnehmen, um alle möglichen Verbündeten anzusprechen (die uns entweder zustimmen oder nicht), werden immer mehr Menschen diesem Beispiel folgen — und sei es nur aus Pragmatismus. Auf diese Weise werden wir ein echtes, funktionierendes Netzwerk schaffen. Es ist wichtig, dass wir eine Strategie verfolgen, um die Linke und die Rechte überall zu vereinen, auch in den Vereinigten Staaten. Wir müssen Amerika vor seiner eigenen Diktatur bewahren, die für das amerikanische Volk genauso schlimm ist wie für alle anderen Völker.

Die Frage der begrenzten oder unbegrenzten Regierung ist, soweit ich sehe, im Vergleich zur Geopolitik von geringerer Bedeutung — es hängt alles von der historischen Tradition der betreffenden Nation ab. Waffenbesitz ist eine gute Sache, wenn die Waffen in unseren Händen sind. Daher betrachte ich diese beiden Punkte, wenn sie als politische Plattform genutzt werden, als absolut neutral. Eine solche amerikanische Rechte kann gut oder schlecht sein, abhängig von anderen Faktoren als diesen beiden Punkten. Wir müssen einen Dialog mit denjenigen führen, die tiefer in die Natur der Dinge und in die

Geschichte blicken und die versuchen, die gegenwärtige Weltordnung
zu verstehen.

Ich betrachte die „Weißen Nationalisten" als Verbündete, wenn sie
die Moderne, die globale Oligarchie und den liberalen Kapitalismus
ablehnen, mit anderen Worten alles, was alle ethnischen Kulturen
und Traditionen tötet. Die moderne politische Ordnung ist im
Wesentlichen globalistisch und basiert vollständig auf dem Primat
der individuellen Identität im Gegensatz zur Gemeinschaft. Es ist die
schlimmste Ordnung, die es je gegeben hat, und sie sollte vollständig
zerstört werden. Wenn Weiße Nationalisten die Tradition und die
alte Kultur der europäischen Völker bekräftigen, haben sie Recht.
Aber wenn sie Einwanderer, Muslime oder die Nationalisten anderer
Länder aufgrund historischer Konflikte angreifen; oder wenn sie die
Vereinigten Staaten, den Atlantizismus, den Liberalismus oder die
Moderne verteidigen; oder wenn sie die weiße Rasse (die die Moderne
in ihren wesentlichen Zügen hervorgebracht hat) als die höchste und
andere Rassen als minderwertig betrachten, dann bin ich völlig anderer Meinung als sie.

Mehr noch, ich kann die Weißen nicht verteidigen, wenn sie in
Opposition zu den Nicht-Weißen stehen, denn als Weißer und Indo-
Europäer erkenne ich die Unterschiede anderer ethnischer Gruppen
als etwas Natürliches an und glaube nicht an eine Hierarchie unter
den Völkern, denn es gibt keinen und kann keinen gemeinsamen,
universellen Maßstab geben, mit dem man die verschiedenen Formen
ethnischer Gesellschaften oder ihre Wertesysteme messen und vergleichen kann. Ich bin stolz darauf, Russe zu sein, genau wie Amerikaner,
Afrikaner, Araber oder Chinesen stolz darauf sind, zu sein, was sie
sind. Es ist unser Recht und unsere Würde, unsere Identität zu bekräftigen, nicht im Gegensatz zueinander, sondern so wie sie ist: ohne
Ressentiments gegenüber anderen oder Gefühle von Selbstmitleid.

Ich kann das Konzept der Nation nicht verteidigen,
denn die Idee der „Nation" ist ein bürgerliches Konzept, das
als Teil der Moderne ausgeheckt wurde, um traditionelle
Gesellschaften (Reiche) und Religionen zu zerstören und sie durch

künstliche Pseudo-Gemeinschaften zu ersetzen, die auf der Idee des Individualismus basieren. All das ist falsch. Das Konzept der Nation wird jetzt von denselben Kräften zerstört, die es in der ersten Phase der Moderne geschaffen haben. Die Nationen haben ihre Aufgabe, jede organische und geistige Identität zu zerstören, bereits erfüllt, und nun liquidieren die Kapitalisten das Instrument, mit dem sie dies erreicht haben, zugunsten einer direkten Globalisierung. Wir müssen den Kapitalismus als den absoluten Feind angreifen, der für die Schaffung der Nation als Simulakrum der traditionellen Gesellschaft verantwortlich war und der auch für ihre Zerstörung verantwortlich war. Die Gründe für die gegenwärtige Katastrophe liegen tief in der ideologischen und philosophischen Grundlage der modernen Welt. Am Anfang war die Moderne weiß und national, am Ende ist sie global geworden. Weiße Nationalisten müssen sich also entscheiden, in welchem Lager sie stehen wollen: in dem der Tradition, zu dem auch ihre eigene indoeuropäische Tradition gehört, oder in dem der Moderne. Atlantizismus, Liberalismus und Individualismus sind für die indoeuropäische Identität das absolute Übel, da sie mit ihr unvereinbar sind.

In seiner Rezension meines Buches *Die Vierte Politische Theorie* kritisierte Michael O'Meara, dass es für eine Rückkehr zu den nicht verwirklichten Möglichkeiten der Dritten Politischen Theorie eintrete. Es ist gut, dass Menschen aus verschiedenen Lagern ihre Antworten auf die Vierte Politische Theorie darlegen, aber sie bedienen sich typischerweise der alten rassistischen/antisemitischen Argumente der Rechten/dem Dritten Weg. Sie sind weder zu tiefgründig noch zu hohl. Ich bezweifle, dass wir etwas erreichen können, wenn wir die gleiche Agenda von Yockey und Co. wiederholen. Damit wird die Grenze zwischen dem Dritten Weg und dem Vierten Weg gezogen. Gleichzeitig betrachte ich Heidegger als einen Vorläufer der Vierten Politischen Theorie, und er hat im Kontext der Dritten Politischen Theorie gehandelt und gedacht.

Was die „Identitären" betrifft, so habe ich den Namen Guillaume Faye in all meinen Schriften nie erwähnt — er ist nicht schlecht, aber auch nicht gut. Ich halte Alain de Benoist für brillant — einfach der Beste. Diejenigen „Identitären", die die positive Haltung gegenüber dem Islam oder den Türken als einen negativen Aspekt der Vierten Politischen Theorie betrachten, tun dies meiner Meinung nach zum Teil aufgrund der Manipulation durch globalistische Kräfte, die versuchen, jene revolutionären Kräfte zu spalten, die in der Lage sind, die liberal-kapitalistische atlantische Hegemonie herauszufordern. Die Muslime sind ein Teil der russischen Bevölkerung und stellen eine bedeutende Minderheit dar. Daher ruft die Islamophobie implizit zur Spaltung Russlands auf. Der Unterschied zwischen Europa und Russland in unserer Haltung gegenüber dem Islam besteht darin, dass die Muslime für uns ein organischer Teil des Ganzen sind, während sie für Europa eine postkoloniale Welle von Neueindringlingen aus einem anderen geopolitischen und kulturellen Raum sind. Aber da wir in der globalistischen Elite, die für Pussy Riot/Femen, für die Homo-Ehe, gegen Putin, gegen den Iran, gegen Chávez, gegen soziale Gerechtigkeit und so weiter ist, einen gemeinsamen Feind haben, müssen wir alle eine gemeinsame Strategie mit den Muslimen entwickeln. Unsere Traditionen sind sehr unterschiedlich, aber die anti-traditionelle Welt, die uns angreift, ist geeint, und das müssen wir auch werden.

Wenn die Identitären ihre Identität wirklich lieben, sollten sie sich mit den Eurasianisten verbünden — an der Seite der Traditionalisten und der Feinde des Kapitalismus, die zu irgendeinem Volk, einer Religion, einer Kultur oder einem politischen Lager gehören. Antikommunistisch, anti-muslimisch, antiöstlich, proamerikanisch oder atlantisch zu sein, bedeutet heute, auf der anderen Seite zu stehen. Es bedeutet, auf der Seite der aktuellen globalen Ordnung und ihrer Finanzoligarchie zu stehen. Aber das ist unlogisch, denn die Globalisten sind dabei, jede Identität außer der des Einzelnen zu zerstören, und ein Bündnis mit ihnen zu schmieden bedeutet daher, das Wesen der eigenen kulturellen Identität zu verraten.

Das Problem mit der Linken ist ein anderes. Sie ist gut, wenn sie sich gegen die kapitalistische Ordnung stellt, aber es fehlt ihr an einer

geistigen Dimension. Die Linke stellt sich in der Regel als ein alterna-
tiver Weg zur Modernisierung dar und wendet sich dabei ebenso wie
der Liberalismus gegen organische Werte, Traditionen und Religion.
Ich würde mich über linke Identitäre freuen, die einerseits soziale
Gerechtigkeit verteidigen und gleichzeitig den Kapitalismus angreifen, und die andererseits die spirituelle Tradition umarmen und die
Modernität angreifen. Es gibt nur einen Feind: die globale, liberale
kapitalistische Ordnung, die von der nordamerikanischen Hegemonie
unterstützt wird (die sich auch gegen die echte amerikanische Identität
richtet).

Was den Traditionalismus betrifft, so ist dieser in der Regel defen-
siv oder wird als solcher betrachtet. Wir müssen mit dieser Annahme
brechen und einen offensiven Traditionalismus fördern. Wir sollten
die (Hyper-)Modernität angreifen und den Status quo im Namen
der Wiederkehr zur Explosion bringen. Ich meine „offensiv" in jeder
Hinsicht. Wir müssen darauf bestehen.

Die Politik ist das Instrument der Modernität. Ich denke, der Neo-
Gramsciismus ist ein wichtiges Instrument. Wir müssen einen historischen Block von Traditionalisten neben organischen Intellektuellen
eines neuen Typs bilden. Wir haben orthodoxe Christen (und vielleicht auch andere Arten von Christen), Muslime, Buddhisten und
Hindus, die alle die Idee ablehnen, dass das „Lockesche Kernland"
(nach Kees van der Pijl) global wird. Wir müssen sie gemeinsam
angreifen, nicht allein. Und wir müssen auf jede erdenkliche Weise
angreifen — jeder so, wie er oder sie es kann: physisch, politisch und
intellektuell...

Es ist an der Zeit, offensiv zu werden.

Bald wird die Welt im Chaos versinken. Das Finanzsystem wird
zusammenbrechen. Überall werden Unruhen, ethnische und soziale
Konflikte ausbrechen. Europa ist dem Untergang geweiht. Asien ist in
Aufruhr. Die Ströme von Einwanderern werden überall die bestehende Ordnung umstürzen. Das gegenwärtige System wird zerbrechen
und sich auflösen.

Nach dieser Übergangsphase wird eine direkte globale Diktatur eingeführt werden. Wir sollten darauf vorbereitet sein und schon jetzt damit beginnen, den globalen Widerstand zu organisieren — das planetarische Netzwerk der Traditionalisten, der Konservativen Revolutionäre, der Heideggerianer, der Anhänger der Vierten Politischen Theorie und der Multipolarität sowie der Nonkonformisten aller Art — eine Art Heilige Front jenseits von Rechts und Links, die aus verschiedenen, älteren politischen und ideologischen Taxonomien besteht. Alle drei politischen Theorien sind aus der Moderne und auch aus der konventionellen und angenommenen Geschichte verschwunden. Wir, und auch unsere Feinde, betreten absolutes Neuland.

Jeder Traditionalist sollte sich die folgenden Fragen stellen:

1. Warum bin ich auf der Seite der Tradition im Gegensatz zur Moderne angekommen?

2. Was ist die Realität, die mich im Wesentlichen zu dem macht, was ich bin? Woher habe ich sie?

3. Ist meine Berufung als Traditionalist das Ergebnis meines soziokulturellen Erbes (Gesellschaft, Familie und Kultur) oder ist sie das Ergebnis eines anderen Faktors?

4. Wie ist es möglich, sich inmitten von Moderne und Postmoderne von ihnen zu unterscheiden?

5. Auf welche Weise kann ich der modernen Welt um mich herum echten Schaden zufügen? (Mit anderen Worten: Wie kann ich den Teufel wirksam bekämpfen?)

Die Vierte Politische Theorie kämpft für die Sache aller Völker, aber sie ist nicht für die Menschen gemacht. Sie ist ein Aufruf an die intellektuelle Elite jeder menschlichen Gesellschaft und lehnt die Hegemonie in jeder Hinsicht (philosophisch, sozial und politisch) ab. Diesmal kann uns das Volk nicht helfen. Diesmal müssen wir den Menschen helfen.

Unser Gegner ist nichts weiter als eine intellektuelle Elite, aber eine hegemoniale Elite. All ihre materielle Macht ist nichts als eine Illusion und ein Phantasma: Was wirklich zählt, sind ihre Texte, ihr Diskurs und ihre Worte. Ihre Kraft liegt in ihren Gedanken. Und es ist die Ebene der Gedanken, auf der wir kämpfen und schließlich gewinnen müssen. Alles Materielle, das sich uns entgegenstellt, ist in Wirklichkeit nichts als reine Entbehrung. Nur der Gedanke existiert wirklich.

Es ist leicht, die Massen zu manipulieren, viel leichter, als die wenigen zu überzeugen. Quantität ist der Feind der Qualität — je mehr, desto schlimmer. Die kapitalistische Elite denkt anders. Dieser Irrtum wird tödlich sein. Für sie. Und wir werden es beweisen.

Wir brauchen eine offene, undogmatische Front, die jenseits von rechts und links steht.

Wir haben uns schon viel zu lange auf den kommenden Moment der Gelegenheit vorbereitet. Aber jetzt, endlich, liegt er nicht mehr so weit in der Zukunft.

Wir werden den Lauf der Geschichte ändern. Gegenwärtig befindet sie sich auf einem sehr falschen Kurs.

Wir können nur gewinnen, wenn wir unsere Anstrengungen bündeln.

WENN SIE FÜR DIE GLOBALE LIBERALE HEGEMONIE SIND, SIND SIE DER FEIND

Interview mit Alexander Dugin in Neu-Delhi, Indien, 19. Februar 2012

I M FEBRUAR 2012 reiste Professor Dugin nach Neu-Delhi, Indien, um am 40. Weltkongress des International Institute of Sociology teilzunehmen, der unter dem Motto „After Western Hegemony: Social Science and Its Publics" (Nach der westlichen Hegemonie: Die Sozialwissenschaft und ihre Öffentlichkeiten) stattfand. Prof. Dugin war so freundlich, sich außerhalb der Konferenz Zeit zu nehmen, um einige Fragen von Vertretern von Arktos zu beantworten, die an der Veranstaltung teilnahmen. Das Interview wurde von Daniel Friberg, Geschäftsführer von Arktos, und John B. Morgan, ehemaliger Chefredakteur, geführt.

Im Westen herrscht die Auffassung, dass Sie ein russischer Nationalist sind. Können Sie sich mit dieser Beschreibung identifizieren?

Das Konzept der Nation ist ein kapitalistisches, westliches Konzept. Der Eurasianismus beruft sich dagegen auf kulturelle und ethnische Unterschiede und nicht auf die Einigung auf der Grundlage des Individuums, wie es der Nationalismus voraussetzt. Wir unterscheiden uns vom Nationalismus, weil wir einen Pluralismus der Werte verteidigen. Wir verteidigen Ideen, nicht unsere Gemeinschaft; Ideen, nicht unsere Gesellschaft. Wir fordern die Postmoderne heraus, aber nicht im Namen der russischen Nation allein. Die Postmoderne ist ein gähnender Abgrund. Russland ist nur ein Teil dieses globalen Kampfes. Es ist sicherlich ein wichtiger Teil, aber nicht das Endziel. Für uns in Russland gilt: Wir können Russland nicht retten, ohne gleichzeitig die Welt zu retten. Und ebenso können wir die Welt nicht retten, ohne Russland zu retten. Es ist nicht nur ein Kampf gegen den westlichen Universalismus. Es ist ein Kampf gegen alle Universalismen, auch den islamischen. Wir können keinen Wunsch akzeptieren, anderen einen Universalismus aufzuzwingen — weder einen westlichen noch einen islamischen, sozialistischen, liberalen oder russischen. Wir verteidigen nicht den russischen Imperialismus oder Revanchismus, sondern eine globale Vision und Multipolarität, die auf der Dialektik der Zivilisation beruht. Diejenigen, die wir ablehnen, behaupten, dass die Vielfalt der Zivilisationen zwangsläufig zu einem Zusammenstoß führt. Dies ist eine falsche Behauptung. Die Globalisierung und die amerikanische Hegemonie führen zu einem blutigen Eindringen und lösen Gewalt zwischen den Zivilisationen aus, wo je nach den historischen Umständen Frieden, Dialog oder Konflikt herrschen könnten. Aber die Auferlegung einer versteckten Hegemonie bringt Konflikte mit sich und in der Zukunft unweigerlich Schlimmeres. Sie sagen also Frieden, aber sie führen Krieg. Wir verteidigen die Gerechtigkeit — nicht den Frieden oder den Krieg, sondern die Gerechtigkeit und den Dialog und das natürliche Recht einer jeden Kultur, ihre Identität zu bewahren und das zu verfolgen, was sie sein will. Nicht nur in der Vergangenheit, wie beim Multikulturalismus, sondern auch in der Zukunft. Wir müssen uns von diesen vorgetäuschten Universalismen befreien.

Welche Rolle wird Russland Ihrer Meinung nach bei der Organisierung der antimodernen Kräfte spielen?

Es gibt verschiedene Ebenen, auf denen antiglobalistische oder vielmehr antiwestliche Bewegungen und Strömungen in der ganzen Welt entstehen. Die Grundidee ist, die Menschen zu vereinen, die gegen den Status quo kämpfen. Was also ist der Status quo? Es handelt sich um eine Reihe miteinander verbundener Phänomene, die einen wichtigen Wandel von der Moderne zur Postmoderne bewirken. Er ist geprägt durch den Übergang von der unipolaren Welt, die vor allem durch den Einfluss der Vereinigten Staaten und Westeuropas repräsentiert wird, zur so genannten Nicht-Polarität, die durch die heutige implizite Hegemonie und die Revolutionen, die von ihr stellvertretend orchestriert wurden, wie zum Beispiel die verschiedenen orangenen Revolutionen, veranschaulicht wird. Die grundlegende Absicht hinter dieser Strategie ist es, dass der Westen letztendlich den Planeten kontrolliert, nicht nur durch direkte Intervention, sondern auch durch die Universalisierung seiner Werte, Normen und Ethik. Der Status quo der liberalen Hegemonie des Westens ist global geworden. Es ist eine Verwestlichung der gesamten Menschheit. Das bedeutet, dass seine Normen, wie der freie Markt, der freie Handel, der Liberalismus, die parlamentarische Demokratie, die Menschenrechte und der absolute Individualismus, universell geworden sind. Diese Normen werden in den verschiedenen Regionen der Welt unterschiedlich interpretiert, aber der Westen hält ihre spezifische Interpretation für selbstverständlich und ihre Universalisierung für unvermeidlich. Dies ist nichts weniger als eine Kolonialisierung des Geistes und des Verstandes. Es handelt sich um eine neue Art von Kolonialismus, eine neue Art von Macht und eine neue Art von Kontrolle, die über ein Netzwerk ausgeübt wird. Jeder, der mit dem globalen Netzwerk verbunden ist, wird dessen Code unterworfen. Es ist Teil des postmodernen Westens und wird schnell global. Der Preis, den eine Nation oder ein Volk zahlen muss, um an das Globalisierungsnetzwerk des Westens angeschlossen zu werden, ist die Akzeptanz dieser Normen. Das ist die neue Hegemonie des Westens. Es ist ein Übergang von der offenen Hegemonie des Westens, wie sie durch den Kolonialismus und den offenen Imperialismus der Vergangenheit repräsentiert wurde, zu einer impliziten, subtileren Version.

Um diese globale Bedrohung der Menschheit zu bekämpfen, ist es wichtig, all die verschiedenen Kräfte zu vereinen, die in früheren Zeiten als antiimperialistisch bezeichnet worden wären. In diesem Zeitalter sollten wir unseren Feind besser verstehen. Der Feind von heute ist versteckt. Er agiert, indem er die Normen und Werte des westlichen Entwicklungsweges ausnutzt und die Pluralität, die andere Kulturen und Zivilisationen darstellen, ignoriert. Heute laden wir alle ein, die auf der Bedeutung der spezifischen Werte der nicht-westlichen Zivilisationen bestehen, und dort, wo andere Formen von Werten existieren, diesen Versuch einer globalen Universalisierung und seiner versteckten Hegemonie herauszufordern.

Dies ist ein kultureller, philosophischer, ontologischer und eschatologischer Kampf, denn im Status quo erkennen wir das Wesen des Dunklen Zeitalters oder des großen Paradigmas. Aber wir sollten auch von einer rein theoretischen Haltung auf eine praktische, geopolitische Ebene übergehen. Und auf dieser geopolitischen Ebene verfügt Russland über das Potenzial, die Ressourcen und die Bereitschaft, sich dieser Herausforderung zu stellen, denn die russische Geschichte ist seit langem intuitiv auf denselben Horizont ausgerichtet. Russland ist eine Großmacht, die genau weiß, was in der Welt vor sich geht, historisch gesehen, und die ein tiefes Bewusstsein für ihre eigene eschatologische Mission besitzt. Daher ist es nur natürlich, dass Russland eine zentrale Rolle in dieser Anti-Status-quo-Koalition spielt. Russland hat seine Identität zu Zeiten des Zarismus gegen den Katholizismus, den Protestantismus und den modernen Westen verteidigt und dann zu Zeiten der Sowjetunion gegen den liberalen Kapitalismus. Jetzt gibt es eine dritte Welle dieses Kampfes — den Kampf gegen die Postmoderne, den Ultraliberalismus und die Globalisierung. Aber dieses Mal kann sich Russland nicht mehr auf seine eigenen Ressourcen verlassen. Es kann nicht allein unter dem Banner des orthodoxen Christentums kämpfen. Es ist auch nicht möglich, die marxistische Lehre wieder einzuführen oder sich auf sie zu verlassen, denn der Marxismus ist selbst eine wichtige Wurzel der zerstörerischen Ideen, die die Postmoderne ausmachen. Russland ist jetzt einer von vielen Teilnehmern in diesem globalen Kampf und kann diesen Krieg nicht allein führen. Wir müssen alle Kräfte vereinen, die sich gegen die westlichen Normen und ihr Wirtschaftssystem stellen. Wir müssen also Bündnisse mit allen linken sozialen und politischen Bewegungen eingehen, die den Status quo des liberalen Kapitalismus in Frage stellen. Ebenso sollten wir uns mit allen identitären Kräften in allen Kulturen verbünden, die den Globalismus aus kulturellen Gründen ablehnen. Aus dieser Perspektive sollten auch islamische Bewegungen, Hindu-Bewegungen oder nationalistische Bewegungen aus der ganzen Welt als Verbündete betrachtet werden. Hindus, Buddhisten, Christen und heidnische Identitäre in Europa, Amerika oder Lateinamerika oder andere Arten von Kulturen sollten eine gemeinsame Front bilden. Die Idee ist, sie alle zu vereinen und gegen den einzigen Feind und das einzige Böse für eine Vielzahl von Ideen über das Gute zu kämpfen.

Das, wogegen wir sind, wird uns vereinen, während das, wofür wir sind, uns trennt. Deshalb sollten wir betonen, was wir ablehnen. Der gemeinsame Feind eint uns, während die positiven Werte, die jeder von uns verteidigt, uns eigentlich trennen. Deshalb müssen wir strategische Allianzen bilden, um die gegenwärtige Ordnung der Dinge zu stürzen, deren Kern man als Menschenrechte, Anti-Hierarchie und politische Korrektheit bezeichnen könnte — alles, was das Gesicht der Bestie, des Antichristen oder, mit anderen Worten, des Kali-Yuga ist.

Wie passt die traditionalistische Spiritualität in die eurasische Agenda?

Es gibt säkularisierte Kulturen, aber im Kern aller von ihnen bleibt der Geist der Tradition erhalten, ob religiös oder nicht. Indem wir die Vielfalt, die Pluralität und den Polyzentrismus der Kulturen verteidigen, appellieren wir an die Prinzipien ihrer Essenz, die wir nur in den spirituellen Traditionen finden können. Aber wir versuchen, diese Haltung mit der Notwendigkeit sozialer Gerechtigkeit und der Freiheit unterschiedlicher Gesellschaften zu verbinden, in der Hoffnung auf bessere politische Regime. Die Idee ist, den Geist der Tradition mit dem Wunsch nach sozialer Gerechtigkeit zu verbinden. Und wir wollen uns nicht gegen diese beiden Elemente stellen, denn das ist die Hauptstrategie der hegemonialen Macht: Links und Rechts zu spalten, Kulturen zu spalten, ethnische Gruppen, Ost und West, Muslime und Christen zu spalten. Wir fordern Rechte und Linke auf, sich zu vereinen und sich nicht gegen Traditionalismus und Spiritualität, soziale Gerechtigkeit und soziale Dynamik zu stellen. Wir sind also weder rechts noch links. Wir sind gegen die liberale Postmoderne. Unsere Idee ist es, alle Fronten zu vereinen und uns nicht von ihnen spalten zu lassen. Wenn wir gespalten bleiben, können sie uns sicher beherrschen. Wenn wir geeint sind, wird ihre Herrschaft sofort enden. Das ist unsere globale Strategie. Und wenn wir versuchen, die spirituellen Traditionen mit sozialer Gerechtigkeit zu verbinden, geraten die Liberalen sofort in Panik. Sie fürchten dies sehr.

Welche spirituelle Tradition sollte jemand annehmen, der sich am eurasischen Kampf beteiligen möchte, und ist dies eine notwendige Komponente?

Man sollte versuchen, ein konkreter Teil der Gesellschaft zu werden, in der man lebt, und der Tradition folgen, die dort vorherrscht. Ich bin zum Beispiel russisch-orthodox. Das ist meine Tradition. Unter anderen Bedingungen könnten manche Menschen jedoch einen anderen spirituellen Weg wählen. Wichtig ist, dass man Wurzeln hat. Es gibt keine universelle Antwort. Wenn jemand diese spirituelle Grundlage vernachlässigt, aber bereit ist, sich an unserem Kampf zu beteiligen, kann er während des Kampfes durchaus eine tiefere spirituelle Bedeutung finden. Unsere Idee ist, dass unser Feind tiefer liegt als das rein Menschliche. Das Böse ist tiefer als Menschlichkeit, Gier oder Ausbeutung. Diejenigen, die im Namen des Bösen kämpfen, sind diejenigen, die keinen spirituellen Glauben haben. Diejenigen, die sich dem Bösen widersetzen, könnten ihm begegnen. Oder vielleicht auch nicht. Es ist eine offene Frage — es ist nicht verpflichtend. Es ist ratsam, aber nicht notwendig.

Was halten Sie von der Neuen Rechten in Europa und von Julius Evola und insbesondere von ihrer jeweiligen Ablehnung des Christentums?

Es ist Sache der Europäer, zu entscheiden, welche Art von Spiritualität sie wiederbeleben wollen. Für uns Russen ist es das orthodoxe Christentum. Wir betrachten unsere Tradition als authentisch. Wir sehen unsere Tradition als eine Fortsetzung der früheren, vorchristlichen Traditionen Russlands, was sich unter anderem in der Verehrung der Heiligen und der Ikonen zeigt. Daher gibt es keinen Gegensatz zwischen unseren früheren und späteren Traditionen. Evola wendet sich gegen die christliche Tradition des Westens. Interessant ist seine Kritik an der Entsakralisierung des westlichen Christentums. Das passt gut zu der orthodoxen Kritik am westlichen Christentum. Es ist leicht zu erkennen, dass die Säkularisierung des westlichen Christentums uns den Liberalismus beschert hat. Die Säkularisierung der orthodoxen Religion bringt uns den Kommunismus. Es geht um Individualismus gegen Kollektivismus. Für uns liegt das Problem nicht im Christentum selbst, wie es im Westen der Fall ist.

Evola hat versucht, die Tradition wiederherzustellen. Auch die Neue Rechte versucht, die westliche Tradition wiederherzustellen, was sehr gut ist. Aber als russisch-orthodoxer Christ kann ich nicht entscheiden, welcher Weg für Europa der richtige ist, denn wir haben andere Werte. Wir wollen weder den Europäern sagen, was sie zu tun haben, noch wollen wir uns von den Europäern sagen lassen, was wir zu tun haben. Als Eurasianisten werden wir jede Lösung akzeptieren. Da Evola Europäer war, konnte er die richtige Lösung für Europa diskutieren und vorschlagen. Jeder von uns kann nur seine persönliche Meinung äußern. Aber ich habe festgestellt, dass wir mehr mit der Neuen Rechten gemeinsam haben als mit den Katholiken. Ich teile viele der gleichen Ansichten wie Alain de Benoist. Ich halte ihn für den bedeutendsten Intellektuellen im heutigen Europa. Das ist bei den modernen Katholiken nicht der Fall. Sie wollen Russland bekehren, und das ist mit unseren Plänen nicht vereinbar. Die Neue Rechte will anderen nicht das europäische Heidentum aufzwingen. Auch ich halte Evola für einen Meister und eine Symbolfigur der letzten Revolte und der großen Wiedergeburt, ebenso wie Guénon. Für mich sind diese beiden Persönlichkeiten die Essenz der westlichen Tradition in diesem dunklen Zeitalter.

In einem früheren Gespräch haben Sie erwähnt, dass Eurasianisten mit einigen dschihadistischen Gruppen zusammenarbeiten sollten. Diese neigen jedoch dazu, universalistisch zu sein, und ihr erklärtes Ziel ist die Auferlegung einer islamischen Herrschaft über die ganze Welt. Wie sind die Aussichten, dass eine solche Koalition funktioniert?

Dschihadisten sind Universalisten, genau wie säkulare Westler, die die Globalisierung anstreben. Aber sie sind nicht dasselbe, denn das westliche Projekt strebt danach, alle anderen zu dominieren und seine Hegemonie überall durchzusetzen. Es greift uns jeden Tag direkt an, über die globalen Medien, im Bereich der Mode, indem es der Jugend ein Beispiel gibt und so weiter. Wir sind in dieser globalen kulturellen Hegemonie untergetaucht. Der salafistische Universalismus ist eine Art marginale Alternative. Man sollte sie nicht mit den Globalisierungsbefürwortern gleichsetzen. Sie kämpfen auch gegen unseren Feind. Wir mögen keine Universalisten, aber es gibt Universalisten, die uns heute angreifen und gewinnen, und es gibt auch nonkonformistische Universalisten, die gegen die Hegemonie der westlichen, liberalen Universalisten kämpfen, und deshalb sind sie vorerst taktische Freunde. Bevor ihr Projekt eines globalen islamischen Staates verwirklicht werden kann, werden wir viele Kämpfe und Konflikte haben. Und die globale liberale Vorherrschaft ist eine Tatsache. Wir laden daher alle ein, an unserer Seite gegen diese Hegemonie und diesen Status quo zu kämpfen. Ich ziehe es vor, über die gegenwärtige Realität zu sprechen und nicht über das, was in der Zukunft existieren könnte. Alle, die sich der liberalen Hegemonie widersetzen, sind im Moment unsere Freunde. Das ist keine Moral, das ist Strategie. Carl Schmitt sagte, dass Politik damit beginnt, zwischen Freunden und Feinden zu unterscheiden. Es gibt keine ewigen Freunde und keine ewigen Feinde. Wir kämpfen gegen die bestehende universelle Hegemonie. Jeder kämpft gegen sie für seine eigenen Werte. Um der Kohärenz willen sollten wir auch ein breiteres Bündnis eingehen und ausweiten. Ich mag die Salafisten nicht. Es wäre viel besser, sich zum Beispiel mit den traditionalistischen Sufis zu verbünden. Aber ich ziehe es vor, mit den Salafisten gegen den gemeinsamen Feind zu arbeiten, als Energie darauf zu verschwenden, gegen sie zu kämpfen und dabei die größere Bedrohung zu ignorieren.

Wenn Sie für die globale liberale Hegemonie sind, sind Sie der Feind. Wenn Sie dagegen sind, sind Sie ein Freund. Die einen sind geneigt, diese Hegemonie zu akzeptieren, die anderen rebellieren.

Was halten Sie angesichts der jüngsten Ereignisse in Libyen persönlich von Gaddafi?

Präsident Medwedew hat ein echtes Verbrechen an Gaddafi begangen und dazu beigetragen, eine Kette von Interventionen in der arabischen Welt in Gang zu setzen. Es war ein echtes Verbrechen, das unser Präsident begangen hat. Seine Hände sind blutig. Er ist ein Kollaborateur mit dem Westen. Das Verbrechen der Ermordung Gaddafis war zum Teil seine Schuld. Wir Eurasianisten haben Gaddafi verteidigt, nicht weil wir Fans oder Unterstützer von ihm oder seinem *Grünen Buch* waren, sondern weil es eine Frage der Prinzipien war. Hinter dem Aufstand in Libyen stand die westliche Hegemonie, die das blutige Chaos erzwang. Als Gaddafi fiel, wurde die westliche Hegemonie noch stärker. Es war unsere Niederlage. Aber nicht die endgültige. Dieser Krieg hat viele Episoden. Wir haben die Schlacht verloren, aber nicht den Krieg. Und vielleicht wird sich in Libyen etwas anderes ergeben, denn die Lage ist ziemlich instabil. So hat der Irakkrieg entgegen den Plänen der westlichen Hegemonisten den Einfluss des Iran in der Region gestärkt.

Angesichts der gegenwärtigen Situation in Syrien wiederholt sich das Szenario. Allerdings ist diese Situation mit der Rückkehr Putins an die Macht eine viel günstigere. Zumindest ist er konsequent in seiner Unterstützung für Präsident al-Assad. Vielleicht wird das nicht ausreichen, um die westliche Intervention in Syrien zu verhindern. Ich schlage vor, dass Russland unseren Verbündeten effektiver unterstützt, indem es Waffen, Finanzmittel und so weiter liefert. Der Fall von Libyen war eine Niederlage für Russland. Der Fall von Syrien wird eine weitere Niederlage sein.

Was ist Ihre Meinung zu Wladimir Putin und wie ist Ihr Verhältnis zu ihm?

Er war viel besser als Jelzin. Er hat Russland in den 1990er Jahren vor dem völligen Absturz bewahrt. Russland stand am Rande einer Katastrophe. Vor Putin waren westlich geprägte Liberale in der Lage, die Politik in Russland zu diktieren. Putin hat die Souveränität des russischen Staates wiederhergestellt. Das ist der Grund, warum ich sein Unterstützer wurde. Doch 2003 stellte Putin seine patriotischen, eurasischen Reformen ein, legte die Entwicklung einer echten nationalen Strategie beiseite und begann, den Wirtschaftsliberalen entgegenzukommen, die Russland in das Projekt der Globalisierung einbinden wollten. Infolgedessen begann er an Legitimität zu verlieren, und so wurde ich ihm gegenüber immer kritischer. Unter bestimmten Umständen arbeitete ich mit Leuten aus seinem Umfeld zusammen, um ihn in einigen seiner politischen Entscheidungen zu unterstützen, während ich mich in anderen gegen ihn stellte. Als Medwedew zu seinem Nachfolger gewählt wurde, war das eine Katastrophe, denn die Leute, die um ihn herum positioniert waren, waren alle Liberale. Ich war gegen Medwedew. Ich war gegen ihn, zum Teil aus eurasischer Sicht.

Jetzt wird Putin zurückkehren. Alle Liberalen sind gegen ihn, und alle pro-westlichen Kräfte sind gegen ihn. Aber er selbst hat seine Haltung dazu noch nicht deutlich gemacht. Er ist jedoch verpflichtet, die Unterstützung des russischen Volkes neu zu gewinnen. Anders ist es unmöglich, weiterzumachen. Er befindet sich in einer kritischen Situation, auch wenn er das nicht zu verstehen scheint. Er zögert, sich für die patriotische Seite zu entscheiden. Er glaubt, er könne bei einigen Liberalen Unterstützung finden, was völlig falsch ist. Heute stehe ich ihm nicht mehr so kritisch gegenüber wie früher, aber ich denke, er befindet sich in einer kritischen Situation. Wenn er weiter zögert, wird er scheitern. Ich habe kürzlich ein Buch veröffentlicht, *Putin vs Putin* (englische Ausgabe: Arktos, 2014), denn sein größter Feind ist er selbst. Weil er zögert, verliert er immer mehr Unterstützung in der Bevölkerung. Das russische Volk fühlt sich von ihm getäuscht. Er mag eine Art autoritärer Führer ohne autoritäres Charisma sein. Ich habe in einigen Fällen mit ihm zusammengearbeitet und mich in anderen Fällen gegen ihn gestellt. Ich stehe in Kontakt mit ihm. Aber es gibt so viele Kräfte um ihn herum. Die Liberalen und die russischen Patrioten um ihn herum sind intellektuell nicht so brillant. Daher ist er gezwungen, sich nur auf sich selbst und seine Intuition zu verlassen. Aber Intuition kann nicht die einzige Quelle für politische Entscheidungen und Strategien sein. Wenn er an die Macht zurückkehrt, wird er gezwungen sein, zu seiner früheren antiwestlichen Politik zurückzukehren, denn unsere Gesellschaft ist von Natur aus antiwestlich. Russland hat eine lange Tradition der Rebellion gegen ausländische Invasoren und der Hilfe für andere, die sich gegen Ungerechtigkeit wehren, und das russische Volk sieht die Welt durch diese Brille. Sie werden sich nicht mit einem Herrscher zufriedengeben, der nicht im Einklang mit dieser Tradition regiert.

WEITERE BÜCHER VON ARKTOS

Sri Dharma Pravartaka Acharya	*The Dharma Manifesto*
Joakim Andersen	*Rising from the Ruins: The Right of the 21st Century*
Winston C. Banks	*Excessive Immigration*
Alain de Benoist	*Beyond Human Rights*
	Carl Schmitt Today
	The Indo-Europeans
	Manifesto for a European Renaissance
	On the Brink of the Abyss
	The Problem of Democracy
	Runes and the Origins of Writing
	View from the Right (vol. 1–3)
Arthur Moeller van den Bruck	*Germany's Third Empire*
Matt Battaglioli	*The Consequences of Equality*
Kerry Bolton	*The Perversion of Normality*
	Revolution from Above
	Yockey: A Fascist Odyssey
Isac Boman	*Money Power*
Ricardo Duchesne	*Faustian Man in a Multicultural Age*
Alexander Dugin	*Ethnos and Society*
	Ethnosociology
	Eurasian Mission
	The Fourth Political Theory
	The Great Awakening vs the Great Reset
	Last War of the World-Island
	Political Platonism
	Putin vs Putin
	The Rise of the Fourth Political Theory
	The Theory of a Multipolar World
Edward Dutton	*Race Differences in Ethnocentrism*
Mark Dyal	*Hated and Proud*
Clare Ellis	*The Blackening of Europe*
Koenraad Elst	*Return of the Swastika*
Julius Evola	*The Bow and the Club*
	Fascism Viewed from the Right
	A Handbook for Right-Wing Youth
	Metaphysics of Power
	Metaphysics of War
	The Myth of the Blood
	Notes on the Third Reich
	Pagan Imperialism

WEITERE BÜCHER VON ARKTOS

	Keeping Things Close
	On Modern Manners
JAMES KIRKPATRICK	*Conservatism Inc.*
LUDWIG KLAGES	*The Biocentric Worldview*
	Cosmogonic Reflections
PIERRE KREBS	*Guillaume Faye: Truths & Tributes*
	Fighting for the Essence
JULIEN LANGELLA	*Catholic and Identitarian*
JOHN BRUCE LEONARD	*The New Prometheans*
STEPHEN PAX LEONARD	*The Ideology of Failure*
	Travels in Cultural Nihilism
WILLIAM S. LIND	*Retroculture*
PENTTI LINKOLA	*Can Life Prevail?*
H. P. LOVECRAFT	*The Conservative*
NORMAN LOWELL	*Imperium Europa*
CHARLES MAURRAS	*The Future of the Intelligentsia*
	& For a French Awakening
JOHN HARMON MCELROY	*Agitprop in America*
MICHAEL O'MEARA	*Guillaume Faye and the Battle of Europe*
	New Culture, New Right
MICHAEL MILLERMAN	*Beginning with Heidegger*
JOHN MACLUGASH	*The Return of the Solar King*
BRIAN ANSE PATRICK	*The NRA and the Media*
	Rise of the Anti-Media
	The Ten Commandments of Propaganda
	Zombology
TITO PERDUE	*The Bent Pyramid*
	Journey to a Location
	Lee
	Morning Crafts
	Philip
	The Sweet-Scented Manuscript
	William's House (vol. 1–4)
JOHN K. PRESS	*The True West vs the Zombie Apocalypse*
RAIDO	*A Handbook of Traditional*
	Living (vol. 1–2)
GLENN LAZAR ROBERTS	*Jihad Bubba*
STEVEN J. ROSEN	*The Agni and the Ecstasy*
	The Jedi in the Lotus
RICHARD RUDGLEY	*Barbarians*

	Essential Substances
	Wildest Dreams
ERNST VON SALOMON	*It Cannot Be Stormed*
	The Outlaws
PIERO SAN GIORGIO	*CBRN: Surviving Chemical, Biological, Radiological & Nuclear Events*
	Giuseppe
SRI SRI RAVI SHANKAR	*Celebrating Silence*
	Know Your Child
	Management Mantras
	Patanjali Yoga Sutras
	Secrets of Relationships
GEORGE T. SHAW (ED.)	*A Fair Hearing*
FENEK SOLÈRE	*Kraal*
OSWALD SPENGLER	*The Decline of the West*
	Man and Technics
RICHARD STOREY	*The Uniqueness of Western Law*
TOMISLAV SUNIC	*Against Democracy and Equality*
	Homo Americanus
	Postmortem Report
	Titans are in Town
ASKR SVARTE	*Gods in the Abyss*
HANS-JÜRGEN SYBERBERG	*On the Fortunes and Misfortunes of Art in Post-War Germany*
ABIR TAHA	*Defining Terrorism*
	The Epic of Arya (2nd ed.)
	Nietzsche's Coming God, or the Redemption of the Divine
	Verses of Light
JEAN THIRIART	*Europe: An Empire of 400 Million*
BAL GANGADHAR TILAK	*The Arctic Home in the Vedas*
DOMINIQUE VENNER	*For a Positive Critique*
	The Shock of History
MARKUS WILLINGER	*A Europe of Nations*
	Generation Identity
ALEXANDER WOLFHEZE	*Alba Rosa*
	Rupes Nigra